XinLi JianKang JiaoYu

KeCheng SheJi

心理健康教育课程设计

吴增强　蒋薇美　著

中国轻工业出版社

图书在版编目（CIP）数据

心理健康教育课程设计／吴增强，蒋薇美著. —北京：中国轻工业出版社，2007.5（2025.8重印）
ISBN 978-7-5019-5834-4

Ⅰ. 心…　Ⅱ. ①吴…②蒋…　Ⅲ. 心理卫生－健康教育－课程设计－中小学　Ⅳ. G479

中国版本图书馆CIP数据核字（2007）第012605号

责任编辑：陈　理　　责任终审：杜文勇
策划编辑：徐　玥　　责任校对：刘志颖　　责任监印：吴维斌

出版发行：中国轻工业出版社（北京鲁谷东街5号，邮编：100040）
印　　刷：三河市鑫金马印装有限公司
经　　销：各地新华书店
版　　次：2025年8月第1版第12次印刷
开　　本：660 × 980　1/16　印张：18.5
字　　数：230千字
书　　号：ISBN 978-7-5019-5834-4　定价：32.00元
读者热线：010-65181109
发行电话：010-85119832　010-85119912
网　　址：http://www.chlip.com.cn　http://www.wqedu.com
电子信箱：1012305542@qq.com

251338J6C112ZBW

前　　言

随着学校心理健康教育的不断深入开展，心理健康教育课程越来越受到人们的重视。许多地方将心理健康教育课作为学校心理健康教育的主要渠道；不少省、市举行了不同层次的心理健康教育课的大奖赛，开发了各种各样的心理健康教育教材，等等。但是，就目前国内的总体情况而言，理论研究落后于实践，以致出现各种各样的偏向，如学科化倾向、课程化倾向、形式主义倾向以及理想主义倾向等。

上面列举的这些问题，至少表明目前的心理健康教育课程有两大问题需要解决：一是心理健康教育课程的理论问题，如心理健康教育课程在学校心理健康教育中的地位和功能、心理健康教育课程与学校新课程改革的关系、心理健康教育课程的理论基础（包括课程论、心理学、社会学）等；二是心理健康教育课程的设计与具体实施策略。对于基层学校的教师来说，当然更关心后者，但是，理论上的认识也是重要的，它为实践提供了明确的指导。本书的内容框架正是基于这两大需要，而作了系统筹划。

本书的第一章和第二章主要是心理健康教育课程的相关理论问题概述。第三章至第五章，分别讨论了心理健康教育课程的活动设计、教学过程和课程实施。第六章至第八章分别介绍了小学、初中和高中的课例，并作了精要的评析，以供广大教师参考。

我从1996年开始尝试编写心理健康教育课教材以来已有10年，这10年中，我和我们的研究团队精诚合作、齐心协力，在心理健康教育课程建设方面取得了一些成果，也积累了不少经验和教训。我们非常愿意通过本书与大家分享这些体会。与我合作撰写本书的蒋薇美老师，是我们这个研究团队的优秀成员，她长期从事学校心理辅导和心理健康教育课程研究与实践，是深受教师欢迎的学校心理健康教育专家。

本书撰写分工如下：吴增强撰写第一、二、三、八章和第五章第一节；蒋薇美撰写第四、六、七章和第五章第二、三节。

本书得以写成，我要感谢我们研究团队的每个成员，感谢同我们长期合作的广大学校的校长和教师。我记得10年前，我们第一次编写《学校心理辅导活动指南》时，上海市虹口区曲阳四小和上海市徐汇区汇师小学的教师就参与了小学版教材的编写。可以说，本书中的经验和课例是许多教师的智慧与成果。虽然，我们力图把本书写得融理论性、实践性和通俗性于一体，但限于能力与水平，肯定存在许多不足，希望广大读者批评指正。

吴增强

2007年2月

于上海市教育科学研究院

目　录

第一章

引 论

学校心理健康教育的基本任务是提高每个学生的心理素质，促进其心理健康和人格健全发展。这项任务的完成光靠心理辅导教师的个别咨询服务是难以完成的，这就需要探索一种集体辅导活动的模式。心理健康教育课程（又称心理辅导活动课程）正是近十多年来，我国学校心理工作者在实践中创造出来的一种发展性辅导形式。这些年的实践表明，它对于推动我国现阶段的学校心理健康教育发挥了重要作用。本章作为本书的引论部分，主要讨论以下几个问题：

- 心理健康教育课程的概念、意义和特点
- 心理健康教育课程的基本框架（目标、内容、活动形式）
- 心理健康教育课程的基本原则
- 心理健康教育课程的历史、现状与思考

第一节 心理健康教育课程概述

认识心理健康教育课程的概念与特点，对于把握这门课的精神、上好这门课至关重要。正因为它不是传统意义上的学科课程，而是帮助学生认识自己内心世界的特殊课程，所以，它有与学科课程截然不同的内涵、意义和特点。

心理健康教育课程概念界说

课程的本质是由一定的育人目标、基本文化成果及学习活动方式组成的用以指导学校育人的规划和引导学生认识世界、了解自己、提高自己的媒介。[1]

从课程的本质我们可以看出，组成课程的三种基本成分是育人目标、学

1. 廖哲勋，《课程学》，上海华东师范大学出版社，1991。

习内容和学习活动方式。这三种成分相互依存，相互制约，并实现教育目标、教育内容和教育途径，达到适应社会发展的要求。学生通过学习课程，进一步认识世界、认识环境、认识自己、发展自己、促进个性发展。

学校心理健康教育课程就是依据课程本质的要求，从心理健康教育课程的目标、辅导内容、辅导活动的方式这三种基本成分，来规范和设计课程。心理健康教育课程的学习内容，可以发展和提高学生的心理品质，激发潜能，达到适应社会发展、个性和谐统一。

心理健康教育课程的本质，体现学生成长所需要的各种经验要素，反映上述课程本质的三要素，即育人目标、基本文化成果和学习活动方式。

育人目标 心理健康教育课程的最终目标是培养学生健全的人格，具有良好的社会适应性和良好的心理品质。根据这一要求，心理辅导课程的目标又分为发展性目标和预防性目标。发展性目标侧重于学生心理潜能的开发、心理品质的培养，帮助学生完善自我，促进健康成长；预防性目标侧重于帮助学生及时发现自己在成长中的各种困惑和问题，学会如何调节心态，学会如何及时纠正和改变不健康的心理，确立积极健康的情绪，培养学生正确的自我观和良好的人际适应。总之，心理健康教育课程的目标在某种程度上是育人的社会目标，是培养人、重视人、实现人的根本目标。

基本文化成果 这是心理健康教育课程的学习内容。它汇聚着人类在学习、生活、工作、交往、社会、健康心理方面的各种理论和方法，以学生心理年龄特征为出发点来组织内容，以学生成长的需要为依据来选择内容，使课程内容更具有针对性。心理健康教育课程的内容可以根据学生年龄心理特点事先设定，也可以根据学生的需求及心理发展中随机产生的问题制定。

学习活动方式 心理健康教育课程以经验为载体，学习方式是个体的自觉接纳。它没有强制性的接受要求，更没有系统传授心理学知识的要求。课程主要是以活动的方式，在教师的设计和指导下，让学生在活动中去体验、感受，从而发现自己和发现别人，认识自己和认识别人，学会学习，学会生活，学会交往，这就是真正能体现以学生为中心的学习方式。

综上所述，心理健康教育课程是指学校根据学生心理发展的规律和特点，以团体心理辅导及其相关的理论与技术为指导，以班级为单位，通过各种辅导活动，有目的、有计划、有步骤地去培养、训练、提高学生的心理品质，激发潜能，增强社会适应，帮助解决学生成长中的各种心理问题，维护心理健康，达到塑造和完善人格的团体心理辅导活动的形式。

心理健康教育课程与一般的班级主题活动和小组辅导相比有所不同:

其一，班级主题活动的范围比较广泛，包括德育的、智育的、体育的和社会实践活动等，而心理健康教育课程的范围比较集中，主要围绕学生的心理健康；其二，心理健康教育课程需要有系统的心理辅导理论框架和专门技术支持，而班级主题活动设计不一定有理论结构，如班主任老师或同学设计一次迎国庆活动，事先并不需要思考依据什么理论；其三，心理健康教育课程往往是以学生的成长需求为出发点，并以此作为活动主题，如学习困扰、人际交往问题、青春期问题等。班级主题活动可以围绕学生个人，也可以围绕社会，由于它是学校德育的一种形式，往往更具有社会取向。

虽然心理健康教育课程与小组辅导的理论依据是相同的，都以团体辅导理论为依据，但二者在形式上有很大的不同。小组辅导的规模比较小，一般在6~12人之间，团体成员的构成可以是同质的，也可以是异质的；而心理健康教育课程是以班级为单位，规模比较大，成员不可能是同质的。另外，从辅导目标来看，小组辅导可以是发展性的，也可以是矫治性的，它一般需要专业人员来承担；而心理健康教育主要是发展性的，它可以由受过一定培训的教师来承担。因此，我们可以把心理健康教育课程看作是学校团体辅导的一种主要形式。下表列出了心理健康教育课程与班级主题活动、小组辅导的异同（见表1-1）。表中可见，学校中的团体辅导模式基本有三种：小组辅导，一般6~12人；班级主题活动和心理健康教育课程，则是以班级为单位的集体辅导活动，是团体辅导的两种变式。

表1-1 学校中的团体辅导模式

	小组辅导	班级主题活动	心理健康教育课程
成员性质	同质或者异质	异质	异质
辅导取向	矫治性或发展性	发展性	发展性
规模	规模小	规模大	规模大
活动结构	结构性	非结构	结构性
承担者	专职辅导教师	班主任或辅导教师	班主任或辅导教师

心理健康教育课程的价值

第一，心理健康教育课程的首要价值，就是可以体现促进全体学生心理健康的发展性目标，帮助学生解决在成长过程中共性的心理问题。如人际交往、学习适应、青春期烦恼、情绪调节、休闲与消费、危机应对等。这些问题都可以以心理辅导活动的形式展开，让学生在活动参与中得到启示和感悟，提高自己的心理自助能力。

第二，可以落实心理辅导全员性策略。台湾中小学积40多年的经验，提出了心理辅导全员性原则，就是说，从培养学生健全人格的角度来看，每一位教师都是心理辅导工作者。当然，这不是要求教师承担专职心理辅导工作者的任务，诊断和矫治学生的心理障碍，而是关心学生心智的成熟。开展心理健康教育课程，可以帮助教师边实践、边学习，在不太长的时间内，逐步理解、掌握心理辅导的理念、方法和技术，提高教师教育教学的能力与效果。

第三，可以体现当前新课程改革的教育理念。学科取向的课程体系，强调系统的学科知识体系、划一的教学目标，难以顾及个体发展的差异性和需要。德育工作过分依重灌输和说教，难以将道德规范内化为学生的信念和行为。心理健康教育课程是以个体发展的取向为主，以个体的经验为载体，以活动为中介，通过学生参与、体验和感悟，认识自己，开发自己的潜能，获得自助能力。它可以极大地调动学生的主动性。在课程改革的历史上，由于学科课程着眼于学科知识，较少顾及个体的情意因素，这种课程早在20世纪70年代就受到批评，被称为“非人性的教育”，妨碍了完整人格的实现。于是，人本主义教育课程应运而生，它强调个体情意发展与智力发展同等重要。人本主义课程中，有一种称之为“自我觉醒和自我发展的课程”，它旨在唤起儿童对于人生意义的探求。教师在教学过程中，不仅传授知识和技术，而且还要为学生人格的发展提供经验，从而帮助学生成长。可见，这种课程的基本精神同心理健康教育课程是一致的。

心理健康教育课程的特点

心理健康教育课程不同于传统意义上的学科课程，它有如下鲜明的特点。

1. 它是学生进行自我探索的过程

一个比较完善的学校教育体系应该教给学生三方面的知识：关于自然的知识、关于社会的知识和关于自己的知识。前两项在现行的学校课程里都得到了落实，惟独第三项知识很少体现。心理辅导就是让学生进行自我探索，认识自我、调节自我、完善自我，并解决自己成长中的各种问题，诸如学习、交往、情绪调适、理想抱负等。第三种知识的获得，主要不是靠教育者的灌输和说教，而是帮助学生发现自己的问题，找到解决问题的办法。学生只有经过自我探索，才会获得经验，才会得到真正意义上的成长。

2. 强调体验和感悟

如前所说，心理辅导活动的目标在于解决个体自身的问题，它需要以个体的经验为载体。按照杜威的观点，儿童的成长就是个体的经验由坏变好的过程。这种经验既然是个人的，那么，个人的自我体验就显得尤为重要。我们认为，对学生有意义的自我体验应该包括情感体验、价值体验和行动体验。这些自我体验可以通过在心理辅导活动中创设一定的情境、营造一定的氛围来实现。学生从体验中获得有意义的东西，这就是感悟。可见，心理健康教育课程是一种自我教育活动，它没有说教和灌输等显性教育的痕迹，但它可以通过学生自己体验和感悟，潜移默化地影响他们的成长。

3. 以互助、自助为机制

保守的教育观念总是把学生看作教育的对象，心理辅导则认为学生是教育的主体。辅导活动是一种积极的人际互动过程，同龄伙伴有共同的爱好、共同的价值观和文化背景，彼此之间容易理解和沟通。他们可以不加掩饰，坦诚直言，以心对心地进行交流。心理健康教育课程一般都有主题和目标，它是依据学生一定的心理需求制定的，容易形成共识，为学生接受。学生作为集体的一员，在辅导活动中既是受助者，又是助人者。这种互助可以增进学生对自信自尊的体验，从而达到自助。教师作为辅导者，应该创设良好的集体舆论、和谐的人际关系、民主自由的气氛，来充分开发集体的教育资源，以利这种良性机制的形成。

心理健康教育课程的原则

心理健康教育课程是以发展和提高学生的心理素质为目标，由全体学生主动参与的活动课程，它要根据学生心理发展的规律和成长的需要、按照心理辅导的原理和技巧设计组织的、形式多样的、生动活泼的活动课程。为了达到心理辅导课程的目标，体现心理健康教育课程的特点，必须遵循心理健康教育课程的原则。

1. 发展性原则

课程必须以发展的眼光来看待学生的心理状况，教育活动必须立足于促进学生的心理发展，而不仅仅限于心理健康的一般要求。青少年时期是身心发展的重要时期，变化很快。教育者不可带着成见去了解、研究学生的心理，如把个别学生“看死了”，认为其“不可救药”等。即使如气质这类“江山易改，秉性难移”的个性心理特征，人也能“凭借自身的意志力，按照自己的目标、工作和环境的需要，对自己的气质进行相应调整”。[1]心理健康教育课程必须以发展的观点来看待学生，才能收到预期的效果。

课程要走在发展的前面，也就是说，心理辅导的要求必须高于学生现有的心理发展水平（第一发展水平），要能使学生向心理上的“最近发展区”（第二发展水平）前进。前苏联心理学家维果茨基结合教学活动提出了“最近发展区”的概念。它认为，为了使教学能真正促进学生的发展，至少应该确定儿童两种发展水平：一种是已经达到的发展水平，表现为儿童能够独立解决智力任务；另一种是儿童可能完成的发展水平，表现为“儿童还不能独立地解决任务，但在成人的帮助下，在集体活动中，通过摹仿，能够解决这些任务”。在这两个水平之间的区域就是“最近发展区”。维果茨基认为，教学提出任务的要求只有落在“最近发展区”内，才能有效地促进人的发展。[2]

当这种前进完成以后，第二发展水平又转变为第一发展水平，此时，心理辅导活动不应以此为满足，而应创造出新的最近发展区，鼓励学生发挥主观能动性，在心理发展的阶梯上更上一层楼，否则，学生的心理就会因缺乏应有的锻炼而衰退。

2. 主体性原则

在心理健康教育课程中，要承认和尊重学生的主体地位，激发和调动学生自我心理发展的自觉性和积极性。原因之一，学生自己是心理发展的主体。社会和教育向学生提出的要求所引起的新的需要与其原有的心理发展水平之间的矛盾，是学生心理发展的内因，这是其心理发展的动力。也就是说，教育的影响只有通过学生主体心理的自我矛盾运动，才能起作用。心理健康教育课程是要促进学生的健康成长与发展，而成长与发展的过程是一种自觉和主动的过程，如果学生缺乏自觉性和主动精神，只是被迫、被动地接受教育，所谓“牛不喝水强揿头”，其效果是可想而知的。原因之二，学生自身的心理特点也要求我们要注意主体性的原则。青少年时期是人的自我意识快速发展的时期，他们的独立性和成人感非常强烈，他们渴望通过自己的独立思考和主动探索来解决面临的问题，因此，心理健康教育课程切忌“我教你学，我说你听”的旧教学模式，要注意学生独立需要的满足，同时，在此基础上给他们以指导和帮助。

---

1. 林传鼎，《智力开发的心理学问题》，知识出版社，1985。
2. 叶澜，《教育概论》，人民教育出版社，1991。

主体性原则要求在组织课程的内容和活动时，要充分考虑满足学生的正确需要。苏联心理学家彼德罗夫斯基曾经说过：“任何方法如果不是以儿童现有的需要为基础，那么，它就不会达到目的。”苏霍姆林斯基也指出：“只有学生把教育看作是自己的需要而乐于接受时，才能取得最佳的教育效果。”[1]课程要考虑学生的需要，要围绕学生的实际来选择内容，安排的活动也必须是学生所关心和熟悉的，与他们的生活密切联系并能引起他们的注意和重视。只有如此，才能唤起学生的兴趣，激起学生的主动性和积极性，成为学生的自觉要求。

主体性原则要求在课程实施时要注意发挥学生的主动性和积极性，不可事事由教师包办代替。心理健康教育课程强调教育是一个他助－互助－自助的过程。教师、同学的他助、互助只是手段，学生的自助才是目的。因此，在设计活动时，要突出学生的主体地位；在组织活动时，要提供舞台让学生“唱主角”；让学生有话可说、有话能说、有话敢说，能理直气壮地倾诉自己的心声、宣泄情绪、发表观点、探索办法，教师以引导者、协助者的姿态出现，用杜威的话说就是：“教师是一个引导者，他掌着舵，学生用力把船划向前方。”[2]

3. 活动性原则

心理健康教育课程是通过活动来促进学生感悟与发展，是以活动为中介的课程形式。活动是指主体与客观世界相互作用的过程。人通过活动反映客观世界，又通过活动反作用于客观世界，使反映进一步得到检验与发展，活动构成了心理发生、发展的基础，人的心理品质也在活动和交往中形成。

心理健康教育课程通过课程设计让每个学生在活动中感受和体验，在活动中接受训练和启示，在活动中得到领悟和发展。

贯彻活动性原则要注意：活动的组织要符合学生心理发展的需要，要与学生的年龄特征相适应；活动的安排要体现新颖性、时代性和兴趣性，让学生愿意参加，喜欢参与；活动的设计要考虑让每一个学生都能参与，使每一个学生都能进入角色，活动起来；活动的开展要便于学生的真情流露，让学生在活动中敞开心扉；活动的内容要有相当的内涵，有一定的深度，“耐人咀嚼”，能引发学生的思考，给予学生启发；活动的进程要注意多种的训练和练习，并可以有适当的变式重复，因为人的心理是在活动中发展起来的，但不是和不可能在一次活动中即可以形成，它需要多次的反复训练和练习。

---

1. 转引自黄正平，《小学养成教育》，南京师范大学出版社，1999。
2. 转引自陈家麟，《学校心理健康教育——原理与操作》，教育科学出版社，2002。

4. 全体性原则

发展性心理辅导是面向全体学生、为全体学生服务的，是要培养全体学生良好的心理素质，提高心理机能，开发心理潜能，促进整体素质的提高和个性的和谐发展。因此，在心理辅导课程中，必须贯彻全体性的原则。具体来说，在制定课程计划时，要着眼于全体学生；在确定教育内容时，要考虑全体学生的共同需要及共性问题；在活动的安排上，要注意给每个学生以机会，做到全员参与。

我们都知道，渴望自己的内心世界被他人了解，渴望了解他人的内心世界，是学生共同的心理要求。他们总要寻找机会展示自己的才华、特长、爱好、兴趣和个性，虽然每一个学生表现的方式不尽相同，但希望能得到老师和同学的认同、接纳、欣赏的愿望是共同的。心理辅导课程要充分关注学生的这种需要，要尽可能为每一个学生创造和提供机会，我们的着眼点是所有的学生，并尽量避免只让那些活跃的学生出头露面，而应当让那些平时不大引人注意、没有机会“表演”的大多数学生作为关注的焦点，给予他们足够的机会。实践证明，这些学生在参与中得到的帮助和收获往往更为强烈和持久。

当然，在注重全体的同时，也不可忽略个别有特殊需求的学生，要关注这些学生，给予及时、具体的帮助，最好这种帮助是不露痕迹的，以维护他们的自尊。

5. 相容性原则

心理健康教育课程要求，在教育者与受教育者之间保持人格上的平等、情感上的相容，创造出无拘无束、相互交流的氛围，形成师生、生生之间最佳的“心理场”，才能对学生的心理发展起到有效的促进作用。

相容必须要尊重　尊重是指要尊重学生的人格与尊严，尊重学生的权利和选择。教师以平等、民主的态度对待每一个学生，把每一个学生都看成是有独特价值和潜能的人，真诚接纳每一个学生，学生才能在感情上接纳教师，形成师生之间的情感相容。

相容必须要坦诚相待　教师对所有的学生都要一视同仁。学生的情况各不相同，有的知书达理，文质彬彬；有的蛮横粗野，缺乏修养；有的口若悬河，目中无人；有的词不达意，畏缩自卑……无论对待什么样的学生，教师都应该虚怀若谷、真诚接纳、不分彼此以礼相待，而不厚此薄彼。

相容必须要信任　心理健康教育课程的成功在于信任，情感上的相容也在于信任。师生之间只有建立起真正的信任，才能使学生在辅导活动中获得安全感而自愿投入、真情袒露。信任是一种感召力量，信任可以增进自信和勇气，它可以促使学生敞开自己的心扉，自觉接受他人的引导，获得收获和提高。相容更可以带来合作。相容的感情纽带，带来了轻松、平等、和谐、愉快、融洽的氛围，它促进了相互之间的合作，因为合作需要真诚、诚挚、理解。合作又带来了愉悦的情感，促进学生的自我了解、自我发现、自我完善、自我接纳和自我提高。

第二节　心理健康教育课程的基本框架

课程目标

近年来，由于促进学生和教师的发展成为学校改革发展的主题，学校心理健康教育的关注点开始从重视矫治性转向发展性。根据心理健康教育课程的概念界定，其课程目标更应该定位于面向全体学生的发展性心理辅导取向。发展性心理辅导，是指着眼于每个学生的健全人格培养与潜能开发，根据儿童青少年心理发展各个阶段的特点进行辅导，为他们终身发展奠定内在的基础。具体地说：

一是注重每个学生的健康成长和心理素质的提高，强调学生是潜能有待开发的生命体，帮助他们在智能、积极的自我信念与价值观、积极的情感与意志品质、人际交往、社会适应等方面获得发展。

二是侧重于幼儿园、小学、初中、高中不同年龄阶段发展的特点，进行有针对性的心理辅导，并对他们的成长予以全程关注。

三是关注学生在成长中的危机问题，要充分认识到社会转型期的变化对儿童青少年的影响，帮助学生解决成长中的心理危机，增强自助能力和应付能力，以减少自身心理问题的发生率，达到预防的目的。

从国外学校心理学的发展趋势看，学校心理学的任务有两大类：一种是积极提升学生的心理素质，包括应用心理学理论、方法和技术提高学生的学业成就、社会交往技能和个性心理品质，促进其自我成长和生涯发展；另一种是解决学生心理发展中的危机问题，包括学生课堂学习和行为问题、同伴关系不良、情绪失调、校园暴力、少女怀孕以及环境不利儿童的辅导。从对象来看也有三类，即全体学生、目标学生群体和高危学生群体。可见，近几十年来，发展性心理辅导是国际上共同关注的课题。因此，心理健康教育课程目标应该以发展性心理辅导为导向，注重学生健全人格的培养和潜能开发。

1. 培养学生积极的自我意识

人格从本义上说，是指个体稳定而有倾向性的对己、对人、对事的认识、情感态度和行为方式的总和。研究人格的心理学家，从来都是非常关注人的自我意识问题的，积极的自我意识是人格发展的核心。

在人格结构中，自我意识始终是一个核心成分，心理辅导从本质上就是一门认识自我、管理自我和完善自我的科学。自我是一个复杂的人格系统，是人类生命体不断发展的重要部分，它不是与生俱来的东西，而是在社会经验过程和社会活动过程中出现的。自我的确立离不开社会和人际环境，个体往往是在对他人、对自己的态度和评价中，产生自信、自尊或者自卑。同时，自我不是本能、欲望的奴隶，而恰恰是它们的主人。一个积极的自我具有良好的适应性和自主性。一个人只有拥有健全的自我，才会拥有健全的人格。

然而，目前有许多资料表明，升学压力和沉重的课业负担，使得相当一部分中小学学生的自我效能感并不令人满意，他们对于学校课程缺乏热情，厌学情绪滋长，并且感到自己没有价值，对于自己没有自信。学生许多情绪和行为问题，其根源来自于消极的自我意识。

2. 培养学生健康的情绪和情感

健康的情绪和情感是学生人格和谐发展的纽带。人格的健全发展，是指在生理、心理与社会文化（即道德素养和文化素养）三个层面的和谐发展。身心和谐发展的纽带是健康情绪，而心理与精神和谐发展的纽带是健康情感。

积极的情绪状态可以用六个字来表述，即平和、稳定、愉悦。平和是指心境宁静、安怡，不浮躁。稳定是指情绪平稳，不大起大落。情绪化的人往往使他人难以适应，也很难与人共处，当然也影响自我判断力和学习、工作的效率。愉悦是指心情快乐，它是一个人必不可少的精神养料。

如果一个人的情绪经常能够体现出这“六字方针”，那么，他就是一个心理健康的人。中小学学生处于心理迅速发展时期，由于他们情绪波动性大、容易外露，使得他们面对压力情境容易受到困扰，而且，随着年龄增长，情绪发展特点也有所不同。发展性心理辅导着重于帮助学生学会自我情绪调节，帮助学生学会压力应付，减少不必要的压力源。

健康情感是促进心理与道德和谐发展的纽带。健康情感对于学生心理与道德和谐发展的促进作用，这是一个不大受人重视的问题，表现在目前学校心理辅导中比较重视情绪辅导，而对情感辅导比较忽视。其实，从当代心理咨询理论的发展看，越来越重视情感的地位和作用。弗罗姆认为，现代人有许多健康的、积极的情感正在逐渐丧失，这些情感包括淡泊、温柔、同感、爱、责任感和正义感等。以下列举几种：

淡泊　淡泊就是不贪婪。贪婪是一种高度自我中心的情感。贪婪的人不顾一切地索取，永不知足，而淡泊的人很少有自我中心倾向。

温柔　在温柔的体验中，一个人不要求从对方有任何所得。这种情感往往只能意会，不可言传，而表现在慈爱的眼神和温和的语调中。这是一种心灵的接近、审美的愉悦、态度的肯定、无私的期望在表情上的流露。

同感　把自己置于与他人相同的地位，去体验和理解别人，通俗地说，就是设身处地为别人考虑。人在这种情感中，不是把别人当作自己的对象，与他人的联系方式不是“由我到你”（即不是从外面来看一个人），而是“我即你”，在自己的内心体验另一个人所体验的事物。

爱　爱主要是一种对世界和对自己的情感，这种情感是一个人的人生态度的基础，它决定了一个人与世界的联系方式。爱是双向的，既要被别人爱，也要爱他人。弗罗姆批评很多人把爱的问题看作主要的被爱的问题，而不是看作主动地去爱的问题，他认为这是现代人对爱的一种误解。当一个人既能接受爱，又能够主动给予别人爱的时候，就会变得富有人格魅力、受人欢迎。

责任感和正义感　有责任感的人会主动关心他人、关心集体、家庭和社会。正义感是与责任感密切联系的情感，它鼓舞人们见义勇为、惩恶扬善和主持公道。

当个体具备了这些积极的情感时，就不会产生双重人格，不会表里不一，不会戴着假面具，其人格才会和谐发展。因此，我们应该把积极情感的培养，作为发展性心理辅导的基本目标之一。

3. 发挥学生自身潜能

开发潜能是学生人格发展的目的。每个人都有潜能，只是大小不同。每个人的智慧和才能水平都有两个状态：一个是潜在的状态，这就是我们所说的潜能；另一个是实际表现状态。潜在状态不等于实际表现状态，在这两个状态之间存在一个空间，就是维果茨基讲的“最近发展区”。这就如同一个跳高运动员，他有跳2.30米的实力，但未必能够在比赛中跳过这个高度。开发潜能，就是要让学生实际表现接近或者达到他潜在的能力水平。

健全人格、开发潜能，这两者之间不是相互割裂，而是密切联系的。积极的人格因素是发挥学生潜能的内在动力。发挥学生潜能，使之自我实现，是人格发展的主要目的之一。

4. 帮助学生建立个人与社会的和谐关系

帮助学生建立个体与社会的和谐关系，首先要让他们懂得个人是社会中的一分子，个人生命质量与社会发展水平密切相关，和谐社会、美好生活需要每个人用其生命的力量与智慧去贡献与创造；其次，在建立对社会责任感的同时，还要积极地适应环境。当今世界瞬息万变，我们既要让学生用与时俱进的眼光看待周围社会环境的变迁，不断学习、不断充实，不断更新，让自己不断顺应变革的社会；又要增强学生抵制不良社会风气的道德判断力和承受挫折的意志力。

个人与他人关系的和谐是个人与社会关系和谐的一个重要部分，社会和谐的基础是人与人之间关系的和谐。心理学把人际关系紧张看作是社会适应不良的一个重要指标，多元智能理论把人际关系作为第六种智能。在现代社会里，一个人的成功，需要良好的人际关系来支持。从更加深入的意义上看，和谐与人相处是一种生命智慧和伦理规范。我们要帮助中小学学生与他人和谐相处，要在他们幼小的时候，与同伴、父母、教师以及周边的其他人和谐相处，培养他们的合群性和合作性。

内容结构

心理健康教育课程的内容可以分为：学习辅导、人格辅导、生活辅导和职业辅导。

学习辅导 是指教师运用学习心理学及其相关理论，指导学生的学习活动，提高其认知、动机、情绪、行为等学习心理品质与技能，并对学生的各种学习心理问题进行辅导。

人格辅导 是指着重对学生的自我意识、情绪和情感、意志品质、人际交往和沟通、青春期性心理、青少年危机问题进行辅导，培养其良好的个性心理品质和社会适应能力。

生活辅导 通过休闲辅导和消费辅导，培养学生健康的生活情趣、乐观的生活态度。这对于学生将来获得幸福而充实的生活具有潜在的影响，同时对发展他们的个性、增长才干、提高学习效率也具有有力的迁移作用。

职业辅导 升学与择业是人生发展的必然过程，是事关个人前途的重大事件。职业辅导是为学生未来的生活作准备的教育活动，旨在帮助学生在了解自己的能力、特长、兴趣和社会就业条件的基础上，确立自己的职业意向，进行职业选择和准备，为今后顺利地进入社会打下良好的基础。

根据小学、初中和高中学生不同的年龄特点，这四项课程内容又有不同的要求。以下以笔者主编的小学生、初中生、高中生心理辅导指南为蓝本，进行分学段内容要点的讨论。

小学阶段内容要点

根据小学生的年龄特点，我们将小学生心理健康教育课程的内容分为：认识自我篇、人际交往篇、学习有趣篇、聪明孩子篇、学习方略篇、学会生活篇。

学习辅导以学习兴趣、学习方法和习惯培养为重点。

学习有趣篇 着重对小学生的学习兴趣和态度进行辅导。兴趣和态度是学生学习中的动力因素。小学阶段的学习任务比之中学相对难度较低，关键是要培养小学生对知识的兴趣，同时，也要帮助他们以积极的态度解决学习中的困难。相关的专题有:“学习的苦与乐”、“智擒拦路虎”、“我的兴趣爱好”、“兴趣是最好的老师”等。

聪明孩子篇 主要侧重于对学生进行发散性思维、选择性注意和记忆策略的训练。发散性思维是创造力的一个重要方面，选择性注意和记忆策略则是个体对外部知识信息加工的重要技能，现行的学校课程很少涉及这些方面的内容。我们设计了“奇怪的大公鸡”、“谁的发现多又好”、“故事接力赛”、“拼图高手”等活动，以提高学生这方面的能力。

学习方略篇 让孩子学会怎样学习是学校教育最重要的任务之一。对于小学生来说，一要培养他们良好的学习习惯，本篇中相应的专题有“校园红绿灯”、“告别‘小粗心’”、“不做‘小拖拉’”；二要引导孩子在学习中手脑并用，运用知识解决实际问题，相关的专题有“动手又动脑”、“给头脑充电”、“带着‘？’学习”；三要培养孩子信息素养，即学习怎样收集信息、吸收信息，相关的专题有“同好书交朋友”、“信息与学习”等。

人格辅导以认识自我和人际交往为重点。

认识自我篇 小学生的自我意识尚处于不成熟的阶段。他们常常不能客观地、正确地认识自己的长处与短处。他们有时过分夸大自己的优点，过高估计自己的能力，因此而产生骄傲、看不起别人的倾向；有时却又过分夸大自己的缺点，过低估计自己的能力，由此而产生自卑、看不起自己的倾向。因此，帮助小学生学习正确、合理的自我评价，有助于增强他们的自尊心、自信心。具体设计了“优点轰炸”、“我爱我自己”、“丑小鸭与白天鹅”、“自信不倒翁”等辅导专题。

另外，对小学生的情绪辅导也是一项重要的内容。小学生的情绪认知、情绪体验和情绪控制都还处于发展阶段，培养他们积极情绪，有利于他们心理健康。我们设计的情绪辅导方面的专题有：“破解‘阴云’的窍门”、“快乐的小精灵”、“烦恼的小妖怪”等。

人际交往篇　人际交往是儿童社会化的最重要的途径。交往是人的一种基本的社会需要，儿童亦是如此。他们通过交往得到友谊和爱，获得他人的接纳或赞许，从中体验到自己的存在价值和生活乐趣；同时，交往又是十分重要的社会接触。善于交往的人之所以受人欢迎、人缘好，其中一个重要的心理品质，就是善于理解别人，乐于帮助别人，与人合作协调。人际交往具体包括与同伴、老师和父母的交往。

同伴关系是儿童生活中重要的人际关系，同龄伙伴的社会角色相同，他们之间的交往有更多的共同语言和共同需求，这使得他们在交往中，更加自由、更加自主地体验和探索群体生活，从而学习社会规则，发展自己的社会交往、助人、合群等心理品质和技能。具体我们设计了：“分享快乐”、“集体的力量”、“与你同行”、“不做‘小喇叭’”。

如何帮助儿童与成人交往？这是目前教育中常常被忽视的一个环节，而沟通又是一项重要的交往技能。沟通是双向的，不仅教师、家长要注意与孩子沟通，而且还要教会儿童与成人沟通。与中学阶段相比，小学生往往把教师视为权威与社会规范的象征，尤其是低年级的学生，对教师的话几乎绝对服从。随着年龄的增长，儿童的独立性和判断能力也随之提高，中年级开始，儿童不再无条件地服从教师了，有时也会对教师的言行做出主观判断。当然这种主观判断往往带有很大的片面性和表面性。这时，帮助儿童如何理解老师、评价老师，进行师生交往就显得格外重要了。同样，儿童对父母比较依恋，需要得到父母的爱抚与关心，这是他们健康成长所不可缺少的养料。但必须注意的是，爱抚和关心也是双向的。光让孩子得到别人的爱，而不让他们给予别人爱，只会助长孩子的自私和自我为中心。因此，让儿童学会体察父母、理解父母，从感情上回报父母，可以使孩子与父母的感情联系更为亲密和牢固。为此，我们设计了“爸爸妈妈小时候”、“今天我是小老师”、“我有一个快乐的家”等活动。

生活辅导以学校生活适应为主、社会生活为辅。

学会生活篇 它侧重于休闲辅导、消费辅导和生活适应辅导等，培养小学生健康的生活情趣、乐观的生活态度和良好的生活习惯。这对于儿童将来获得幸福而充实的生活具有潜在的影响，同时对他们发展个性、增强才干、提高学习效率也具有有力的迁移作用。休闲辅导是现代学校的一项重要内容，它对于个人生活有多种价值。其中，最重要的价值是松弛身心，满足个人需要和兴趣，从而使个人健康成长。对于儿童来说，应该让他们通过辅导活动，学习合理选择和安排适合自己的休闲生活，从中体验到休闲生活的乐趣，并在满足童心的过程中，发展自己的特长。学会合理消费是现代社会生活中，一个公民必备的生活技能。一个人的消费行为和消费观念，在一定程度上反映了个人的生活方式和价值观念。小学生消费辅导，一方面要培养他们节俭的消费作风，克服盲目攀比心理；另一方面要让他们了解消费的一般常识，初步获得管理钱财的能力。生活适应辅导旨在帮助小学生提高处理日常生活事务的能力。为此，我们设计的专题有："愉快的假期"、"拥抱大自然"、"生活的馅饼"、"用好零花钱"、"迷途的羔羊"、"小鬼当家"等。[1]

根据小学生年龄特点，职业辅导不单列，有些内容可以结合在以上三方面。

初中阶段内容要点

根据初中生的年龄特点，本书将初中生心理辅导活动课程的内容分为：学会学习篇、悦纳自我篇、学会交往篇、学会生活篇、职业辅导篇。

学会学习篇 它着重对学生的学习动机、意志和方法策略进行训练和辅导。动机和意志是学生学习中的动力因素。许多研究表明，学生在学习中碰到的最大"敌人"不是自己能力不够，也不是学习任务难度大，而是遇到困难和挫折时产生的情绪问题和动机障碍。例如，许多学生都有过学习成绩不理想的经历，有的学生能够正确总结经验教训，改进自己的学习方法；有的学生却会因此产生焦虑情绪或自卑感。随着初中生自我意识的发展，学习中自主性也日益显得重要。如何帮助他们学会自我计划、自我调控学习是一个重要课题。现行的学校课程体系比较忽视这些技能的培养，增强学生的这些技能，有助于他们学业成绩的提高。本篇从初中学习生活适应、学习动机和兴趣、学习方法策略、思维记忆训练等方面，进行学习辅导活动。

1. 吴增强主编，《小学生心理辅导指南（教师用书）》，上海科技教育出版社，2001，p.4-7。

悦纳自我篇 它旨在让学生对自己有一个全面了解，要善于发现自己的长处，也要善于发现自己的不足，同时要学习调节自己的情绪。

初中生的自我意识有如下特点：

自我评价的独立性逐渐增强。最初，儿童的自我评价主要是模仿成人，依从成人，以成人评价为依据。到了中学阶段，学生逐渐摆脱成人评价的影响，而产生独立评价的倾向。独立的自我评价是中学生有主见的表现，这对人的成长有重要意义。

现实自我与理想自我的冲突加剧。现实自我是指个体对自己当前状况的评价，这种评价是多方面的，从自己的外在形体到内在表现的各个方面，其中包括学习、品德、智能、交往等。理想自我是指个体对自己成为什么样的人的一种设想，而设想中的我带有自我设计的成分，是希望努力实现的一种目标，它具有现实可能性，而不是脱离实际的空想。由于中学生对现实自我往往不能全面地、客观地加以评价，而理想自我更带有明显的盲目性和模糊性，有时会把虚幻当成现实。例如，有些学生沉迷于网上聊天，热衷于虚拟角色，这常常容易使他们不能面对现实，逃避现实，形成社会适应不良。再如，理想目标过高，会使期望落空，降低自信心；但若理想自我过于实际，可能使学生失去动力，成为缺乏理想而过于平庸的人。

不成熟的成人感。成人感是指中学生感到自己已经长大成人，渴望参与成人角色，要求独立，得到尊重的体验。成人感的产生是中学生自我意识迅速发展的一个新的、重要的特征，也是儿童个性发展的转折点。具体表现在：他们需要同成年人平等交流，希望父母、老师像成年人那样对待他们，而不是把他们当小孩。他们要求有一个自己独立使用、有“安全保障”的小天地。哪怕是一个加锁的抽屉，一本得到别人承诺而不随意翻阅的日记本。这都会使他们看到自己独立地位的确认，人格受到尊重而产生满意之情。他们不希望成人时时地管教约束。成人若干扰过多，会使他们产生逆反心理，对抗情绪悄然而起。尽管中学生的成人感日益增强，但由于社会经验不足，对社会问题及个人问题认识较肤浅，这使得他们对自己的评价、对他人的评价常常又是不成熟的。顺利时容易沾沾自喜，挫折时容易自暴自弃。

闭锁性与开放性并存。一方面，中学生的闭锁性与其成人感的发展是相辅相成的。成人感发展了，内心秘密自然增多了，闭锁成分也会增多，它是中学生智力发展和情感深化的反映。他们的闭锁性主要是针对成年人的。例如，有位家长反映，家里买了两室一厅的新居，一家三口高高兴兴地乔迁新居，可刚进去不久，中学生的孩子就在自己房门上贴上一张“安民告示”：未经本人允许，不得随意进入，不得翻我的抽屉。另一方面，中学生的内心又是开放的，他们在同龄人和知心朋友面前，则很愿意倾诉内心的秘密，希望得到理解。

容易受伤害的自尊心。自尊心是自我意识的核心成分。人生活在社会群体中，总是希望得到别人的尊重，社会的承认，在群体中占有一席之地。体验到自尊，也就体验到做人的价值。自尊心得到满足的人，常常会激发其心理的各种机能和潜力，促进其生活、学习与工作。中学生生活经历单纯。经受磨练较少，遇到挫折容易泄气、沮丧，这又使得他们的自尊心比较容易受到伤害。

初中生情绪波动性比较大，有些学生顺利时得意忘形，受挫时垂头丧气。这容易使他们在压力和挫折情境下产生消极情绪，如得不到及时辅导，就会形成长期抑郁、过于自卑等心理障碍。可以从认识自我、欣赏自我、情绪调节、正确面对挫折等方面开展自我意识和情绪辅导活动。帮助学生愉快地接纳自我、驾驭自我，更好地适应环境。

学会交往篇 人际交往的一方面是，主要侧重于学生与同伴、老师、父母的沟通。学会与同伴沟通是中小学生必须具备的一种重要社会技能。随着年龄的增长，父母对孩子的影响逐渐减弱，而同伴的影响逐渐增强。对于学生来说，同伴之间有更多的共同语言，良好的同伴关系会给学生带来安全感和归属感，有利于促进学生的学习和心理健康。

人际交往的另一方面是，如何帮助学生与成人沟通，这是目前学校教育容易忽视的一个环节。一般来说，两代人之间有代沟和冲突是难免的，可以通过沟通加以缓解。沟通必须是双向的，光要求教师、家长注意与孩子沟通还不行，还要教给孩子与成年人沟通的技能，纠正孩子对成年人不合理的看法，这样才会使沟通更为顺畅，才会达到相互理解。本篇从学会宽容、学会倾听、学会沟通以及与异性同学交往、师生交往、亲子交往等方面设计了相关主题，以帮助初中生进行良好的人际交往。

学会生活篇 它侧重于休闲、消费和生活适应等。按照马斯洛的“需要层次论”，人们在物质生活的基本需求满足的前提下，就会对精神需求有所追求。随着学生家庭经济条件的改善，学生的零花钱也逐渐增多；双休日的实行，又使孩子的休闲时间增加。这就需要教师一方面引导学生如何合理消费，如何安排自己的闲暇生活；另一方面还要帮助他们学会自主地选择消费和休闲的方式。后者对于学生适应未来的生活更具有深远的意义。本篇从怎样使用零花钱、怎样过生日、怎样度过休闲生活等方面进行生活辅导。

职业辅导篇 升学与择业是学生人生发展中的必由之路，是事关个人前途的重大事件。职业辅导是为学生未来的生活做准备的教育活动，旨在帮助学生在了解自己的能力、特长、兴趣和社会需求的基础上，进行职业的选择和准备，为今后顺利地踏上社会打下良好的基础。从更深层的意义上讲，学校实施职业辅导也是对现行划一的、以升学为唯一目标的传统课程的一种变革，这就可以根据每个学生的禀赋、能力和兴趣，设置相应的课程，从而实现个性化的教育和真正意义上的教育机会均等。本篇从了解职业、了解自己的职业能力和职业兴趣、职业选择等方面，开展辅导活动。[1]

高中阶段内容要点

根据高中生的年龄特点，本书将高中生心理辅导活动课程的内容分为：学习辅导篇、探索自我篇、情绪辅导篇、人际交往篇、男生女生篇和生涯辅导篇。

学习辅导篇 随着高中生自我意识趋于成熟，学习中自主性也日益显得重要。如何帮助他们学会自我计划、自我调控学习是一个重要课题。现行的学校课程体系比较忽视这些技能的培养，增强学生的这些技能，有助于他们学业成绩的提高。本篇从学习动机、学习方法策略、问题解决技巧、自我调控学习和考试策略等方面，进行学习辅导活动。

探索自我篇 它旨在让学生对自己有一个全面了解，要善于发现自己的长处，正确对待自己的长处；同时也要善于发现自己的不足，正确对待自己的不足。高中生的自我意识发展比之初中生，在独立性、成人感、自尊与自卑等方面特点更为突出，更有自己的见解和判断。可以从认识自我、价值观辨析、人生的理想与成功、偶像崇拜等方面开展自我意识辅导活动。

情绪辅导篇 在人的心理活动中，情绪是最为敏感、最为活跃的心理因素。情绪不好，常常使人表现出紧张、抑郁、浮躁不安、沮丧，影响个人的生活与学习，乃至身心健康。神经生理学的研究结果表明，激烈的情绪变化将会引起人体内一系列复杂的生理变化。积极的情绪状态，对个体的身心健康有促进作用，能为人的神经系统机能增添新的力量，能充分发挥机体的潜能。但如果是不良的、消极的情绪活动，则会对机体产生有害的影响。例如，

1. 吴增强主编，《初中生心理辅导指南（教师用书）》，上海科技教育出版社，2001，p.4-8。

在威胁性的情境下，会产生焦虑和愤怒的情绪，造成肾上腺素和肾上腺皮质激素分泌的增加，因而使心率加快、血管收缩、血压升高、呼吸加深、胃肠蠕动减慢等。如果这种情绪反应是短暂的，情绪状态能很快恢复正常，这种体内的生理变化也会随之复原，身体不会受到影响。反之，如果这种情绪受到压抑，得不到必要的疏导宣泄，或持续时间过长，就会使人的整个心理状态失去平衡，受到影响的体内生理变化不能恢复正常，结果就会造成神经系统功能失调，尤其是植物神经功能的失调。

尽管高中生的自控能力有所提高，但情绪两极波动性仍很明显。本篇通过合理宣泄情绪、音乐调节情绪、消除焦虑和恐惧情绪、情绪自助等活动，帮助学生学会情绪调节，便于学生驾驭自我，也有利于他们情绪健康，更好地适应环境。

人际交往篇　主要侧重于学生与同伴、老师、父母的沟通。有关调查表明，大多数高中生更愿意向知心同伴诉说自己的烦恼。有些同学在班级里感到孤独、不合群，觉得没有知心朋友，不知道如何在集体里与同学相处，这更需要加以关心和辅导。

本篇从学会宽容、学会倾听、学会沟通、克服交往中的妒忌心理、自卑心理以及师生交往、亲子交往等方面设计了相关主题，以帮助高中生进行良好的人际交往。

男生女生篇　一般在十一二岁以后，个体开始进入青春期。在性激素的作用下，青少年会产生一系列生理变化，性意识开始得到迅速发展。美国心理学家赫洛克根据研究，把青少年性意识的发展分为四个阶段:

- 性反感期。当个体生理上产生一系列变化时，初步经历了和人类的性奥秘有关的体验，因此产生了对性的不安、害羞和反感，认为恋爱是不纯洁的表现，对异性采取回避、冷淡和粗暴的态度。
- “牛犊恋”期。在青春期的初期，青少年像小牛依恋母牛一样，倾倒于自己所向往的年长异性，关注其一举一动，对其想入非非，并且很想接近他（她），讨他（她）的喜欢。
- 狂热期。在这一时期，青少年开始关注和喜欢年龄与自己相近的异性，在各种活动中都想努力引起异性的注意和喜爱，并想方设法寻找或制造各种机会接近自己喜欢的异性。但由于这时心理发展不成熟，理想主义和自我意识较强，所以可能会遇到各种冲突。
- 浪漫期。随着个体心理的逐渐成熟，对异性的爱恋开始集中在某一个异性身上，对其他异性的注意力逐渐减少，喜欢和恋爱对象单独在一起，并对将来一起生活充满幻想和向往。

根据青少年性意识发展的特点，本篇主要从性别角色互补、异性同学交往和青春期自我保护等方面进行性心理辅导，帮助他们解决性心理的困扰。

生涯辅导篇　高中生面临的升学与择业问题比初中生更为迫切。生涯辅导旨在帮助学生进行人生规划与生涯设计。本篇从了解职业、职业与角色、生涯规划与选择、职业选择、职业成功、女子成材和人生创业等方面，开展辅导活动。[1]

第三节　心理健康教育课程的历史、现状与思考

心理健康教育课程的兴起

国内的心理健康教育课程发端于20世纪90年代初期，当时不少教育工作者认识到，学校开展心理健康教育不能只关注个别有心理问题的学生，更要面向全体学生，培养学生健康的心理品质。为了实现这个目标，心理健康教育课程探索逐渐引起学校实践工作者的重视。不过当时学校还没有今天大家所熟知的课程的概念。当时开设的心理健康教育课大概有活动型和知识讲授型两大类。

1. 活动型课程

1992年，国家教委将活动课正式列入基础教育的课程体系，因此，最初的心理健康教育课程是以活动课的形式出现的。以上海为例：上海市奉贤县教师进修学校于1994年开始进行了“农村小学生心理辅导活动课的研究”。他们认为，心理辅导活动课必须打破以教师讲授为主的陈旧的教学方式，而应代之以活泼多样的、适合小学生特点的多种活动形式，他们总结了几种形式：

1. 情境式。为了让学生理解、体验某种情境下的不同角色心理，由教师假设某种情境，以设计小品表演，录像观摩等活动形式，让学生获得一定的体验。
2. 讨论式。围绕某个问题或者情境，让学生自由地、充分地发表自己的观点，以达到相互交流、相互学习、澄清错误观点的目的。

1. 吴增强主编，《高中生心理辅导指南（教师用书）》，上海科技教育出版社，2001，p.4-9。

3. 游戏式。为了让学生掌握某种技能、领悟某些道理或愉悦身心而设计的活动。

4. 讲授式。对一些知识性、技能性或者是活动后需要深化的内容，则由教师讲解或进行训练。

心理辅导活动课在班级中实施的程序一般是：启发思考－小组讨论－组际交流－集体评价。其中，小组讨论是一个重要环节，它为每个人提供更多参与的机会，将个人的思考转化为全班同学的共同认识。[1]

此外，上海市风华中学、上海市虹口区曲阳四小、上海市徐汇区汇师小学先后编写了心理辅导活动设计教案集。

2. 知识讲授型课程

20世纪90年代初，也有不少人认识到，首先要将心理健康教育知识作普及宣传，让更多的学生和教师获得相关的知识和理念。于是，知识讲座型的心理健康教育课程模式比较流行。以上海为例：徐汇区教育学院编写了“中学生心理健康读本”，黄浦区教育学院编写了“学生非智力因素教育读本”、“学习32法”等。

由于知识讲授型的模式比较单一，学生比较被动，效果不大理想。相比之下，活动型的模式形式活泼多样，师生互动良好，越来越受到大家的欢迎。因此，知识讲授型逐渐为活动型所取代，成为20世纪90年代心理健康教育课程的主要形态。

心理健康教育课程体系的构建

从课程体系建设的角度探究心理健康教育课，是在20世纪90年代后期。姚本先、方双虎（2002）认为，心理健康教育课程体系包括独立型和融合型两大类。其中独立型课程又可分为心理健康教育学科课程、心理健康教育活动课程和心理健康教育环境课程；融合型课程也可分为学科课程中的融合、活动课程中的融合和环境课程中的融合。[2]

心理健康教育学科课程是较为系统地传授有关心理发展和心理健康基础知识的一种课程形式，使学生获得必要的心理健康知识和心理发展知识。它是心理健康教育课程体系的基础部分。

---

1. 林火琴等，《农村小学心理辅导活动课实施的研究》，载于吴增强主编的《学校心理辅导研究》，上海科学技术文献出版社，2000，p.151-155。

2. 姚本先、方双虎，《学校心理健康教育导论》，中国科技大学出版社，2002，p.200-203。

心理健康教育活动课程是指教师根据学生心理发展的规律和特点，有目的、有计划、有组织地通过学生主体性的活动方式，旨在提高学生心理素质、促进心理健康、开发心理潜能的一种课程形式。它具有活动性、主体性、互动性、体验性等特点。由于它是面向全体学生开展心理健康教育的有效载体，因此，也是心理健康教育课程体系的核心部分。

心理健康教育环境课程是指学校通过教育环境潜移默化地影响学生心理发展，促进心理健康的课程形式。它与前两种课程形式相比，是一种隐性课程。

融合型心理健康教育课程是指在学校常规教育教学活动中，在传递知识、掌握技能、形成良好行为习惯的同时，注重挖掘学科课程、活动课程和环境课程中的内在心理健康教育资源，并引入心理健康教育的方法和技术，帮助学生提高心理素质的课程形式。它是心理健康教育课程体系的重要部分。在学校的各科教学以及班级团队活动、科技文体活动中，蕴含着丰富的心理健康教育资源，需要教师充分挖掘其隐性的教育价值。

也有学者从课程取向提出了综合课程的构想。叶一舵（2003）认为，目前国内的心理健康教育课程大致可以分为三种取向：第一，学科取向的心理健康教育课程，即把心理素质所包含的内容作为构建课程的主线，强调心理学知识的系统性、完整性；第二，以经验取向的心理健康教育课程，即把让学生获得经验和体验作为课程的支点，强调活动、实践和心理训练；第三，以问题取向的心理健康教育课程，即把学生所面临的心理问题作为课程的切入点，强调心理辅导与心理咨询。[1]

不少学者赞成将三种取向融合为“问题－经验－学科三位一体的综合课程”。其中，强调“问题”旨在突出它的针对性，强调“经验”旨在加强它的活动性，强调“学科”旨在提高它的系统性。当然，三者之间不是平均分配，而要视具体学生对象和目标而定。首先，应该考虑不同学段学生的心理发展水平和心理需要。小学生应以经验取向课程为主，中学生以问题取向课程为主，并逐渐增加学科取向课程成分。其次，应该考虑学生的不同心理发展任务。例如，青春期辅导，既要有经验课程，也要给学生相应的青春期身心发展的知识，同时解决这一阶段学生所面临的共性问题。

上述课程体系的构建，表明人们认识到心理健康教育课程是一种综合性课程。这种综合体现在独立型课程与融合型课程的综合，显性课程与隐性课

1. 叶一舵，《现代学校心理健康教育研究》，开明出版社，2003，p.148。

程的综合，经验取向课程、学科取向课程与问题取向课程的综合。它应该是多渠道、全方位的综合性课程体系。

心理健康教育课程建设需要注意的若干问题

由于心理健康教育课程建设在我国还处于初步探索阶段，不论在理论还是在实践上都存在不少问题需要思考和解决。当前，尤其要注意以下几个问题：

防止学科化倾向。心理健康教育课程，固然要向学生讲授有关心理发展和心理健康的知识，这些知识是为了帮助学生解决成长中的困惑，促进他们心理健康。如果按照心理学学科知识体系来设计课程，以知识掌握为目的，那就本末倒置了。1999年教育部颁布的《关于加强中小学心理健康教育的若干意见》（以下简称《意见》）中明确指出，"要注意防止心理健康教育医学化和学科化的倾向。不能把心理健康教育搞成心理学知识的传授和心理学理论的教育。"从目前已经出版的心理健康教育教材来看，学科化倾向的痕迹已经逐渐减少，表明这个观点基本得到大家的认同。这对于许多还没有开展心理健康教育的地区来说，是一个有益的建议。

防止课程化倾向。所谓课程化倾向，是指把心理健康教育课程作为学校心理健康教育的唯一途径，而忽视了多样化的途径。课程化倾向的弊端：一则不能满足学生多样化的辅导需求。心理健康教育课可以解决学生共性的问题，但是难以顾及学生个别的辅导需求。《意见》就心理健康教育的原则，提出在面向全体学生的同时，还要"关注个别差异，根据不同学生的不同需要开展多种形式的教育和辅导，提高他们的心理健康水平"。二则不能调动学校更多的教育力量，形成心理辅导教师单打独斗的局面。当然，学校在刚刚启动阶段，专业力量比较薄弱的情况下，可以以心理健康教育课为切入点，逐步推动。防止课程化的基本策略是将心理健康教育与学校各项教育活动有机融合，通过多样化途径促进学生的健康成长。

防止形式主义倾向。形式主义表现之一，是把心理健康教育课程当作"摆设"，形同虚设，应付各种检查。正如有人所说，"上级检查时重要，平常教学中次要，抓统考升学时不要。"形式主义表现之二，是把心理健康教育课当作"表演"课。心理健康教育课需要活动设计以加强学生的参与和体验，但不要"为了活动而活动"，有些课形式上很热闹，似乎效果不错，但是并未解决学生的实际问题。有的为了公开课展示成果的需要，通过精心排练，心理健康教育课成了学生表演课，这样的课有违于心理健康教育的基本精神。这就需要我们在设计课程时，以培养学生健康心理为落脚点，强调活动的有效性，让学生确有所获。

防止理想主义倾向。目前心理健康教育课程设计中，过于理想化倾向比较普遍。理想主义倾向表现为，从教育者角度设计课程的目标和内容，有些目标过于理想，有些目标过于原则、空泛，不太符合学生的实际状况。这就需要教师平时要比较深入地与学生沟通，了解学生的内心世界和需求，这样的心理健康教育课程才会受到学生的欢迎，才真正体现了以学生成长为中心。

防止自由主义倾向。心理健康教育课程需不需要主流价值引导？有些教师将心理咨询中的"价值中立"原则运用在心理健康教育课，认为具体教学过程中不需要价值引导。我们认为，对成年人心理咨询与青少年心理健康教育还是有一定的区别的，最显著的区别就是教育干预性。面对多元文化的社会影响，帮助学生建立积极的主流价值观，以适应变化的社会是心理健康教育课程重要的教育目标。价值引导不是一味地说教和灌输；价值引导也不影响学生进行自我探索。价值引导给教师如何上好心理健康教育课提出了更多的挑战。

防止功利主义倾向。心理健康教育课程需要编写教材。但是，由于功利主义、物质利益驱动，有些地方心理健康教育课程教材编写不作认真研究、精心准备，纷纷上马。据不完全统计，各地已经推出的心理健康教育教材多达150种，但是，质量高的教材并不多。有学者认为，目前的心理健康教育课程教材存在以下问题：教材编写的价值取向，没有突显"学生为中心"；教材编写目标定位不够清晰，有些教材仅仅关注防治性目标，而忽视发展性目标；教材评价失真，对于教材评价有"自卖自夸"的现象，相当一部分教材编写的状况是，"匆匆上马，急急推出，草草收场，皆大欢喜"。[1]我们要以科学的态度，在理论指导下精心设计课程与教材框架，尤其要认真听取一线心理辅导教师和学生的意见，不断完善和丰富心理健康教育课程教材的体系和内容。

本章小结

1. 心理健康教育课程是指学校按学生心理发展的规律和特点，以团体心理辅导及其相关的理论与技术为指导，以班级为单位，通过各种

1. 崔景贵，《关于我国中小学心理教育课程教材建设的思考》，《课程教材教法》，2002（1）。

辅导活动，有目的、有计划、有步骤地去培养、训练、提高学生的心理品质，激发潜能，增强社会适应，帮助解决学生成长中的各种心理问题，维护心理健康，达到塑造和完善人格的团体心理辅导活动的形式。

2. 心理健康教育课程首要价值就是，可以体现促进全体学生心理健康的发展性目标，帮助学生成长过程中共性的心理问题；第二，可以落实心理辅导全员性策略；第三，可以体现当前新课程改革的教育理念。心理健康教育课程的特点：第一，它是学生进行自我探索的过程；第二，强调体验和感悟；第三，以帮助、互助、自助为机制。
3. 心理健康教育课程的原则有：发展性原则、主体性原则、活动性原则、全体性原则、相容性原则。
4. 心理健康教育课程目标应该以发展性心理辅导为导向，注重学生健全人格培养和潜能开发。主要包括：培养学生积极的自我意识，培养学生健康的情绪和情感，发挥学生潜能，帮助学生建立个人与他人、社会的和谐关系。心理健康教育课程的内容可以分为：学习辅导、人格辅导、生活辅导和职业辅导。
5. 当前心理健康教育课程建设需要注意以下几个问题：防止学科化倾向；防止课程化倾向；防止形式主义倾向；防止理想主义倾向；防止自由主义倾向；防止功利主义倾向。

问题讨论

1. 简述心理健康教育课程兴起的历史背景与意义。
2. 心理健康教育课程与学科课程相比有何特点？
3. 当前心理健康教育课程建设需要注意哪些问题？

第二章

心理健康教育课程的理论基础

关于心理健康教育课程理论基础的探讨，一直是个薄弱的环节。从心理健康教育课程的概念出发，除了课程理论背景，还应该讨论其心理学和社会学理论背景。这些理论为心理健康教育课程的设计提供了深厚的思想源泉。因此，本章主要探讨：

- 心理健康教育课程的课程论基础
- 心理健康教育课程的心理学基础
- 心理健康教育课程的社会学基础

第一节 课程论基础

“课程”一词源于拉丁语的currere，意指跑道，我们可以理解为“学习的跑道”，就是书，“课程”的原本意义系指根据教育目标、为指导学习者的学习活动，有计划地编排的教育内容的整体计划，旨为在塑造年轻一代未来人格而设计的蓝图。[1]但是，课程是着眼于学习者的经验和活动，还是着眼于学科的知识内容，二者之间有着巨大的差别，由此而形成了对“课程”语义的不同解释。我们要探讨心理健康教育课程的课程论基础是什么，就应该从现代课程理论发展的轨迹中寻找答案。

现代课程理论的流变

近百年来，课程理论变革基本上是围绕着学科主义课程与经验主义课程之间的批判、反思和重构，不断地进行着。学科主义课程是按照逻辑组织起来的教育内容的学科划分，注重教育内容的价值与结构；经验主义的课程是

1. 水内宏著，《学校与课程》，青木教育丛书，1989（日文版），p.122。

依据学习者的需求，以生活经验为基础组织教育内容的课程。20世纪初，改造旧有教育的新教育运动在世界范围内展开，从课程设计的角度看，可以说是从学科课程走向经验课程的改革。而20世纪50年代末60年代初的世界性课程改革运动，要求教育内容现代化，倡导“学问中心课程”，可以说这是从经验主义课程回归到注重学科结构以追求卓越知性的学科课程改革。20世纪70年代以来，课程改革的基调不再一味强调“学科”、“学问”、“卓越知性”，取而代之的中心概念是“人性”、“个性”、“自我实现”等，似乎又在向经验主义课程回归。以下我们将这些课程理论的变革作简要介绍。

1. 杜威的“经验主义课程”

杜威的“经验主义课程”是一种儿童中心课程，是以儿童当下的直接经验、儿童的需要和动机、儿童的兴趣和心理发展为课程整合的核心，其目的是促进儿童的经验生长和人格发展。杜威在《儿童与课程》一书中说，“现在课程最大的流弊是与儿童生活不相沟通。其原因是：①儿童生活与成人经验中数种社会目的不同；②分类的科目是历来科学研究的成果，不合乎儿童的经验；③儿童的世界狭小而偏于个人，课程所示的世界则遥远而不切己；④儿童的生活连贯而一致，课程则分门别类；⑤儿童生活为切实的、感情的，课程分类标准则为抽象的，逻辑的。”因此，杜威主张课程应该真正适合于儿童的生活。[1]

杜威的儿童中心课程观强调两点：

第一，儿童和课程之间的关系不是互相对立，而是互相关联的。“儿童和课程仅仅是构成一个单一过程的两极”，儿童是起点，课程是终点。只要把教材引入儿童生活，让儿童直接去体验，就能把两点连接起来，使儿童从起点走向终点。

第二，“学校科目相互联系的中心点，不是科学，不是文学，不是历史，不是地理，而是儿童本身的社会活动”。

1896年1月，杜威创办了芝加哥大学附属实验学校，具体实践了他的儿童中心课程论。该校课程不是依据传统的学科，而是依据儿童的需要，以作业为中心，组织儿童的学习经验。他规定，实验学校的课程编制要解决四个主要问题：

1. 怎样做才能使学校与家庭、社区的生活关系密切？
2. 怎样做才能使历史、文艺、科学的教材对儿童生活本身有真正重要的价值？

1. 钟启泉，《现代课程论》，上海教育出版社，1989。

3. 如何使读、写、算等正式学科的教学在平日获得的经验之上实施，并同其他学科的内容有机地联系起来，从而使学生产生兴趣？

4. 如何适当地注意个别儿童的能力和需要？

杜威的《学校与社会》(1899)，就是这所实验学校3年实践的总结。他在书中宣告的学校教育的“哥白尼转变”，是尔后长期支配美国课程发展的一个指导性纲领，“现在，我们教育中将引起的改变是重心的转移。这是一种变革，这是一种革命，这是和哥白尼把天文学的中心从地球转到太阳一样的那种革命。这里，儿童变成了太阳，而教育的一切措施则围绕着他们转动，儿童是中心，教育的措施便围绕他们而组织起来”。[1]

2. 学问中心课程论

学问中心课程源于20世纪60年代发端美国、波及全球的以“教学内容现代化”为中心的课程改革运动。所谓“教学内容现代化”，就是着眼于充分反映现代科学的成就，强调科学的基本概念与掌握科学方法的课程设计。

1957年，受到苏联卫星上天的冲击，美国朝野决心致力于学校教育内容的现代化、科学化。1958年，美国颁布《国防教育法》，借助“国家科学财团”及其他私人财团的资金援助，以自然科学、数学、外语为中心的课程改革运动展开了。

学问中心课程的目的强调帮助学生发展智力，布鲁纳说，“所谓教育，终究是要发展心智能力和感受性……教育必须使智能发挥作用，借助个人超越自身的社会世界的文化方式，去开辟哪怕是微小的新局面，创造出自身的文化来。”“学校，是进入心智的门户。确实，学校是生活本身，不单是生活的准备。但是，学校终究是特殊的生活形式。人的富有可塑性的时期，是人之所以称之为人类的发展特征，是人类区别于其他动物之所在。最有效地利用这个时期并周密地计划的生活的形式，便是学校。”因此，布鲁纳又说，“我们也许可以认为，教育的最一般的目标就是追求卓越性。……这个词，不仅意味着教育成绩优异的学生，而且也意味着帮助每一个学生获得最好的智力发展。”[2]

学问中心课程的特点主要是学科化、专门化和结构化。

学科化。布鲁纳在《论认知》中说，“在现代，正在发生着史无前例的急剧变化，关于这种变化的报道也是极其神速的。如果我们认真地思索一下（杜威的）‘学校必须是生活本身，而不应当是单纯的生活的准备’这一信念的话，那么，学

1. 钟启泉，《现代课程论》，上海教育出版社，1989，p.94-96。

2. 同上，p.108-110。

校就必须如实地反映我们正在体验的种种变化。若是那样，这个信念的涵义首先就在于，必须找出某种反馈手段，把人类认识最前哨的日益深刻的识见反馈给我们的学校。事实上，这在理科和数学中是不言自明的。确实，在这些学科领域，正在作出努力，使新的、更强有力的，而且往往是更单纯的理解方法，引进中小学的教室。”学科知识是课程的唯一源泉，教学要根据学科的逻辑与结构展开。

专门化。学问中心课程强调学科之间的独立性，反对教育内容的融合化、广域化。古德拉德说，学问中心课程强调的，几乎都是作为独立的实体——专门的学问。也就是说，不是强调理科，而是突出物理、化学、生物学；不是强调社会科，而是突出地理学、历史学、经济学；不是强调英语，而是突出文学、作文、文法。芝加哥大学生物学家施瓦布认为，学科中心课程的专门化是由学科的本性决定的。

结构化。学问中心课程着眼于知识结构的把握，布鲁纳在《论认知》中强调，“正是知识的结构——它的相互关系和因果关系——应当成为教育的重点。因为，赋予学习的对象以意义，开拓新的经验领域，正是这种构造，亦即使七零八落的现象得以系统化的概念。”只要是这种以灵活的概念结构为核心的学问，它就显然具有教育学价值。学问不是事实的百科全书，而是掌握与同化新知识的智力手段。学生通过综合概念，有可能从其所包含的题材中，剔除不必要的概念，吸取本质的部分。这就是学问的结构。借助这种结构的理解，学习者能够从赋予的材料中把握意义的逻辑。掌握学问结构，可以说正是提供了学习活动系统化的逻辑。[1]

3. 人本主义课程

人本主义课程是在批判对学问中心课程的“非人性化”浪潮中应运而生的。它力主学校课程的“人本化”，强调实施三类课程——学术性课程、人际关系课程和自我意识、自我实现课程，以实现包括学术潜力与非学术潜力在内的人的全域的发展。[2]

美国全美教育协会（NEA）20世纪70年代的报告指出，人本主义课程不像学科主义课程仅仅把重点放在智力上，它是以“人的能力的全域发展”为目的的。“课程除了纯粹的智力发展外，情绪、态度、理想、雄心、价值，对于教育过程来说，也是应当关注的正当的领域，还要发展自尊和尊他的思想意识。”

人本主义课程一方面强调仍旧坚持培养卓越的智力；一方面指向人格的

1. 同前，p.119-122。
2. 同上，p.145。

整体的教养，构成以人为中心的课程。1976年12月，美国全美教育协会“教学研究中心”得出结论说，“未来十年教育改革的主要目的是使学校变成‘人道机构’”，儿童的自我实现是人性教育的目的。福谢依说，“学校，对于每一个人来说，是他们自身成长的场所”。他列举了人的全部能力领域：理智、情绪、社会、身体、灵性。为了全面发展上述几个方面的能力，他提出了课程1、2、3三个方案，被称为并行课程。福谢依说，“学校里必须设置并行课程，一方面授受系统的知识；另一方面探讨现实中直接提出来的社会的、人类的问题。”这个主张，同布鲁纳做出自我批判以后提出的课程设计——星期一、三、五为学术知识内容的课程，星期二、四、六为时代的、现实的社会问题为对象的课程，大体显示了同样的方向。

课程1——正规的“学术性课程”及有计划的课外活动。人的培养，不以高度的学问逻辑、科学知识为前提是不可能的。“人性中心”包含了一定的学术水准。

课程2——“社会实验课程”。这是一种突出“参与集体与人际关系”的课程。它以战争与和平、种族歧视、经济贫困、人口增长、环境污染等，同学生社会生活密切相关的活生生的现实问题为题材。围绕这些问题的学习，将会引起学生的兴趣。以学生的生活现实问题为主题选择出来的教材，教学才会真正适合儿童的实际，才会产生真正的学习活动。这种课程不强调记忆现成的知识，而是强调探究、比较、阐释、综合的过程。

课程3——“自我觉醒和自我发展的课程”。这是旨在唤起儿童对于人生意义的探求的课程。教师通过教学，不仅传授知识和技术，而且还要为学生人格的解放与发展提供经验，从而帮助学生的人格成长及其自律性的确立。

福谢依的并行课程强调，学校课程要使“生物的人培养成历史的、社会的存在——自我实现的人”，就得考虑由知识课程、情意课程及体验课程组成（见图2-1）。

在这里，“知识课程”是指理解和掌握自然科学、社会科学及人文科学的学术知识的课程。它包括理科、数学及经过部分改革的社会、母语等学科。

“情意课程”是指健康、伦理及游戏这一类旨在发展非认知领域的能力的课程。它包括发展人的情绪、态度、价值观、判断力、技能熟练等的音乐、美术及经过部分改革的体育、健康教育、道德等学科。

“体验课程”，是借助知识课程与情意课程的统一，即认知与情意的统一，旨在实现整体人格的课程。它包括综合运用各门学科的知识，在新辟的课时

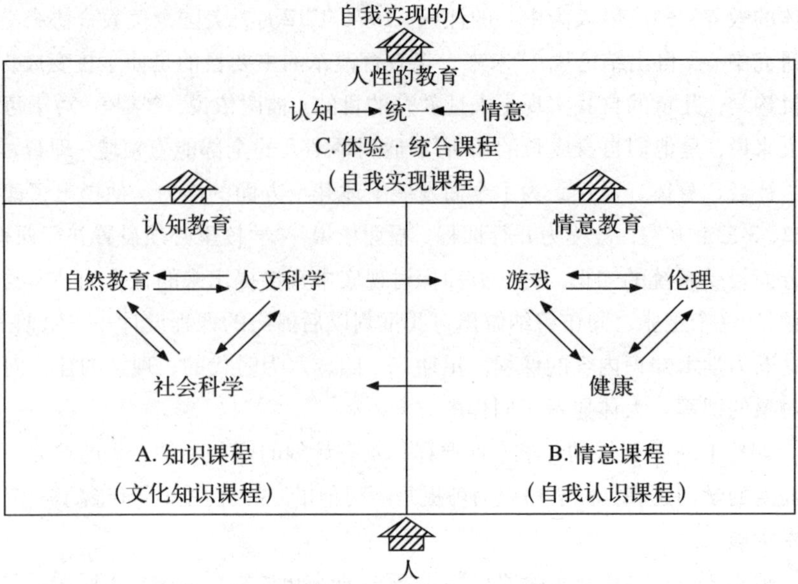

图 2-1　人本主义课程的结构

[出处] 日本信州大学学科教育研究会著，《学科教育学的构想》（上卷），1986，p.121。

里（包括校外活动）的体验性学习。[1]

4. 社会本位课程论

20世纪70年代以来，在对学问中心课程的批判与反思之中，人们对于课程理论的重构更加趋于理性，不是简单地回归到经验主义课程，而是融合各家之长。其中重视社会需求取向的课程理论也得到了发展，社会本位课程论注重社会功能性知识，即着眼于使学习者掌握社会生活所必需的知识、技术和技能。社会本位课程论有两种变式。一是"社会适应"型，主张由社会形状去设计课程。例如，当代美国的"生涯教育"（career education）就是出于"学校乃是社会的代理机构"的观念，旨在使学生了解工作世界，逐渐养成受雇的态度与技能，成为"社会机器的螺丝钉"的课程思想。二是"社会重塑"型，主张将社会现实的问题作为课程设计的核心，旨在培养学生成为"社会改造的工具"。持社会重塑观者，所见到的社会问题，所持有的信念、理想和策略，都可能因人而异。例如，20世纪80年代以来，国际上比较流行的几种社会本位课程有"科学－技术－社会课程"、"环境教育课程"、"国际理解教育课程"。这两类课程都是依据社会需要，而非以学科的需要或者学生的需要

1. 同上 p.163-165。

为出发点的，它们均强调社会实践活动或社会问题解决力。[1]

以下以“生涯教育”课程、科学－技术－社会课程为例。

美国的“生涯教育”是在1971年由当时的联邦教育总署署长西德尼·马兰（S. P. Marland）发起的。马兰把20世纪60年代以来出现的种族歧视、退学和失业人数的增加、工人对劳动的不满以及学校和社会的骚动等现象，都归咎于学校教育的失败——学校没有实施教育和劳动相结合的政策。他认为，应当从学校教育的低年级开始，在各个学年阶段采取不同的形式，设置为学生未来的职业生活进行预备教育的课程。马兰把生涯教育的概念概括为三点：“第一，生涯教育将成为所有学生的、而不只是职业学校学生课程的一部分；第二，生涯教育应当贯穿于从小学一年级到高级中学甚至大专院校的所有年级中；第三，凡中学毕业的学生，包括即使是中途退学者，都将掌握维持生计的各种技能。”生涯教育家强调，这是一种跟传统的职业教育完全不同的新的教育改革运动。

学校的生涯教育课程可以划分为三个阶段：

(1)“职业了解”阶段（1～6年级）

这个阶段主要是实施职业认识的计划。目标是通过单元教学，使所有儿童在活动中树立起关于各种职业的总观念，培养儿童的职业意识和自我意识，扩大儿童对职业的了解，具体地又可分为低、中、高三个级组进行。

1～2年级：设计诸如“人们所从事的一切劳动都是高尚的”、“挑选一个自己喜欢的职业”、“生涯是什么意思”、“你在学校里学习的科目对你将来的职业有什么帮助”等单元，通过教师的讲述，启发儿童对职业世界的好奇心，培养正确的劳动态度，解答儿童所提出的有关职业的问题。

3～4年级：在上述基础上，扩大儿童对大量的职业的认识，设计以下的教学单元：“一个人所做的工作对他的整个生活会有影响”，“在学校里和在以后的劳动世界学会合作是很重要的”，“为了明智地选定一项职业，一个人必须了解自己”，“为了能够胜任工作，一个人必须掌握一定的技术”，等等。让儿童比较详细地调查某些专业，包括：职责、个人条件、教育与训练的必要性；根据儿童的才能、兴趣，鼓励他们如何选择职业方向；认识不同水平的劳动，以便更好地把劳动与教育训练结合起来。

5～6年级，在上述培养目标和内容的基础上，提高学生自我意识和对劳动世界的认识。这个阶段主要是要求学生熟悉各类职业并打算将来从事的行业。例如，在“什么职业是建立在算术教学基础上的”教学单元中，要使学生懂得，

1. 钟启泉、李冰雁主编，《课程设计基础（总序）》，山东教育出版社，2000，p.4-5。

会计师、建筑师、工程师、出纳员、测绘员、售货员、教师等均与算术有关。

(2) 职业探索阶段 (7～10年级)

在这个阶段，学生通过职业探索，熟悉职业的分类，并开始在职业群中做出尝试性的选择。在美国，经过专家鉴定的职业约有2万种。劳动部把它归纳为15个职业群。

在7～8年级，学生集中学习他们最感兴趣的职业群；在9～10年级，要求学生对选定的职业做深入的探究，包括参观访问劳动现场，见习这方面的技能，并在实际的劳动操作中获取经验与教训。

(3) 职业选择阶段 (11～12年级)

到了11～12年级，学生应更集中地钻研他们所选定的职业：掌握中学毕业后能直接就业的各种技能；为升入中等教育以后的教育机构做准备，把学术性课程与职业性课程结合起来学习；为四年制以上的学院的专业学位做准备，把更精深的学术性学习同职业技术教育结合起来学习。[1]

科学－技术－社会课程（简称STS课程），是人类对于单向度的科技理性对地球生态环境破坏而进行深刻反思的产物。1972年，罗马俱乐部发表了《增长的极限》的著名报告，向全世界发出了警告，有限的地球资源及其不受限制的利用，将对未来社会造成极为严重的威胁。于是，关于科技政策、经济政策及其长远影响的讨论，成为各国政府和民间讨论的热点问题，促使人们对人与自然的关系问题、对科技进步的社会意义问题等，进行深入的思考。科学－技术－社会课程打破理科课程与人文课程之间的界限，将理科知识与社会问题结合起来，创立为一个统整课程的模式，它不是按照学科体系，而是围绕紧迫的、具有代表性的科学、技术、社会问题来组织课程内容，开展教学活动。课程内容具有高度的“适切性”，即适切社会的需要和学习者的个人需要。它不仅要使每个学习者获得基本的科学技术素养，还要使他们成为高科技时代的负责的公民，共同承担起对人类社会发展、进步的责任。

科学－技术－社会课程内容包括八个特定的领域，即能量、人口、人类工程学、环境质量、自然资源的利用、国防与空间、科学的社会学、技术发展的效果。课程设计中通常包括丰富多彩的实践活动，除了传统的阅读和实验活动外，还可以开展模拟法庭、模拟议会、戏剧演出、访问调查、论文写作等各种活动。在许多问题上，并不强求得出唯一正确的答案，而是鼓励学生以事实为依据，可以从各自的观点和信仰出发，各抒已见，开展争论，探

1. 钟启泉，《现代课程论》，上海教育出版社，1989，p.463-471。

讨问题的解决途径。[1]

现代课程若干特点探讨

1. 强调人本性，批判“技术理性”

在现代社会中，高度发达的科学与技术正在成为某种统治力量。它一方面在改变着世界，使世界发生日新月异的变化；另一方面也导致了人们对科学技术的崇拜和盲目信仰。哈贝马斯尖锐地指出，现代科学技术已经在执行意识形态的职能，因为科学技术凭借着它的客观合理性，实现了对社会的统治和对人的统治。不仅社会的发展取决于科技的进步，而且人的全部生活都受着科学技术的控制，以致失去了自由。与其说技术为人服务，不如说是人为技术服务。这便是现代意义上的“技术理性”，它已经处于人性的对立面，改变了“理性”的本义。

技术理性通过标榜其纯粹的客观性和合理性，拒绝其他一切价值、利益或人类旨趣的存在意义。在学校教育领域，技术理性的典型表现是只重物质不重精神、只重事实不重价值、只重认知不重情意。按照技术理性的价值体系来衡量，知识便有了高下优劣之分。直接反映科学技术成果、以培养人的科学素养为宗旨的、所谓“价值中立”的理性课程，因其最合乎“理性”标准，成为最受青睐的“真正的”知识。而其他以价值判断为主的科目，因其缺乏客观性，被置于相对次要的地位。这样，人文学科就成了学校可有可无的一些点缀课程而已。

被技术理性排斥的价值领域包含着社会和个人的多种情感需求，包含着人的丰富多彩的精神世界。没有情感、无视价值地应用知识，早已产生了一系列令人触目惊心的社会后果，人们不能不去追问科学家的良心和工程师的社会责任感。受“技术理性”统治的社会非但不是一个令人心满意足的社会，反而使人类陷入更加严重的生存困境之中。由于科学技术将要决定人的一切思维方式和行为方式，人最终会丧失自由，沦为科学技术的奴隶，受其控制和束缚，并注定要吞食科学技术发展可能带来的一切恶果。

现代课程正是在对技术理性批判的基础上建立起来的。如前所述的人本主义课程就是这样一种现代课程。产生于20世纪60～70年代的人本主义教育，旨在缓和乃至消除当时年轻一代的精神迷茫和弥漫于整个西方社会的价值危机。人们认为，正是科学技术的进步带来了高度富裕的物质生活，使人的低级需要普遍得到满足，以致造成精神家园的荒芜。人本主义教育试图承担起价值重建的使命，其核心思想便是对自我的肯定、对人性的肯定。学校

1. 钟启泉、李冰雁主编，《课程设计基础》，山东教育出版社，2000，p.274-276。

教育以人性的健康发展和潜能的充分实现为目的，课程的功能就是为学生提供有益于自我发展的经验，促进其人格健全发展。

成功的人本主义课程不仅努力提供与学习者的需要密切相关的课程内容，甚至允许学习者自己选择学习内容、自己控制学习过程、自己评定学习成果，从而达到自定的学习目标，学习活动成为一个自发的、自律的、自我指导的过程，这便是罗杰斯所倡导的“非指导性教学”。[1]

2. 着眼可持续发展，批判功利主义

现代社会的一个重大特征就是以相互竞争谋取最大利益为目标。从19世纪以来，与“物竞天择、适者生存”的达尔文主义相呼应，功利主义已经使人们生存的世界变成了一个竞技场。学校教育作为社会的一部分，尤其是作为一个可以为实现人们的功利性目标服务的有用工具，它的每个方面几乎都可以被打上功利主义的烙印。功利主义学校教育的特点包括：只问目的不问手段、只问结果不问过程、只问效率不问公平、只问竞争不问合作。升学主义压力、分数第一，使得学校教育成为训练考试机器的场所，学生个性受到压抑。

为了克服功利主义的弊端，相互理解尊重、合作互助的学习方式开始受到人们的重视。20世纪70年代以来，各门科目纷纷将学会交往与合作、领导和参与作为课程目标的一个重要组成部分。例如，美国小学社会科的课程目标中，在情意领域，不仅要求学生“发展自我控制、自我指导意义和独立意识，对个人行为负责”，而且要求他们“尊重他人的思想和感情”。在技能领域，既要培养个人的学习技能和工作习惯，同时还要掌握小组工作和社会交往的技能，包括：第一，在小组内共同工作，担任各种角色，如作为主席、秘书或普通组员；第二，参与小组讨论和领导一场讨论；第三，参与小组决策。作为学习内容一部分的合作经验，是学生在以往以个人为学习单位的教育体制中不可能获得的。然而，这种经验对于人格的成长则是不可缺少的。

要消除现代社会的种种危机，首先必须解决人与人之间以及人与自然之间的紧张关系。这些紧张关系无不来自人们急功近利的观念和行为。20世纪70年代以来的环境教育、多元文化教育、国际理解教育等新的教育主题和课程的出现，正是着眼于协调人与周围世界的关系，强化人对世界的整体意识和责任意识，从而培养出能够超越眼前功利的、有助于增进国际交往与协作、促进人类和平与发展的一代新人。[2]

---

1. 同前，p.269-273。
2. 同前，p.277-284。

3. 强调民主性，批判权威主义

马克斯·韦伯把“权威”定义为“来自某个确定源泉的某些命令将被某个确定群体的人们服从的概率”。[1]这种服从行为的发生是由于既定的社会规范和法定的制裁权力，往往带有强制性。当社会强制力对个体观念和行为的影响达到一定的程度，以至于人们不得不唯权威是从时，便发展成为“权威主义”。现代社会的另一个重要特征是建立起了大规模的、结构严密的科层组织体系。服从权威并非人的天性，而是社会规范及制裁的威力使然，这就需要通过教育与训练。现代学校体系也同样是按照科层化的方式组织起来的。学校教育与其说是要帮助人们摆脱权威的奴役，不如说是在训练人们习惯于顺从权威，学会适应这个权威主义的社会。

与教师的权威、纪律的权威相比，更具有控制力、威慑力的是课程内容与课程标准方面的权威，即知识的权威。在功利主义的社会中，以书本知识和考试分数为基准的学业成就关系到个人的前程和学校的声誉，这就使课程内容和标准拥有更大的权威性。就知识范围而言，学校课程排斥一切教材以外的人类文明成就，大大限制了学生的知识面和求知欲。

为了帮助学生克服对权威的依赖，课程改革的一个重要环节就是向学生提供尽可能多的选择机会，使之从自身的兴趣、需要、责任感出发，自主地做出判断和决定。英国的“开放教室设计”，不按学生的年龄或能力划分班级、指定教室，而是同时提供若干精心设计好的学习环境，如阅览室、实验室、戏剧排演场、讨论会、咨询角等，学生可以从中随意选择，各自学习不同的内容，采用不同的进度和方式。这种设计多用于幼儿园和小学低年级，它使学生从学习活动的一开始就进入了一个“自主学习者”的角色。中学阶段则广泛采用选修课制度，并尽可能扩大选课范围，使学生有可能组建自己独特的知识结构。

民主性课程改革的基本特征是教师参与决策。只有当教师成为课程改革者的角色，参与课程的决策和实施，课程改革才有可能取得成功。为此，20世纪70年代以来，许多西方国家兴起了“学校本位课程开发”运动，这是一种以教师为主体的、扎根于基层的课程开发方式，强调课程的多样化、地方化和适切性。在这类活动中，教师身兼二任，既是课程开发者，又是实施者，这就使得所期望的课程、所感知的课程、所实施的课程以及学生所获得的课程之间高度一致，并使课程开发成为一个连续的、渐进的过程。[2]

1. [美]彼得·布劳著，孙非、张黎勤译，《社会生活中的交换与权力》，华夏出版社，1987，p.31。
2. 钟启泉、李冰雁主编，《课程设计基础》，山东教育出版社，2000，p.284-291。

现代课程论发展的启示

综观课程理论的流变，拓宽了我们对心理健康教育课程设计的视野和思路，有如下启示：

经验比知识更重要。由心理健康教育课程的界定和内涵可见（见第一章），它的课程属性是经验主义课程，因为它是以解决学生成长中的问题为主线，促进学生人格发展为宗旨，它更强调学习者的经验，而不强调心理学知识的获得。尤其是人本主义课程的许多内容，如“自我觉醒和自我发展的课程”，也是心理健康教育课程的主要内容。当然，它对于其他课程的长处也是兼收并蓄。如，“生涯教育”的许多设计也是心理健康教育课程中“职业辅导”模块的内容。正因为心理健康教育课程具有经验主义课程的属性，因此，它有与学科课程不同的特点（见第一章）。

满足学生的心灵世界与生活世界的需求，成为21世纪课程改革的主题。现代课程理论的变革，使我们认识到，对现代社会“技术理性”的批判，是对人文精神的呼唤。面对人类的价值危机、青年人的精神迷惘，现代课程要承担重建人类精神家园的文化使命。心理健康教育课程从帮助学生心智成长方面，反映了这种时代精神。

着眼于自我教育，发扬教育的民主性。现代课程批判权威主义，因为权威主义压抑人的个性与生命的活力，扼杀人的创造力。民主主义的教育主张张扬学生的个性，尊重学生的人格，并相信学生自身具有教育力量。心理健康教育课程的主要目标之一，就是帮助学生“认识自我、悦纳自我、完善自我”，应该更加需要发扬教育的民主性。按照心理辅导的原则，通过帮助、互助，最后是达到自助，自助就是学生的自我教育。在辅导过程中，教师不再是知识权威的角色，而应该是学生的朋友，与学生一起探讨儿童青少年成长的课题。

建立和谐关系，为幸福人生奠定基础。现代课程批判功利主义，强调可持续发展。面对现代社会的急功近利所造成的种种恶果，人与人的和谐，人与自然的和谐，越来越受得人们的重视。如前所说，环境教育、国际理解教育、多元文化教育等课程都体现了建立和谐关系的思想。心理健康教育课程主要是帮助学生建立个体生命与自我的和谐、个体生命与社会的和谐。个体与自我的和谐，就是指人的身心健康。自我是个体生命不断发展的重要组成部分，人因为有了自我，才会觉得自己是独特的、与众不同的生命体。正因为每个人都是一个独特的自我，才会构成我们这个丰富多彩的生活世界。同样，个体生命的发展离不开社会环境，自然人是通过社会化的过程，才能成为社会人的。个体生命融合于社会之中，生命才会有意义，生活才会更精彩。按照马克思的观点，人的发展不是抽象的，而是具体的、历史的。马克思说："只有在共同体中，个人才能获得全面发展其才能的手段，也就是说，只有在共同体中，才可能有个人自由。""在真正的共同体的条件下，各个人在自己的联合中并通过这种联合获得自己的自由。"[1]生命与社会的和谐关系，是指个性化与社会化的协调、个人自由和社会责任的协调、个人与他人关系的协调。

重视价值导向，帮助学生树立正确人生观。现代课程呼唤人文精神，人文精神的本质是对人的生命价值和意义的追求。青少年正处于人生观、世界观和价值观逐步形成的时期，尤其是我国在当前社会转型期面临的新情况、新问题，引导青少年学生对社会主流价值观的认同，是现代学校教育的基本任务。心理健康教育不能像对待成年人心理咨询那样，坚持所谓的"价值中立"，而要引导学生建立积极的价值观，建立积极的人生态度，鼓舞学生走向光明人生。

培养学生积极的人生态度是心理健康教育课程的基本目标之一。具体地说，第一，乐观豁达、胸怀宽广，任何事物都具有两面性，积极的一面和消极的一面。我们为人处事要更多地看到积极的一面，追求美好的生活目标。这并不等于我们无视生活中的消极因素，遇到问题，要努力把事物中的消极因素转化为积极因素。一个乐观豁达的人会有更多的朋友，能够获得更多的社会支持，以应对各种挑战。第二，志向远大、有抱负。按照马斯洛的需要层次理论，当人的基本生活需求得到满足以后，就会更加关注心理需求、精神需求，它包括归属感和爱的需求、自尊的需求、求知的需求、审美的需求以及自我实现的需求。确立人生目标和理想，并在人生道路上努力实践，不仅可以满足人的精神需求，同时也在实现自己的生命价值。

第二节　心理学基础

心理健康教育课程从学校辅导的形式来看，也可以看作是以班级为单位的团体辅导，因此，它的心理学基础主要是指团体辅导及其相关的理论。本节主要讨论团体动力学的历史背景、主要思想和影响团体的基本因素。

1.《马克思恩格斯选集》第1卷，人民出版社，1995，p.119。

团体动力学原理

团体动力学是研究团体生活动力的学说，由心理学家勒温（Kurt Lewin）建立。它是团体辅导的重要理论基石。

1. 团体动力学产生的历史背景

20世纪30年代后，美国工业生产得到迅速的发展，迫切要求培养管理人才，创造新的组织管理方法，改进集体生产和团体生活中的人际关系，提高生产效率，并解决现实的社会问题，如移民、黑人、青少年犯罪和儿童教育等问题。勒温正是适应了这一社会需要，加上社会有关部门的支持、运用团体手段解决问题的有效经验和小团体研究的实验方法的发展，由此促进团体动力学应运而生。

勒温在1939年发表的《社会空间实验》一文中，首次提出团体动力学（group dynamics）这一术语。团体动力学的研究对象是以人与人的面对面直接接触关系为特征的小型团体。研究内容包括团体气氛、团体成员间人际关系、领袖与领导方式、团体中成员间的凝聚力、团体决策过程等。

1945年，勒温在美国麻省理工学院创办了"团体动力学研究中心"，团体动力学作为一种专业和学科得以成立。在其后的20年间，团体动力学得到迅速发展，其影响几乎涉及社会生活的各个领域。

2. 团体动力学的主要思想

- **团体不是个体的简单相加。**团体动力学的理论基础是勒温的场论，从场论的观点看，个体不是孤立的个别属性的机械相加，它是在一定生活空间里的一个完整的系统。由此推论，团体决不是各个互不相干的个体的集合，而是有着联系的个体间的一组关系，作为团体，它不是由各个个体的特征所决定的，而取决于团体成员相互依存的那种内在关系，每个成员的状况与行动都同其他成员的状况与行动密切相关。
- **团体具有改变个体行为的力量。**勒温认为，虽然团体的行动要由各个成员来执行，但是，团体具有较强的整体性，对个体具有很大的支配力。要改变个体应该先使其所属团体发生变化，这远比直接改变个体来得容易。勒温在1943年做的关于"饮食习惯"的研究，完全证实了这种观点。当时，他发现通过组织家庭主妇集体讨论决定，远比靠讲演、说服她们来增加牛奶消耗更为有效。类似的结果见之于动员母亲给婴儿喂鱼肝油和橘子汁，也是通过小组讨论要比让母亲们听讲演接受一般号召的效果好。勒温指出，只要团体的价值观没有改变，就很难使个体放弃团体的标准来改变原有的主见。一旦团体标准发生了变化，那么，由于个体依附于该团体而产生的那种抵抗也会随之消失。

- **团体决策的动力作用**。勒温进一步思考，是什么力量促使团体的价值和行为发生变化？他认为，这是团体决策的力量。一般来说，变化总是从“非变化”开始的，并以“非变化”告终，从稳态动力论的基本观点出发，勒温把这种“非变化”称之为“准稳定平衡”。有两种方式可以引起这种准稳定平衡的变化：一种是增加团体行为的促动力；另一种是减少团体行为的对抗力。除此以外，团体本身还具有一种“内在的对变化的抵制”，勒温称之为“社会习惯”，它隐藏于个体和团体标准的关系中，维系着团体生活的固有水平。因而，单有团体成员的变化动机还不能引起团体行为的变化，还必须要有足以打破社会习惯和解冻团体原有标准的力，团体决策就可以起到这种力的作用。勒温把团体决策看作是联系动机与行为的中介，是团体促进个体变化的一种动力。[1]

由上可知，团体具有吸引各个成员的内聚力，这种凝聚力来自于成员对团体内部建立起来的一定的规范和价值的遵从，它强有力地把个体的动机需求与团体目标结构联结在一起，使得团体行为深深地影响个体的行为，团体内有个体所没有的动机特征。这为调动同伴群体的教育资源，开展心理辅导活动课提供了理论依据。

团体辅导的功能

心理健康教育课程的第二个理论支持是团体心理辅导的原理。所谓团体心理辅导，是指在团体领导者的带领下，团体成员围绕某一个共同关心的问题，通过一定的活动形式与人际互动，相互启发、诱导，形成团体的共识与目标，进而改变成员的观念、态度和行为。并不是所有的团体活动都能对人产生积极的意义，只有团体活动本身具有成长性，才能促进个人的成长。因此，团体辅导活动应该具有以下的功能：

- **在积极的互动中增进相互了解**。在团体辅导中，由于成员间的人际

1. 高觉敷，《西方社会心理学发展史》，人民教育出版社，1992，p.157。

互动，他人的存在对自己就像一面“镜子”，有时自己不能清醒地认识自己，“不识庐山真面目，只缘身在此山中”，而他人的意见可以使自己反省，能帮助自己更好地了解自己。同时，成员之间互相倾诉、表露，也可以让别人更好地了解自己，也对别人有了进一步了解，这对培养自己的同情心、同理心、与他人建立良好的人际关系都是有益的。团体互动的效果是个别辅导情境无法达到的。

- **经验与感受的分享。**当个人遭遇到困难或情绪不佳时，常常会感到恐惧、无助和失望，并且常常认为自己是天下最不幸的人、倒霉鬼。这种消极情绪，有时在个别辅导的情境中，虽经辅导老师努力处理，但未必能消除。如果在团体辅导情境中，局面会有所不同，这些成员在团体中会发现和自己相同处境的人居然也不少，从而孤独感便会降低，不再认为自己是天下最可怜的人了。例如，离婚家庭的子女、高考落榜的学生、学习困难学生、有社会退缩的学生等。他们发现彼此“同是天涯沦落人”，便会产生“我们”的感觉。这种经验感受的分担，具有治疗性功能，可以消除个体自责、自卑、退缩等不良情绪，增加彼此的理解与支持。
- **多元价值观和信息的冲击。**团体中的成员各自有不同的背景和经验，对问题有不同的观点与理解。不同视角、不同立场的多元信息，无疑为团体成员提供了丰富的背景资料，开启了他们的思路。个体的经验和信息毕竟是有限的，若得不到这些观念的冲击，自我封闭，缺少启示，当然就无法解决自己成长中的问题。不过，多元观念的冲击也有一个适度的问题，过于开放，难以形成共识，也不会达到辅导的目的。
- **反馈的功效。**团体辅导能给成员充分的接受反馈的机会。团体中他人的建议、反应和观点往往是很有价值的。在团体辅导中，成员能有很多的机会听到别人对自己的看法，别人对自己的第一印象。团体的反馈与个别情境的反馈完全不同，前者更具有冲击力。一个人的反馈，接受者可能不理会或不在意，但当五六个人都对你有相同的看法或反应时，你就很难去否认或不理会了。团体的反馈能有效地改变自己的想法。
- **提高对实际问题的应对能力。**团体是社会的缩影，团体的反映是社会的真实反映。利富特（1972）说过，“团体咨询提供成员在一个与真实生活类似的情境中，接受多元的刺激，来学习面对、处理自己的困难的问题。”团体并不是遭遇困难的避难所，而是学习面对、处理困难的场所。因此，团体辅导员不必刻意创造出理想或虚幻的情境，以免成员在其间只是得到暂时逃避，或憧憬不现实的情景。这样不利于团体成员在现实生活中适应能力的提高。

影响团体的基本因素

团体是由人组成的，它也是一个有机体，团体也有一个从不成熟到成熟的发展过程。在这一过程中，有三个因素发挥了重要作用，即规范、沟通和内聚力。

1. 团体的规范

在社会群体中，规范主要是指风俗、文化、语言、时尚、舆论、规则以及各种不同的价值标准。例如，宗教团体上教堂做礼拜，便是一种规范，若教徒不按时去教堂，就会被人视为不虔诚。再如，参加婚礼需着装整齐，也是不成文的规范，若穿着工作服去参加别人的婚礼，就违反了通常这种场合的习俗，使其他参与者感到不可思议。可见，规范是群体成员必须做到的或遵循的行为准则。人若违反了群体规范，就会受到群体的排斥和拒绝，得不到其他成员的认同。规范对群体及其成员的作用是非常广泛的，小到衣着饮食、言行举止，大到成千上万人的统一行动。它深深地影响社会群体中的每个成员，使他们在社会生活中遵守共同的行为准则，以沟通思想，交流感情，共同生活、工作与学习。

学校里的辅导团体也是社会群体的一个缩影，团体规范集中反映了团体期待的动力和团体的价值观。团体辅导中，规范是作为社会控制的主要手段，强有力地控制着成员的行为，促进团体目标的达到。团体规范有如下作用：

(1) **维持团体的作用**。团体的存在形式是它的整体性，而这种整体性就表现在团体成员的认知、情感和行为上的一致性。团体规范是这种一致性的标准，它统一着团体成员的意见和看法，调节着他们的行为。一方面，没有团体规范，团体也就失去了其整体性，而不成其为团体；另一方面，团体是由多个个体组成，要维持其整体性，就需要用一定的准则来约束其成员，而成员也正是依据这种对准则的认同，相互一致，形成一个整体。团体的规范能否建立，能否为绝大多数成员接受，直接影响团体的凝聚力，直接影响团体能否走向整合与稳定成熟，发挥其辅导功能。

(2) **认知的标准化作用**。规范就像一把尺子，摆在每个成员面前，使他们对问题的认识和评价有一个统一标准，从而形成了共同的看法和意见。即使有个别人持不同的意见，但由于规范的压力和个人的从众性，也势必使其与团体规范保持一致，这种统一成员意见看法的功能，就是认知的标准化作用。早在1935年，M.谢里夫的“游动效应”实验，就证实了规范的认知标准化作用。在实验中，被试者被带进一个暗室，坐在一张桌子面前，桌子上安放着一个电钮。实验者告诉被试者，房间变暗后，在前面不远的墙壁上会出现一个光点，只要光点一出现，你们必须去按电钮，以便让光点移动；然后让被试者估计出光点移动的距离。

实际上光点是不动的，但在黑暗的背景中注视一个微弱的光点，人人都会产生“游动效应”。被试者在判断光点移动的距离时，明显地受到他人的影响，使自己的判断逐渐靠拢他人，与他人一致。谢里夫认为，这就是群体中产生的规范，制约着人的认识活动，规范是一种评价尺度，它可以用来评价行为、活动、信念，或与群体有关的任何对象的可以被接受的程度以及必须加以反对的范围。[1]

(3) **行为的定向作用**。规范不仅约束着团体成员的认知和评价，而且还约束着他们的行为。规范对行为的定向作用，主要是为成员制定活动范围，制定团体活动的行为方式。也就是告诉人们应该做什么、不应该做什么、如何去做等。20世纪20~30年代，组织行为学者梅奥，在美国西方电气公司霍桑工厂进行了著名的为期8年的霍桑实验，以研究影响工人生产效率的因素有哪些。其中，有一个实验是采取计件工资制，目的是鼓励工人超额完成工作量，提高生产效率。但令研究者困惑的是，实验组没有一个工人愿意超定额。后经深入调查发现，这是工人群体的一种规范在控制成员的行为，这个规范就是，既不能干得太多，也不能干得太少。干得太多，被认为是“假积极”；干得太少，则背上“磨洋工”的黑锅。此外，群体还设计了一套加强这种规范的不寻常的办法，组内任何人违反这个规范，都可能受到别人的“提醒 ”，这种提醒就是往偏离者的肩上打一下。工人们心甘情愿遵守这一规范，是因为他们相信，它保护了大多数人的利益，既不会被辞退，也不会让厂主一再提高工作定额。规范可以是团体内部预先规

1. 周晓虹，《现代社会心理学》，上海人民出版社，1997，p.339。

定的，也可以是在团体过程中逐渐形成的。有积极的规范，也有消极影响的规范，上例中霍桑工厂实验小组内的“适度工作”的规范，对提高生产效率显然是不利的。作为团体辅导者，要用他的影响力与辅导技能，建立有辅导功能的规范。比如，根据人的模仿、暗示、遵从等社会心理特点，塑造适当的团体行为，以促成规范的建立。

2. 沟通

团体中成员之间的互动是以沟通为纽带的。沟通是人际之间的信息交流和传递。而信息所以能起到交流思想和感情的作用，主要在于它是具有意义的符号。因此，人的社会互动正是在符号沟通的基础上实现的。

团体互动的特点如下：

沟通双方互为主体。当甲方作为发信者时，乙方为受信者。这时，甲方是主体，乙方是客体；相反，当乙方作为发信者，甲方作为受信者时，主客体关系便发生颠倒。在一般的沟通状态下，这种主客体关系总是在不断变化的。由于沟通双方都在同时扮演发信者与受信者的角色，这就要求个体在沟通过程中，既要考虑自己的需求和动机，也要考虑对方的需求和动机，这样才会产生有成效的沟通。

沟通能调整双方的关系。由于沟通的双方都是积极的主体，就可以借助符号系统（言语的、非言语的）进行相互影响，制约或调整双方的认识、态度和行为。凯士莱（1978）认为，沟通的作用有：①了解别人，并弄清自己与别人的关系；②说服他人；③获得或维护权力；④自我防卫；⑤激起别人的反应；⑥留给别人印象；⑦获得或维护关系；⑧在团体面前呈现一致的形象。

沟通受到主观经验的制约。不论是发信者还是受信者，相互沟通信息时，都不可避免地受到个人主观经验的影响。发信者总是根据自己的主观理解与意图表达信息，而受信者也是根据自己的主观经验“翻译”这些信息。个人的主观经验包括生活经验、刻板印象、价值倾向、社会知觉等。尤其是个体的社会认知偏差，常常会歪曲他人发出的信息。这应该引起团体辅导员的重视，并要提高自己知觉的敏锐性和客观性，觉察、理解成员沟通信息的真实涵义，便于介入与协助。

团体内的沟通有不同的形式，米德尔曼（1978）提出了四种沟通模式：

（1）辐射型。在此模型中，团体领导者是中心人物，沟通以他为中心传向其他人，或其他人传向他；

（2）圆圈型。在此模型中，每个成员轮流发表意见，像绕圆圈一样；

(3) 热椅子型。团体领导者与某一成员进行一来一往的交流，其他成员旁观；

(4) 自由漂浮型。所有成员根据团体活动过程中所发生的现象自由地沟通。

前面三种沟通形式是以领导者为中心，最后一种是以团体为中心，它是由团体成员自发的沟通行为。领导者中心的形式比较适用于团体发展的初级阶段，或者某些行为训练的团体；而团体中心形式比较适用于成熟的、稳定的整合团体或者创造力训练等发展性团体。一般来说，领导者中心形式效率较高，但团体成员自主性受到限制。而团体中心形式，成员之间互动比较充分，气氛比较自由、活跃，但效率较前者低。究竟取何种沟通形式，要视团体任务和发展阶段等情况，灵活掌握。

3. 凝聚力

团体凝聚力是以团体中的人际吸引为基础的，是指成员之间的相互吸引以及团体对成员的吸引力。卡特瑞克（1968）认为，团体对成员的吸引力与下列因素有关：

- 亲和、安全需要；
- 团体的资源及诱因，如成员的名声、团体目标及活动内容；
- 成员对团体有益及重要结果的期待；
- 比较此团体与其他团体的结果。

可见，对成员有吸引力的团体，通常能满足其需求。例如，有人想提高自己的外语交际能力，参加星期日英语角；有些丈夫在国外留学、工作的妻子，为了让人分担孤寂，参加留守女士俱乐部；有人为了矫正口吃，参加口吃矫正训练班等。因此，团体目标是否与成员的期待和需求一致，是产生凝聚力的一个重要条件。另外，团体的凝聚力还与领导者及其成员的个人吸引力有关，诸如身份、地位、人格魅力、才能等。

凝聚力是团体发展的动力机制，没有凝聚力，团体是无法由初始松散状态、冲突状态达到整合、和谐的。同时，凝聚力又是团体发展成熟的标志，凝聚力越高，成员遵循团体规范就越自觉，参与团体活动越主动，成员之间关系越和谐、亲密，团体的效能也就越高。

第三节　社会学基础

由于心理健康教育课程是在班级集体中开展，它一方面会对这个学生团体产生影响；另一方面，学生团体又是心理健康教育课程活动效果的关键因素。从更积极的意义上讲。心理健康教育课程就是要开发群体的教育资源。可见，从社会学角度了解和研究学生团体的特点，对于提高心理健康教育课程的质量和效果，无疑是有积极意义的。

学生团体概述

人是高度社会性的动物，个体总是依存于某个社会群体，在这个群体里工作、学习、交往、娱乐和休闲。离开了群体，个体就像大海里的一叶孤舟，难以生存。群体不仅是个体赖以生存的绿洲，而且还能促进个体的社会化、改善个体的行为方式。

1. 团体的概念

什么叫团体？（group，又可译为群体。）在体育场观看足球比赛的观众是团体吗？在机场候机的乘客是团体吗？这些陈述从日常生活概念出发，都可以看作是团体。但严格地说，都不是学术意义上的团体。当然学者们也各有不同见解。

E.W. 伯吉斯（1929）在《人格和社会群体》一书中，将团体定义为“若干互动的具有特定人格的个人的集合”。

勒温（1948）认为：不管团体的大小、结构及活动如何，所有称为团体的都需建立在其成员彼此的互动上。

哈默斯（1950）指出：所谓团体是指一群人彼此互相沟通一段时间，以使每个人不需通过他人，能与其他人面对面地沟通。

贝斯(1960)说：团体是指一群人的集合，团体的存在对于他们有报偿价值。

贝克（1977）在《社会心理学》一书中，概括了团体的不同界定：团体的概念，关键是它的所有成员彼此之间必须以一种可观察到的和有意义的方式相联系；个体间的互动使人们成为一个群体；为一个共同目标而努力奋斗的一批人组成了一个群体；越来越多的研究者认为，团体是所有上述涵义或者更多涵义的混合体。

简言之，团体是一群人在同一目标的指引和同一规范的约束之下，彼此影响、相互作用和协同活动的一个组合。[1]

团体一般具有以下特征：

- **团体不是一群人的凑合，而是有组织的。**在大部分团体中，成员间

1. 时蓉华，《社会心理学》，浙江教育出版社，1998，p.490。

的关系是稳定而有序的。团体中的组织性由三种要素决定，即角色、规范和成员间的关系。每个成员在团体中都在扮演一定的角色。例如，在班级群体中，有的是学生干部，有的是体育明星，有的是歌星，有的是班上的“人缘儿”，有的是班上的“嫌弃儿”，等等。规则是群体成员遵循的行为准则，它保证了团体目标和利益的实现。成员间的关系是紧密型的还是松散型的、是权威型的还是民主型的，等等，这对团体的效能有很大的影响。

- **团体有一定的目标**。团体通常是为了某种目的而存在的，成员聚积在一起来完成他们独自无法完成的目标。在现今社会里，有越来越多的事是无法由个人来完成的，而要靠群体的力量。在团体里，成员们共同解决问题、沟通观念、切磋技艺、创作生产、寻找乐趣，甚至使个人获得安全感、自尊和爱的力量。因此，在实现群体目标的同时，也满足了个人的心理需求。
- **团体意识**。组成团体的各个成员都具有团体意识。每个成员都能意识到自己是团体的一员，意识到其他成员的存在，与他们相互影响，建立起相互依存的关系和情感，以“我们”的称呼来区别其他的群体。团体成员在心理上必定有一定的联系，发生相互影响，才会有“我们”的团体意识。

2. 正式群体

学生团体可以分为三种：正式群体、非正式群体和参照群体。

正式群体是指那些为了达成有组织任务、有明确的特定目标、执行组织的特定工作而产生的正式的组织机构。一般来说，正式群体是由正式文件明文规定，其成员有规定的权利和义务，并且按照一定的程序而组织起来的团体。在学校里的正式群体有班级、少先队和共青团等。

班级是学校的基层单位，学生主要是在班级里学习和生活。班级作为一种正式的学生群体，它有以下几个特点：

- 班级的组成是指令性的，编班一般不考虑学生个人的感情和愿望，学生也不能随意调换班级。
- 班级成员的年龄基本相同，虽有个别差异，但身心发展大体处于同等阶段。他们的主要任务是学习。
- 班主任是班级中的特殊成员，是班级的领导者和指导者。班级状况的好坏往往取决于班主任的教育和管理能力。

● 容易受外部环境的影响。学校的其他班级、学生家庭、大众传媒和社会风气都会给班级及其成员带来相当大的影响。[1]

3. 非正式群体

非正式群体则是人们在交往中自发地组织起来的。人们在交往过程中，由于有共同的兴趣、共同的观点、共同的感情和共同的目标等，而志愿结合在一起，就自然形成了非正式群体。非正式群体可以在正式群体之内，也可以是在正式群体之外。有时一个正式群体里有许多非正式群体。非正式群体有时也会与正式群体发生矛盾。在正式群体的目标和规范与其他成员的个人需要不一致的情况下，在非正式群体具有反社会倾向的情况下，非正式群体会破坏正式群体的目的，成为正式群体发挥作用的障碍。

在学校里主要的非正式群体是同辈群体。同辈群体的成员之间带有明显的情绪色彩，它的建立以个人之间的好感、喜爱或志趣相投为基础。虽然，群体的成员也有一定的相互关系和准则，不过并未有明文规定。同辈群体成员的行为是受该群体中自然形成的“规范”所调节的。同辈群体是学生之间进行社会交往的极为重要的环境，它强调成员之间的平等和一致，它不但为同学之间奠定友谊关系的基础，而且还使这种关系得到具体体现。

4. 参照群体

所谓参照群体，就是人们心目中所向往的团体。个人把该团体的目标、规范、价值作为自己行动的指南，以此推动并激励自己努力按照其规范约束自己。个人参加的每个团体不一定都能成为这个人的参照群体，每个人都可以排列出他所属群体的特殊次序表，每个人的排列各不相同，但他们排列的原则都是一样的。排在首位的是个人要尽量使自己与该团体的规范相一致的群体，而排在末位的是个人认为无关紧要的。排在最前列的群体对个人来说，似乎是一个“内在中心”，个人会用该群体的规范来对照自己的行为，纠正自己的行为；同时，个人也用其参照群体的标准和规范评价别人。

如果个人所属的家庭、班级都未能成为他心目中向往的团体，那么，带有反社会倾向的团体就有可能成为个人的参照群体。有时候，个人属于不同性质的几个群体，每个团体对个人都产生参照群体的作用。若这些团体的价值观、规范相互矛盾，就会引起个人内心的紧张和冲突，情感上的不安和痛苦。

参照群体可以是实际存在的团体，也可以是想象中的团体，尤其对青少年来说，他们往往把英雄人物、政治领袖、文艺作品中的主人公，影视中的

---

1. 时蓉华，《教育社会心理学》，世界图书出版公司，1993，p.176-177。

人物，作为自己的参照群体。

由以上的讨论，我们可以认为，心理健康教育课程的一个宗旨就是要开发、整合学生团体的教育资源，由于辅导活动的主题大多是学生们自身成长的问题，这不论对于学生的正式群体、同辈群体，还是参照群体，都是需要的，而且通过班级辅导活动，使大家达到一定的共识，这实际上就起到了协调各种团体价值冲突的作用。

学生团体对个体的影响

对学生具有直接影响的团体有两个：一个是班级集体；一个是同辈群体。前者是正式群体，后者是非正式群体。由于这些团体的目标、结构、规范、凝聚力不同，对学生个体的影响也不相同。

1. 班级对学生个体的影响

班级对学生的影响主要体现在以下几个方面：

- **促进学生自我意识的发展。**学生的自我意识是随着年龄增长而逐步发展的。青少年阶段，学生的自我意识正在从客观化自我转向主观化自我，虽然他们已经开始有独立判断和评价的能力，但在很大程度上仍然依靠他人的态度和意见来确定自己的自我评价标准。在班级里，教师的指导可以帮助学生学会分析和鉴别同学对自己的评价，这将有助于学生自我意识的发展。
- **班级是学生社会化的重要环境。**在班级里，学生之间进行社会交往的过程中，他们之间常常会有感情和需求的冲突，这就促使学生逐渐认识到尊重自己和尊重他人的重要性。在各项班级活动中，一方面可以使学生学习如何遵守规范和规则；另一方面也使他们体验到集体生活的乐趣和同学之间团结友爱的温暖。这将有力地促进他们对社会价值观念的内化，树立起对未来社会生活需要担任的特殊角色的责任感。
- **班级是学生社会控制的重要环节。**一个健康的班级有严密的组织纪律，是遵守社会规范的整体，有积极向上的集体舆论。正确的舆论是学生自我教育的重要手段，从各方面影响和熏陶学生，使学生逐步地产生对集体和社会的归属感，感受到群体压力和社会的要求，在思想上和行为上表现出与社会大多数成员的一致性，达到社会控制的目的。

- 直接影响学生的学习。中小学生正处于情感发展的重要时期，对人对事都有丰富的情感色彩，良好的集体气氛使学生感到班级的温暖和教师的可亲。这将有力地激发学生的学习动机和学习兴趣。[1]

2. 同辈群体对个体的影响

孩子进入学校是从家庭进入外部世界的第一站，从这个时候起，把孩子与家庭联系在一起的许多纽带开始松弛了，不仅孩子的大部分时间，是在非亲非故的成年人的监督下度过，而且，孩子也成为同辈群体的一部分。这个团体满足了孩子巨大的而又日益增长的需要。孩子与同伴在一起，学会并发展了适度的和被人接纳的新感觉。他们的标准不是成年人行为的标准，而是一种更容易达到的同年龄伙伴的标准。

同辈群体作为学生社会化的重要因素，其积极意义在于:

- 同辈群体中的关系基本上是平等关系，是在自愿基础上结合而成的。即使有领导和服从，也是自然协商的结果，是个体愿意接受的。每个人都因其适应环境的能力，而获得其应有的地位。它使得学生形成服从共同利益的能力以及维护自己的权利、将个人利益与共同利益联系起来的能力。如果没有同伴之间的交往，个体就难以培养起成年后所必需的交往技能。因此，同辈群体使个体练习平等交往技能，为成为正式的社会成员做好准备。
- 同辈群体促进个体达到自尊的体验。在同辈群体里，个体作为这个群体的成员，体验到同伴之间的团结和友爱，不仅有助于他们脱离成年人而自立，而且可以让他们得到同伴的爱戴、尊重，增强自尊和自信。
- 同辈群体提供了个体间交流社会信息和看法的机会。大家可以商讨各自对社会的看法，交流一些为成年人不允许谈论的话题，扩大了个体的社会经验和思考能力。
- 同辈群体有自己的亚文化，这种亚文化提供了新的价值标准和行为方式，对个体社会化有重要影响。

同辈群体对个体的影响除了积极的一面，还有消极的一面，主要体现在青少年亚文化的某些内容的影响上。青少年亚文化一般包含的成分有：一套特殊的价值观和行为规范；嗜好、衣服的式样与仪表；对旧属集团的责任感和向心力；特有的行为方式，等等。青少年的热情和奇妙的想法，通常是短

1. 同前，p.185-186。

暂的，强调“新颖”、时尚，有时与社会主流文化格格不入。成年人很难理解一个中学生怎么会认为裤子的式样、头发的长度有多大的意义。他们处处强调自己与成年人的不同，时装、发型、语言、音乐等都成为青少年自我认同的一种手段，借此表明自己的独立存在。青少年亚文化隐含的背离主流文化的潜在危险，若不能加以正确引导，就会造成反社会的可能。[1]

3. 团体凝聚力对个体的影响

团体凝聚力对学生的影响，主要表现为认同感、归属感和力量感。

认同感是指团体内各个成员对一些重大事件和原则问题，保持共同的看法和评价。这种认同感往往是相互影响、潜移默化的，尤其是当个人对外界情况不明时，团体的其他成员对其影响更大。

归属感是指每个成员对团体的一种情感联结，使人在心理上获得安全感和落实感，产生“我们的”这种情感。当团体取得成功或者失败时，团体成员会有共同的感受，与团体共享欢乐和忧愁。

力量感是指当一个人表现出符合团体规范、符合团体期待的行为时，团体就会给予他赞许和鼓励，以支持其行为，从而使他的行为得到进一步强化的力量。

一个群体的凝聚力的高低与下列因素有关：

- **目标整合程度**。团体是由不同个体组成的一个整体，整体有整体的目标，个体有个体的目标，两者如能统一起来，保持一致，就是目标整合。整合程度越高，团体的凝聚力也越高。
- **团体的领导方式**。不同的领导方式对团体凝聚力有不同的作用，穆勒通过实验，比较了“民主、专制、放任”三种领导方式之下的各个小团体的效率和气氛。结果发现，民主型领导方式比其他两种方式更能使其成员相互友爱、思想活跃、凝聚力强。
- **外界的压力和威胁**。当团体处于外界的压力下，或者遇到外来的威胁时，团体的凝聚力会提高，会产生“一致对外”的合力。
- **团体内部的奖励方式**。奖励方式有个人奖励和团体奖励。研究发现，不同的奖励方式对团体成员的情绪和期望有不同的影响，而且两种奖励方式有一定的互补性，有利于团体凝聚力的增强。
- **团体成员的心理因素**。团体成员如果志趣相投（即动机、志向、信念、兴趣和爱好等）、心理相容（即成员之间相互吸引、和睦相处、相互尊

1. 鲁洁，《教育社会学》，人民教育出版社，1990，p.618。

重、相互信任、相互支持）会增强团体的凝聚力。另外，他们如能在性格、气质、性别和年龄方面互补，也会增强团体的凝聚力。[1]

团体凝聚力的高低不同，对学生个体的作用也不相同。

第一，在凝聚力高的团体，其成员有较强的归属感，并往往感到很自豪。因为在团体里，他们在许多方面都能达到一致，彼此信赖，不愿意离开这样的团体。

第二，凝聚力高的团体，成员愿意更多地承担团体的责任，关心团体的存在和发展，因此，参加团体聚会的出席率高于凝聚力低的团体。团体成员这种行为上的变化，是思想、价值取向一致的反应。我们常常可以根据团体成员出席团体活动率的高低，来比较不同学生群体的凝聚力。

第三，凝聚力高的团体，其学生个体的特点必然影响学生团体。由于在这样的团体里人际关系好，成员之间的沟通和互动就比凝聚力低的团体频繁。此外，在沟通的语言上，凝聚力高的团体，往往更多地使用正面的、友善的语言，而凝聚力低的团体内，由于人际关系不好，成员之间的沟通可能不会很融洽，有时甚至会有火药味，这又会进一步降低团体的凝聚力。

需要指出的是，并非所有高凝聚力的团体对社会都有积极意义，如青少年犯罪团伙，成员信奉江湖义气，凝聚力也会很高，而这种团体凝聚力越高，对社会危害就越大。因此，只有当团体的目标和行为规范对社会有积极意义时，高凝聚力的学生团体才对社会有积极作用。[2]

班集体的成长历程

一个班级从初建到成熟有一个发展过程，我们称之为班集体的成长历程。作为教师，尤其是班主任应该要了解班级的成长过程，以便针对班级集体发展的实际情况开展辅导活动，解决班级实际问题，促进班集体的成长。

班集体的成长是一个动态的演化过程。我们认为，一般经历创生期、发展期和成熟期三个阶段。

1. 创生期

创生期班级的主要特点是可塑性和冲突性。可塑性，这一阶段集体规范、舆论尚未定型，同学之间不太了解，集体成员的角色分配也是不稳定的。例如，班主任会先组织一个临时的班委会，过一段时间再选正式的班干部。冲

1. 时蓉华，《教育社会心理学》，世界图书出版公司，1993，p.192-193。

2. 同上，p.193。

突性表现在班级成员之间在许多观点、行为方式等方面存在分歧，有一个相互碰撞和磨合的过程。在初创时期，班级的主要目标是：

- 通过各种渠道和活动形式，让同学之间尽快地相互了解，相互沟通，了解各自的性格、特长、爱好等，从不熟悉到开始熟悉。
- 制定班级规范和制度，规范一方面可以起到行为定向作用，同时也有控制和凝聚的作用，为班级的组织化提供基础。
- 建立班级目标，团体目标是团体成员一致努力的方向，通常可以起到激励的作用。例如，班主任可以和同学们一起商量，班级在这一学期哪些方面应该争取走在全年级的前列。
- 创设安全、融洽的气氛。班级形成之初，各种冲突难免发生，在这个磨合的过程中，最重要的是让学生获得安全感，有了安全感，他们才会对班级产生“我们”的感觉，才会培养起对班级的责任感。

2. 发展期

班集体发展期的主要特点是稳定性和整合性。稳定性表现在班级成员各自的角色彼此认同，不论是班长、小队长或是小群体的核心人物、各类班级明星，基本得到大家确认。经过初创期的相互了解，团体内部人际关系由表及里逐步深化，在班级正式群体内部，也会有一些稳定的非正式的小群体。整合性主要表现在班级文化和班级结构的整合。

- **班级文化的整合。**班集体里存在两类文化：第一类文化是指社会、学校、教师对学生的教育要求和期望；第二类文化是指集体规范、集体舆论和价值观、态度行为等。有人把第一类文化称为班级的“制度文化”，把第二类文化称为“素质文化”。在某种意义上，制度文化是来自班级外部的影响和规范，而素质文化是班级内部生成的。在一个健康成长的班级，这两类文化是协调的。在协调型的班级文化里，班级风气、集体舆论和行为能较好地体现学校教育的要求，整个班集体富有进取心，并富有活力。
- **班级结构的整合。**它是指在班级目标和文化层面上，小群体之间、小群体和班集体之间比较协调一致。如果小群体与班集体之间不一致、经常冲突，这无疑会破坏班级的正常发展。

班集体发展期的主要目标是：

- 同学之间加强更深层次的了解，相互之间建立友谊和信任，良好的人际关系是班级发展的重要基石。

- 增强班集体的凝聚力，巩固良好的班级氛围，使每个学生感受到自己是集体的一份子，能够急班级所急，想班级所想。
- 班级目标达成的评估和调整。评估可以发现班级运作中的问题，便于及时调整，建立更恰当、更有成效的团体目标。

3. 成熟期

成熟期的班集体是班级发展的最高阶段，其主要特点是自组织性和自我调节性。自组织性：班集体由初创、发展达到成熟，这是一个质变过程。处于前两个阶段的集体还没有形成有序的结构。班集体不可能从初创期一步跨入成熟期，它必须要经过发展期的过渡。发展期的稳定是一个相对的概念，它既带有初期的可塑、不稳定因素，又包含后期成熟的萌芽。成熟期的班集体，有较高的协同作用和自律作用。一旦有什么事需要班级去做，全班同学可以闻风而动，整个班集体井然有序、“自组织”地行动起来。这时，有一个无声的“指令”在支配集体的行为。

自我调节性：成熟期的班集体也有冲突和困境，重要的是它能够缓和冲突、解脱困境。其途径是依靠团体内部信息畅通、反应灵敏的反馈系统进行自我调节。

班集体成熟期的主要目标是：

- 班级管理要从教师为主转向学生自主管理为主。使学生真正成为班级的主人。
- 充分调动班集体的教育资源，通过包括心理辅导活动在内的各种自我教育手段，让同学们学会互助和自助。
- 形成更为积极的、更有建设性的团体意识和价值取向，使每个学生从中吸收成长的精神养料。[1]

心理健康教育课程对班集体成长的作用

由于心理健康教育课程本身的种种特点，如自我探索性、隐性教育力量、积极的人际互动等（详见第一章第一节）。它对班集体的作用有以下几个方面：

1. 动力作用

班集体的发展经历三个阶段，但并不是所有的班集体都能够达到第三阶段，班集体的成长不是一个自然成熟的过程，它需要团体成员在团体目标指

1. 吴增强，《班集体的结构、演化及其功能》，《教育与管理》，1990（1）。

引下，同心协力，共同努力。而在这方面，心理健康教育课程可以起到激励的作用。在班级发展的每个阶段，都可以针对各个阶段的主要目标和任务，开展相关的辅导活动。例如，在初创期，可以开展“我的新同学”、“姓名卡”等活动，帮助同学之间相互了解，适应新环境。在发展期，可以进行“我是集体的主人”、“交友ABC”、“学会说‘不’”等活动，帮助同学们增强集体责任感，促进同学之间的感情和友谊。到了成熟期，可以开展“心无旁骛”、“沟通解密”、“班兴我荣”等活动，帮助同学进一步增进团体意识，增强凝聚力，推动班集体的发展。[1]

2. 规范作用

心理健康教育课程的宗旨之一，是通过活动使同学们对某个问题形成一种共识，由于这种共识是同学们自己获得的，而不是别人灌输的，根据团体动力学的原理，它就是一种团体规范，班级成员会自觉地遵循。例如，在少男少女的形象、异性同学交往、课堂里的合作与竞争、如何与父母沟通等问题上，常常可以通过辅导活动达成共识。这时候的团体规范就不仅仅代表班级的制度文化，也代表了班级的素质文化，是两种文化的协调，它将有力地影响班级成员的思想和行动。

3. 认同作用

根据团体辅导的原理，心理健康教育课是一个积极的人际互动的过程。这种互动是通过成员之间语言和非语言信息的沟通，达到彼此之间思想和情感的交流。由于辅导活动的主题都是同学们关心的自身成长的问题，大家可以“以心对心”地交流，促进成员之间相互理解、相互认同。

本章小结

1. 近百年来，课程理论变革基本上是围绕着学科主义课程与经验主义课程之间的批判、反思和重构，不断地进行着。学科主义课程是按照逻辑地组织起来的教育内容的学科划分，注重教育内容的价值与结构；经验主义的课程是依据学习者的需求，以生活经验为基础组织教育内容的课程。20世纪初，改造旧有教育的新教育运动在世界范围内展开，从课程设计的角度看，可以说是从学科课程走向经验

---

1. 夏秀蓉等，《心理健康自助手册》，上海教育出版社，2000。
吴增强等，《学校心理辅导活动指南》，上海科技教育出版社，1996。

课程的改革。而20世纪50年代末60年代初的世界性课程改革运动，要求教育内容现代化，倡导“学问中心课程”，可以说这是从经验主义课程回归到注重学科结构以追求卓越知性的学科课程改革。20世纪70年代以来，课程改革的基调不再一味强调“学科”、“学问”、“卓越知性”，取而代之的中心概念是“人性”、“个性”、“自我实现”等，似乎又在向经验主义课程回归。

2. 现代课程的特点是：强调人本性，批评“技术理性”；着眼于可持续发展，批判功利主义；强调民主性，批判权威主义。现代课程论发展对于我们设计心理健康教育课程的启示是：经验比知识更重要；满足学生的心灵世界与生活世界；注重自我教育，发扬教育的民主性；建立和谐关系，为人生幸福奠定基础；重视价值导向，建立正确人生观。
3. 团体动力学指出，团体具有吸引各个成员的内聚力，这种凝聚力来自于成员对团体内部建立起来的一定规范和价值的遵从，它强有力地把个体的动机需求与团体目标结构联结在一起，使得团体行为深深地影响个体的行为，团体内有个体所没有的动机特征。这为调动同伴群体的教育资源，开展心理辅导活动课提供了理论依据。
4. 心理健康教育课程的一个宗旨就是要开发、整合学生团体的教育资源，由于辅导活动的主题大多是学生自身成长的问题，这不论对于学生的正式群体、同辈群体，还是参照群体，都是需要的。而且通过班级辅导活动，使大家达到一定的共识，这实际上就起到了协调各种团体价值冲突的作用。
5. 心理健康教育课程对于班级集体的成长具有动力作用，规范作用和认同作用。

问题讨论

1. 现代课程理论的流变为心理健康教育课程的设计提供了哪些启示？
2. 你认为心理健康教育课程是属于何种取向的课程（经验课程还是学科课程，或者其他）？为什么？
3. 团体动力学的主要内涵是什么？它对于心理健康教育课程设计有哪些启示？
4. 班级和同辈群体对于学生有何影响？结合实例谈谈如何在心理健康教育课中开发学生群体的教育资源。

第三章

心理健康教育课程活动设计

活动设计是心理健康教育课程落实的重要环节，我们学了有关的理论与方法，最终是通过活动方案来对学生进行心理健康教育。尽管目前形形色色的材料很多，甚至还有统编教材，其中不乏有价值的资料，可以为教师开展心理健康教育课提供资源，但千万注意不能照本宣科。学生的心理世界是千变万化的，需要我们因人、因地、因时设计心理辅导活动。本章主要讨论：

- 活动设计要求
- 活动形式的设计
- 活动内容的设计

第一节　活动设计要求

心理健康教育课程活动设计的依据，一是根据课程大纲，二是根据学生实际，前者更多的是预设性，而后者更多的是生成性。如何既能体现对学生共性问题辅导，又能对随机问题辅导，这就取决于活动目标与具体活动方案，它是整个活动设计的核心内容。

活动目标设计要求

目标是对心理健康教育课程活动过程的预期，是集体活动的导向。雅各布斯等人（1988）认为，团体辅导活动可以达到以下的目标：

- 促进团体讨论和成员参与；
- 使团体聚焦，注意力集中；
- 使团体的焦点改变、转移；

- 提供一个经验性学习的机会；
- 为团体成员提供有用的资料；
- 增加团体的舒适度；
- 为团体成员提供乐趣和松弛。[1]

贝克（1973）则指出，体操和运动其实是心理生理治疗的一部分。他认为，活动不但可以在团体开始时促进团体成员的相互交往，而且在整个团体历程中，可在不同的时间、通过不同的活动来推进团体发展，达到成效。

因此，心理健康教育课程活动的内容和形式都是围绕目标制定的。同时，目标又对学生起到凝聚作用，团体目标与成员的主观需求密切相关，其一致性越高，目标的凝聚力越强。因此，建立活动目标应该注意以下几点：

1. **目标应与学生成长密切相关。**心理健康教育课程旨在帮助学生解决成长的问题。诸如，自我意识（包括缺乏自尊自信、过分依从或盲目自大等）、情绪困扰（包括情绪不稳、情绪调控力差、不善于表达自己的喜怒哀乐、过于焦虑忧郁）、人际关系（包括对人缺乏信任、多疑、不善于与人合作、社交退缩、难以与人亲近等）、学习行为（包括不良的学习习惯和学习方法等）。上述这些具体目标都是从问题出发，属于矫治性目标。另一方面，心理健康教育课程的目标更多地应着眼于发展性目标，从积极的一面来提高学生的心理素质。我们在《学校心理辅导活动指南》里，大部分的主题是属于这一类的。例如，“怎样增强记忆力”、“欣赏我自己”、“最佳人缘儿”、“做个合格的听众”等。
2. **目标应明确具体。**活动目标切忌笼统抽象，如“调适不良情绪”，这句话太含糊，不如改为“认识不良情绪对自己生活、学习所带来的危害，寻找缓解和消除不良情绪的几种方法，增强对情绪的调控能力”。目标越具体，就越容易在行动上实践。
3. **目标应得到学生的认同。**教师在设计活动方案时，首先要了解学生的真实想法，他们希望从集体活动中学到什么？想解决什么问题？在此基础上，与学生一起磋商可能形成和达到的目标，大家探讨出来的目标，更容易被学生看作是“自己的”目标。有位班主任老师曾经设计了这样一个辅导主题，叫“我所喜欢的少男少女形象”。这个题目怎么来的？她写道：“我班学生进入初二后，某些学生的衣着

1. 林孟平，《小组辅导与心理治疗》，上海教育出版社，2005，p.269。

打扮开始追求‘港式’，男孩梳着小分头，敞着衣服，认为是一种时髦、潇洒；女孩刻意打扮，故作姿态，认为这是一种美。在学生中，这是一个带普遍性的问题。我启发学生对“什么是少男少女的良好形象”的热门话题进行讨论。事实表明，学生很欢迎这个活动。这位老师总结活动时写道：“几乎所有的学生都认为男孩应彬彬有礼，富有责任心，有良好的气质风度。讲脏话、粗话是一种不文明，是使人厌恶的举止，不受女孩欢迎。认为女孩应是落落大方、富有爱心、个性开朗活泼的，爱哭、耍娇、太泼辣的女孩也不受男孩欢迎。这次热门话题讨论后，同学们逐渐重视自身的形象。”

活动方案设计要求

活动目标一旦确立，接下来就是着手设计活动方案，这是教师最能发挥创造性的一个环节。但要设计好一次心理辅导活动也不是一件容易的事。它要求教师理解心理辅导的基本思想，尤其要掌握团体辅导的方法和技术。

就具体设计活动方案而言，教师要注意以下要点：

1. 活动内容与目标的一致性

怎样使活动围绕目标来展开？这是一个重要的环节。为了帮助教师设计活动方案，我们列举一部分活动供大家参考：

培养学生社会交往能力的辅导活动。通过活动，让参与者从他人对自己的态度和反应中，感受友爱、和谐的愉悦，同时发现自己消极的交往心态，并设法加以消除。具体可以设计姓名卡、生日接龙、心灵电报、找朋友等活动。

增强团体凝聚力的辅导活动。这类活动可以采用对抗赛的形式，激发参与者“击败对方”的动机，一般能有效地诱发参与者对团体的认同感，增进团队精神。在争夺胜负的紧张气氛中，还可以使一些社交退缩的成员因协作需要，而调整自己的心态和行为，从而提高合群性。具体有“站报纸”对抗赛、齐心协力站起来、勇敢向后倒 、双人踩球对抗赛、鸡毛信探路等活动。

提高学习效率的辅导活动，即围绕培养学生的观察力、注意力、记忆力、思维力等学习能力来设计活动。具体可以设计青蛙跳下水（注意力训练）、走迷宫（注意力训练）、比谁想得多（发散性思维训练）、奇怪的大公鸡（观察力训练）等活动。

增强意志力的辅导活动。在活动中设置一定的障碍，让参与者通过克服困难和障碍，锻炼意志力。具体可以设计勇敢者的道路、爬山比赛、分拣比赛等活动。[1]

2. 组合系列活动

有时为了解决某一个问题，一次活动不行，可以设计系列的专题辅导活动。现以“认识自我”的专题为例，按照库利的观点，“自我”包括三方面：一是“自我”在别人心目中的表现；二是别人对“自我”的评价；三是本人的自我评价。据此可以将“欣赏我自己”、“多面镜中的自我”、“找感觉”等活动组合起来，形成系列专题。

活动一　欣赏我自己

目标：寻找自身优点，以促进自尊、自信；学习和发现别人的优点，以增进对同伴的了解。

活动实施：

- 自我欣赏，让小组学生轮流自说自长，每人两分钟。
- 被别人欣赏，用五分钟时间听别人说自己的优点，只允许静听，不必表示感谢，也不可泼冷水。最后讨论自己被欣赏的感受。

活动二　多面镜中的自我

目标：从自我反省和他人反馈中来了解和认识自己。

活动实施：

- 猜猜他是谁？每人写一段描述自己同桌主要特征的话，下面标好能代表自己特点的一个动物名称或编号。然后将每人写好的纸条折好放在一起，给全班同学每人发一张。请每个同学读一读，猜一猜，看谁能猜中。
- 相互欣赏，请你讲出你最欣赏的同学的名字，要写出欣赏对象的特长，如身体、外貌、语言、能力、性格和擅长。
- 归纳别人对自己的评价，说说自己的感受（认同、接受、喜欢、不喜欢等）。

---

1. 张静涟，《游戏辅导与治疗初探》，载于吴增强等主编，《学校心理辅导研究》，上海科学技术文献出版社，2000，p.255-256。

具体方案设计见吴增强主编，《学校心理辅导活动指南教案集》（小学版）、（初中版），上海科学技术文献出版社，1998。

活动三 找感觉

目标：了解自己不同情境下的感受，增进对自我的认识。

活动实施：

请不作仔细的权衡，快速回答下列感受，这样可以促进自我觉察和了解。然后，通过小组分享各人的感受，让别人更了解自己：

- 早上起床时，我通常的感觉；早晨上学时的感觉；我和同学在一起时的感觉；当被人捉弄时的感觉；当成绩下降时的感觉；老师批评我时的感觉；放学回家时的感觉。[1]

上例的特点是从不同的角度认识自我、体验自我，突显“认识自我”的辅导主题，能够提高辅导活动的针对性、有效性。

3. 设置活动情景，促进学生体验

心理辅导活动的宗旨是解决学生自己的问题，主要是以参与者自身的经验为载体，体验是改变、完善自身经验的重要环节。只有经过体验，才会在内心产生碰撞，才会有更深切的感悟。可见，如何设置活动情景，促进学生体验是提高活动设计的有效性的一个要素。下面我们介绍一个小学心理辅导活动设计案例“团结就是力量”。[2]

我们时常在日常生活中，看到学生为小小的一块点心而哄抢推搡。虽然学生在思品课上学过“团结合作”，可实际效果不大，孩子们没有真正体会到团结合作的重要性和必要性。为此，本活动从两个角度设计活动情景：

一是从观察入手进行体验，具体有“找朋友”、“和筷子比力量”和“观看录像‘拔河’”等情景，让学生通过情景体验来认识团结合作的意义。

- “找朋友”。一开始让学生初步体会到不团结合作所造成的困境，而当个别成员通过动脑筋，互相配合，自觉地解决了困难时，其他成员也会从中受到启发。这样，学生对“团结”这个抽象概念也就有了初步的感知。
- “和筷子比力量”。这个活动情景有两层意思：如果孩子折不断筷子，可以引导他们想到，是因为筷子“团结”而力量大。如果学生把筷子

1. 章本荣，《上海市虹口区曲阳第四小学心理辅导工作研究文集》（内部资料），1997。
夏秀蓉等，《初中生心理健康自助手册》，上海教育出版社，2000。
2. 杨晟逸，《小学体验式心理辅导活动课设计思路》，载于吴增强等主编，《学校心理辅导研究》，上海科学技术文献出版社，2000，p.175-177（稍作改动）。

分开一根根折断，那么可以问孩子，为什么筷子分开就能折断？台上学生亲身体验，台下学生观察思考。此时引出“团结就是力量”这个命题就恰到好处，学生很容易接受。

- “看拔河”。让学生观看录像“拔河”，并问：谁会赢？为什么？从中让学生进一步体会“团结就是力量”。

二是从行动参与入手进行体验，相应的情景有“钓鱼”、“荷叶上的青蛙”、“拍集体照”。

- “钓鱼”。即要求四位学生从同一瓶口里拉出四个系线的乒乓球。当学生发现瓶口小，四个乒乓球难以同时拉出时，他们会想办法，最后找到解决问题的办法：“一个个地拉”，这就是合作的策略。
- “荷叶上的青蛙”。由于是竞赛，要求孩子们在智力、情绪、体力上都处于兴奋状态，集体中始终笼罩着一种热烈的气氛。这种气氛能够加深学生对合作的体验。
- “拍集体照”。为了强化团体意识，要求每个学生把自己的自画像贴在集体照上，让学生感受一下自己是集体的一个成员。当老师也把自画像贴在集体照上时，师生的心理距离更近了，大家会感到“老师也是我们集体中的一员”，这更增进了学生对集体的认同感。

上述活动案例情景设计的出色之处在于，确实有情景可以让学生去体验和感受，而且，情景设计得有层次，让学生由浅入深逐步加深体验。另外，运用游戏情景生动活泼，符合小学生年龄特点。

4. 了解学生实际，提高活动内容的适切性

教师在设计活动时不要闭门造车，而要心中有学生。在设计活动之前，不妨先做一些调查，这样，既可以避免无的放矢，又可以为活动提供生动的素材。

例如，有一青年女教师设计了“花季少女成才意识”的辅导活动，她事先对学校的女高中生进行了调查，发现本校女孩子的两个问题：一是自信心比男孩子低，如有56%的女孩子在课堂上害怕提出的问题很幼稚被别人嘲笑，而不敢提问；男孩子的比例要小得多，只占21%。二是与母亲的冲突增多，她写道：“女儿是母亲的小棉袄，可是到了青春期，女儿这‘小棉袄’也就不那么贴心了。许多孩子的母亲将自己的愿望强加于女儿的身上，企盼把自己失去的希望让孩子去实现，生活上无微不至的关怀，希望孩子有所成就，又担心希望落空。父母把孩子的学习成绩放在首要地位，而女孩子除了面对学业竞争压力之外，她们还舍不得放弃自己缤纷绚丽的梦想，她们会抓紧课间10分钟编织幸运星，她们还会如痴如狂地关注自己的偶像，她们会在电话里和朋友聊上一两个小时，而这些都是令她们的母亲深感忧虑的。她们寻求着独立，希望父母能向朋友一样理解自己。而父母却像侦探，总想打听女儿内心的秘密。青春期的女孩子时不时也会偏离母亲为她们设计的轨道。

针对这些情况，教师设计了“那一年我们16岁——花季少女与妈妈谈心”活动，就为女儿起名的特殊用意、与异性同学交往的问题、女孩的发型问题等展开讨论。为了增强女孩的自信心，还设计了“让我们从失败中爬起来”的活动。实践表明，辅导活动开展得很有成效。[1]

第二节　活动形式设计

心理辅导活动的形式是多种多样的，我们可以根据不同年级的学生，不同的辅导内容，选择不同的活动形式。本节介绍常用的几种活动形式。

角色扮演[2]

1. 角色扮演简述

在心理辅导活动中，角色扮演又可称为“角色扮演法”，是一种通过行为模仿或行为替代来影响个体心理过程的方法，简单地说，就是让学生以一种类似表演的方式，展现相应的行为特点和内心感受，进而起到增进学生自我认识，减轻或消除学生心理与行为方面的问题，以促进学生的成长和发展。

角色扮演作为一种心理辅导的方法，其主要原理就是把角色扮演理解为个体将自己置于他人位置上，按他人的角色规范行事的过程，这种情形多见于幼儿园、小学儿童的游戏中，它是儿童社会化的重要途径。初、高中学生和成年人也存在着这种情况，但他们多数不实际表现在行动上，而是在想象中把自己放在他人的位置上，体会自己将会有什么行为、情感出现。

最初的角色扮演是莫雷诺首创的“心理剧”，主要是以个人为中心，探讨个人的内心世界，偏重研究个体的人格，后来又发展为“社会剧”，主要以团体为对象，目的在于了解及解决团体内生活问题，偏重于团体成员相互间的

1. 王玲玲，《“花季少女”成才意识教育活动的探索》，载于吴增强等主编，《学校心理辅导研究》，上海科学技术文献出版社，2000，p.136-144。

2. 吴增强、沈之菲等，《班级心理辅导》，上海教育出版社，2001，p.108-119。

人际关系。在班级辅导活动中，角色扮演的形式是多种多样的，可以是以哑剧、独白、镜像、魔术店等方法为主的心理剧，可以是以情景对比、情景创造、情景短剧、小品、角色拍卖会等为主的社会剧，也可以是心理剧和社会剧相结合的戏剧表演活动，这些角色扮演活动的目的在于运用戏剧表演的方法，通过学生对角色的模仿、想象、创造、感受、体验、思考与讨论，达到团体心理辅导所要实施的具体目标。

2. 角色扮演的操作要点

实施角色扮演有五大要素[1]

(1) 教师。这是角色扮演的设计者和策划者，其任务是确定角色、设计小品或情景、鼓励学生主动地参与表演活动，使活动达到预期的效果。

(2) 剧本。剧本主要来自两个方面：一种是由教师预先设计或准备好的戏剧剧本、小品或情景，学生按照教师的设计进行表演；另一种是由教师提示情景，学生自行设计动作、对话等表现方式。

(3) 扮演者。由一个学生、几个学生或全班所有同学根据教师的启发和剧情的要求，自然地、主动地、创造性地去表现。

(4) 观看扮演的学生。他们虽然不直接参加表演，但也是角色扮演活动的参加者。需要体验扮演者的感受，自然地融于剧情中，与扮演者同喜同忧，起到支持、鼓励、烘托等作用，同时，他们也在进行认知、思考和体验。

(5) 舞台。这是角色表演的场所。教师可以选择讲台或同学们围坐留出中心空地，这样容易吸引学生的注意力，对进行角色扮演的学生来说，如果自己是演员的意识得到加强，可以增加对角色的认同和体验，表演的效果会更好。

角色扮演大致可分为三个阶段。

第一阶段：准备阶段。这个阶段主要包括：

(1) 选择扮演的主题。

(2) 设计小品或情景剧本的内容。

(3) 确定角色的扮演者。

(4) 指导扮演者要把自己的情感创造性地发挥出来，将自己的体验注入于角色之中。

---

1. 樊富珉编著，《团体咨询的理论与实践》，清华大学出版社，1996，p. 29-32。

（5）指导学生观众观察扮演者的言语和行为，并体验其内心感受，分析其角色的处理方式。

（6）布置扮演的舞台。

第二阶段：实施角色扮演阶段。

由学生实施角色扮演。教师在角色扮演进行过程中必须具有洞察力，因势利导，给予帮助和指导。为了使活动能达到预期目的，要注意调动参加者的自觉性和主动性，运用各种技术，使全体成员能投入地参加到角色扮演的活动中来。

第三阶段：终结阶段。

（1）角色扮演结束后，教师会设计一些问题让扮演的学生和观看的学生一齐讨论，并交流彼此的情感体验。通过讨论与交流，使学生能理清思路，找到问题的症结，达到角色扮演的目的。同时，教师还可以分析角色扮演的情况，让学生进行讨论和交流。

（2）结束角色扮演或者按活动要求重演，强化行为的塑造，进一步达到角色扮演的目的与功能。

3. 角色扮演的方法

角色扮演的方法有多种。一般根据活动的目的、需要学生讨论和体验的情景而选择。教师需要思考如何运用角色扮演的技术和过程，以使学生和扮演者得到最大的益处，经由多年的演变，现在在班级中使用的角色扮演大致有下列几种方法:

（1）哑剧表演

指教师提出一个主题或一个情景，要求学生不用言语而用表情和动作表演出来。例如，让学生表演喜怒哀乐的表情，遇到愤怒时的动作表现，喜欢别人或者讨厌别人等肢体语言。通过哑剧表演，帮助学生体验非语言的心理状态与反应，促进学生非言语沟通能力的发展。

（2）独白法

指以独白的形式谈出自己此时此刻内心的真实感受和想法。常常是让扮演者在情绪冲突强烈、各种体验纷繁复杂时，通过角色扮演，大声说出内心的体验，将表演者隐藏于内心的思想，借着独白的机会，能够知道。

（3）空椅子

这种方法只需一个人表演，在辅导社交方面有困难的学生时经常使用。例如，某个学生在异性同学面前很害羞，难以正常交往，教师可以用空椅子表演的方法帮助他。具体做法是将两张椅子对面摆放，让该学生坐在一张椅子上，假设另一张椅子坐的是异性同学，该学生先表演彼此间曾经有的或可能有的对话，然后坐到对面去，以对方的立场说话，如此重复多次，往往可以使学生了解对方，克服了交往方面的一些困难。例如，可以采用空椅子的方法，进行“考试焦虑自我辨”。通过学生对考试焦虑问题的自我分析，帮助学生分辨对考试焦虑的消极的自我意识和积极的自我意识，以强化学生对考试积极的自我意识。

(4) 镜像法

指看别人演自己的方法。例如，爱说粗话、不讲礼貌、缺乏教养的A看到B表演自己的所作所为。A通过看别人演自己，而客观了解自己生活中角色的言行，激发改变的主动性，促进改变不适当的行为。例如，可以通过镜像的方法，让学生观察角色扮演中学生的学习情绪和态度，与自己的实际情况进行对照，以引导学生对自己的学习情绪和态度进行自我剖析，促进学生以乐观和积极的态度对待学习。

(5) 比较法

这种方法主要是将好的与不好的两种态度、方法或行为安排在一个活动单元里，让学生比较这两种方法的优缺点，以强化学生对好的态度、方法与行为的认知和体验。例如，通过两种不同的学习习惯之间的情景表演，让学生进行比较分析，再对照自己平时的学习习惯，进行认知、体验和反思。

(6) 创意情景法

在角色扮演中，很多时候教师只是给出一个或几个情景，需要学生创造性地自编、自导、自演情景剧，以充分反映学生的实际情况和创造能力，使学生更主动地参与到班级心理辅导活动中来，这样，学生的体验与认知可能更深刻。例如，通过学生自编、自导、自演情景剧，理解和创造性地运用心理防御机制来面对挫折，加深对面对挫折的心理防御机制的认知和体验。

(7) 角色辩论会

指用类似辩论会的方法，每个辩手都带着角色面具或扮演特定的角色，对某个主题进行辩论，以加强学生对角色的认同和体验，增加角色扮演的效果。例如，通过对各种职业角色重要性的辩论，使学生认识到各行各业的工作都是缺一不可的，具有同等重要的地位。

(8) 魔术店

这是一种类似于商店内买卖的方法，如让辅导老师扮演店主，店里贩卖各种东西，如理想、健康、幸福、财富、成功等，由学生扮演买主，说出自己最想要的东西及其原因，然后，辅导教师问他愿意用什么来交换。用这种方法可以了解学生的需要和价值，帮助学生树立正确的价值观。例如，生涯辅导活动主题“价值大拍卖”就是用类似魔术店的拍卖方法，帮助学生了解有关爱情、友谊、健康、美貌、爱心、金钱、欢乐等多方面的价值观念，在拍卖会上，学生个人的价值观念会直接影响学生在拍卖时的选择，学生从取舍中，可以了解自己的价值观和人生态度，这样有助于学生对自己价值观念的思考和澄清（见第八章第三节）。

（9）情景剧或短剧

这是角色扮演较常用的方法。情景剧或短剧就是教师准备好情景剧或短剧的剧本，让学生进行表演活动，以增加心理辅导活动的气氛，或者让学生有共同探讨的话题和案例，增加学生的投入和参与程度，以达到班级心理辅导的目的。

（10）戏剧表演

指教师借用一些比较常见或成熟的剧本，这些剧本带有比较多的表演色彩，通过学生从事戏剧表演的活动，从中体验角色的情感和内涵，达到情绪宣泄、成长心智的目的。

团体行为训练[1]

1. 团体行为训练简述

团体行为训练是团体心理辅导的方法之一，是以学习理论为基础的行为训练模式。辅导者在确定训练目标之后，以群体为单位进行行为训练，采用强化、惩罚、厌恶及条件反射等手段，使个体或群体的行为朝向辅导者预期的方向改变，即使学习者增加某种适应性行为或停止某些不良行为，或使学习者习得某种新的行为。一般而言，团体行为训练可用于较基础的心理活动的辅导，如增强注意力、扩散性思维训练等，也可用于一些技巧的学习，如人际关系技巧等，不适用较深层次的心理活动的辅导，如人生意义、价值观探讨等。

我们很难在文献中上查找关于团体行为训练的完整理论资料，而事实上，在我们的教育中，在班主任老师的班级管理或任课老师的一些教学活动中，已经自发地在运用这一辅导策略。例如，在低年级的语文课中，我们经常采用故事接龙的方式训练孩子的口头表达能力，让每一个孩子参与故事接龙，

1. 吴增强、沈之菲等，《班级心理辅导》，上海教育出版社，2001，p.150-162。

可以只说一句话，也可以说多句话，让孩子有机会在别人面前表现自己，培养自信心。事实上，这就是团体行为训练的一种形式。

团体行为训练是我们在行为治疗技术上发展而来的一项辅导技术，因此，它的理论是建立在行为治疗理论基础之上的。团体行为训练认为，可以通过行为训练的方式改变个体的行为，从而达到改变个体心理模式的目的。在此，我们需向大家进一步阐述的概念是行为改变包括以下内容：

通过训练使个体或群体获得某项缺乏的行为，如良好的口头表达能力、团体协作等；

- 使个体或群体去除某项不适应的行为，如吸烟、小团体主义等；
- 使个体或团体增加某种已有的行为，如上课举手的次数等；
- 使个体或团体减少某种行为，如上网聊天的次数等。

从上述行为改变的内容，我们可以看出，从改变方向可分为正向和反向。针对适应性行为，我们要试图通过行为训练使个体或团体获得或增加，即正向改变；对不适应性行为我们要使个体或团体去除或减少，即反向改变。从改变的程度看，又有完全改变或不完全改变的区别。要求个体或团体“获得”或“去除”的行为改变是完全改变；只是要求个体或团体“增加”或“减少”的行为改变就是不完全改变。

行为改变的内容和方向就是团体训练的目标，它将决定训练内容的设置、时间的安排、训练形式的设计等。

团体行为训练与一般行为治疗的主要区别

我们将在下面介绍团体行为训练与行为治疗的关系，在此，我们简要地说明一下两者的不同点。

行为治疗更多地针对较为严重的心理问题和心理障碍，它最初的发展是从治疗变态行为开始的，行为治疗往往用于个别心理咨询。行为治疗比团体行为训练在治疗步骤的制定上更为严格，对个体来说，它的针对性更强，效果也比团体行为训练更为稳固。

但并不是说团体行为训练就没有自己的优点了，事实上两者的服务对象不同，行为治疗用于有心理偏差的个体；而团体行为训练用于团体，它服务的对象是正常人群，在学校的班级辅导和团体辅导中，它是一种很好的方式，同时，在团体活动中的人际互动是个别咨询所没有的，作为团体辅导者要很好地利用这一点。

2. 团体行为训练操作要点

团体行为训练一般用于10～15人的团体。人数过少，会使成员感到紧张和拘束，并且无法形成良好的团体活动氛围；人数过多，辅导者无法照顾到所有的成员，使一些成员无法得到行为训练的机会和时间，也容易形成团体无意识的局面。我们的班集体往往有40～50个学生，我们可以采用两种方法加以解决：一是增加一名辅导员；二是分组活动，可以让一名学生担任小组的“领袖”。

行为训练团体的成员之间往往有共同点，或有一定的关联性。共同点是指团体的成员在年龄上、想要达到的训练目的或效果、成员本身的特质等有任一方面的相似之处。例如，各成员都希望通过训练克服过于害羞的缺点，在此处成员之间的特质有相似之处——“害羞”，他们想要达到的训练目的也相同——克服害羞的毛病。有一定的关联性是指成员之间互相之间有一定的社会关系，如在家庭关系的训练中，可能只是家庭成员中的一个人提议大家参加这一训练，而其他成员是被动参加，在主观上他们并没有一致的要求，在特质上也没有相似之处。

一项团体训练的时间长短，要根据训练的目的和内容而定。一般而言，一项行为的改变往往不是一次训练能解决的，需要制定阶梯性的训练过程和内容。一次训练的时间以30～60分钟为宜，过短或过长都不能取得良好的效果。

团体行为训练的过程如下：

(1) 确定训练的行为

与行为治疗一样，首先我们要明确需要训练学生哪些行为，或者说确定靶行为。（在行为治疗中，通过初步的行为功能分析，治疗家可能确定处在整个治疗过程或各个治疗阶段中需要加以改变的患者的问题行为中的具体目标，这些目标被称为靶行为。）目标行为的获得可以通过以下的途径：

观察在行为训练中的作用极为重要。训练的目的是使被训练者获得好的行为和去除不好的行为，要了解孩子有哪些不好的行为或缺乏哪些好的行为，就需要我们对孩子的行为进行观察。我们在此所说的观察不同于日常的观察，这里所说的观察是有明确目的的；拥有系统计划，即儿童行为观察必须在既定目的的指引下，做有系统的规划，而不是想到什么就看什么；观察还要随时保持记录，对观察到的行为做较详细的表述；这些观察是能够为辅导提供一定依据的。

观察因其应用不同有多种类型，行为观察若以结构性分，可分为有结构式观察和非结构式观察。结构式观察在进行前就确定目的，在一定程序下，有系统和有计划的观察与研究有关的儿童行为，并予以记录。非结构式观察则是在没有明确研究目的、程序与工具下，采取较有弹性的观察。若以观察者角色分，可分为参与观察和非参与观察。观察者主动投入观察情景成为被观察群体的一分子，就是参与观察。反之，观察者以旁观者的地位，只观察不参与被观察者的行为，则是非参与观察。若就观察情景的形式来看，可分直接观察和间接观察等。在观察过程中，凡观察者亲眼目睹被观察者的行为，并获得第一手资料的，是直接观察；反之，就是间接观察。

观察的技术也有多种：频率测量，即在一定的观察时间内，记录被观察者某种行为出现的次数；反应分类法，即在一定的观察时间里，记录被观察者正确行为反应的次数和不正确行为反应的次数；时间取样法，即我们不可能24小时跟随被观察者，我们可以在一天内选取某一时间段对被观察者进行观察，在什么时候观察，观察多长时间，这就是时间取样的技术。

通过观察我们可以确定儿童需要训练的问题。

被训练者的主观要求。训练的目标也可以由儿童主动提出，当儿童发现自身的一些不足时，他们会提出希望通过训练做一些改进。此时，辅导者须辨别这些问题是否可以通过团体行为训练的方式解决，是否具有操作的可行性。例如，一个高中学生反映他常常不敢一个人走路，希望通过团体行为训练的形式解决。辅导员就必须思考这个问题有无进行团体行为训练的必要性，由于在高中阶段很少有学生有类似的情况，因此，辅导员可以建议这个学生进行个别辅导，而不把这个问题作为团体辅导的内容。

(2) 对目标行为进行分析

在确定训练的目标行为之后，我们就要对该目标行为进行分析，以确定训练的过程和内容。具体的分析内容包括该行为被改变的难度、学生或被训练者已有的行为情况、改变该行为适用的方法等。例如，吸烟问题，首先我们判定吸烟是一项较难改变的行为，可能要花费较多的时间；其次，要针对不同的训练者分析目标行为，对于小学生而言，可能训练的难度要低于中学生。因为更多的小学生没有吸烟的行为，我们要达到的目的是使小学生厌恶吸烟，减少他们日后吸烟的概率。对于中学生而言，有一些学生已经有吸烟的行为，我们的目的是要他们去除吸烟的行为或减少吸烟的次数。

此外，对于一些团体行为训练的目标，我们还要制定具体的分目标，如仍然举吸烟的例子。对于吸烟者来说，一下子戒烟是不可能的，我们就要制定具体的分目标，如认识吸烟的危害、减少吸烟的次数、采用替代物、不再依赖替代物、对烟产生反感以巩固效果等。

(3) 制定团体行为训练的计划

在分析行为目标的基础上，我们就要开始寻找影响目标行为的相关条件，制定具体的实施计划，设计恰当的活动以达到目标。例如，在帮助儿童克服人多的场合中焦虑问题的训练中，它的分目标分别是“在团体中获得自我肯定”、“在团体中信任他人”、“在团体中与他人分享自己的感受”、“在团体中获得信心，克服焦虑感”。根据这些分目标可以分别设计活动:“作文接龙”——自我肯定;“信任走路”或“放心倒，有人接”——信任他人;“分享成功”——分享自己的感受;“优点轰炸”——获得信心。

在确定目标行为和分目标之后，活动需要辅导老师根据团体的特点和目标要求进行设计，这就要求教师不仅要通晓心理学的知识，还要有一定的创造力和辅导经验。

(4) 实施训练

辅导者按照制定的计划实施团体行为训练。在此阶段辅导者要注意的是:

如果你所要辅导的团体是一个刚形成的团体，成员彼此之间十分的陌生，就要先进行一些热身活动，以使成员得到放松，同时初步形成团体氛围。

在训练实施的过程中，可能会有个别成员对训练出现抵触情绪，并影响到其他人，辅导员不能坐视不理，要及时进行干预，可以和该成员私下交换意见，如果该成员仍然继续干扰训练，辅导者可以请他退出训练。

如果在活动进行的过程中，有较多的成员对活动提出意见，则辅导者要考虑这些意见，必要时对活动计划做出修改。

由于团体训练有互动的关系，因此，辅导者要根据活动的进展，灵活掌握活动的节奏，不必拘泥于活动计划。

价值澄清[1]

1. 价值澄清简述

“价值澄清”是美国的大学教授路易斯·拉斯等人在对传统的价值观教育法进行研究分析的基础上提出来的，曾在美国风行一时，对学校道德教育的实践产生了很大影响。这一方法与柯尔伯格的道德教育认知发展理论被人们称为“在美国过去20年中最主要的两种道德教育方法”。价值澄清的目的不

1. 吴增强、沈之菲等，《班级心理辅导》，上海教育出版社，2001，p.180-192。

是灌输给学生一套事先安排的、严谨的价值观，而是通过心理帮助指导学生掌握一种过程，这种过程可以用来反省自己的生活，对自己的行为付起责任，从而澄清自己的价值观，使学生减少价值认识的混乱。这种方法非常适合在集体的情境中使用。学生可以在共同的价值辨析讨论中，经过一系列心理互动的过程，达到主动学习、自我评估、自我改进的目的。

这种“价值澄清”的模式有以下四个关键因素：[1]

第一，以生活为中心。价值澄清的注意力主要放在解决有关的生活问题上，这些生活问题既包括与学生自己的生活有关的问题，也包括更为一般的生活问题，特别是那些使学生感到困难和困惑的问题。

第二，接受事实。要澄清价值，需要不断地接受他人的立场，价值澄清强调要原原本本地接受他人，不必对他人的言行进行评价。这种接受意味着在接受自己的过程中帮助别人，与他人真诚相处。

第三，要求进一步反省。不仅要求接受价值，而且要求对价值做进一步反省，特别是综合反省。这就需要学生做出更多明智的选择；更多地了解人们珍爱和珍视什么；更好地把选择、珍视整合到日常行为中去。

第四，培养个人的能力。价值澄清方法认为，人不仅能反省和思考价值问题，而且能整合他们的选择、珍视和行动，并能在日后表现如一。所以，价值澄清法不仅要鼓励训练澄清的技巧，而且要培养个人深思熟虑地进行自我指导的能力。

2. 价值澄清的操作要点

价值指标。一般来说，学生在表示某种态度、抱负、目的、兴趣及行动时，就是指导者把握价值澄清的最好时机，这些方面也称为价值指标。具体说明如下：

(1) 态度。每当儿童对某种事物表示赞成或反对时，便显示了他们的态度。儿童本人不一定每时每刻都能觉察到自己的态度，有时难免会互相矛盾，这时便可帮助他去澄清。

(2) 抱负。每当儿童叙述自己长远的计划时，便表现了他的抱负。例如：“将来……”“当我长大后……”儿童的许多设想常常会半途而废。为此，应该不断鼓励儿童面对现实，扫清障碍。

(3) 目的。每当儿童说出短期的打算时，便表示了他的目的。例如：“等我存上了100元钱，我要买一台游戏机。”目的可以增加生活情趣，

1. 戚万学，《冲突与整合——20世纪西方道德教育理论》，山东教育出版社，1995，p.275。

充实生活的意义，把握生活的方向。指导者应帮助儿童考虑计划的结果，并探讨其他可行的途径。

(4) 兴趣。每当儿童在休闲的自由活动时间，自动去从事某种活动时，便显露了他的兴趣，如集邮、绘画等都是兴趣的具体表现。儿童的兴趣活动并非都能成为价值，有些不过是心血来潮的举动，有些则是经过长期考虑的结果，已向价值方向迈开一大步。指导者可针对儿童的各种兴趣和爱好，细致了解，以澄清哪些是暂时的，哪些是长久的。

(5) 行动。行动可以或不一定表明价值观，弄清行动是否反映基本价值观，要视具体情况而定。例如："放学后，我通常去……"是出自个人选择；"上周末，我去……"可能就不一定是出自个人选择。为此，每当儿童有价值指标的行为出现时，应尽量抓住机会，帮助他澄清，使他能在正确的价值观指导下去行动。而不至于盲目。

价值观建立的过程。价值澄清法强调的不是价值本身，而是获得价值观的过程。拉斯教授指出：任何一种观念、态度、兴趣或信念要真正变为一个人的价值观，一般要包括三个阶段七个步骤的过程，它们分别是：

(1) 自由的选择。一个人的价值观必须是个人自由选择的，经过自由选择而确立的价值观，才能真正成为"风吹雨打不动摇的"价值观，不管碰到什么情况，不管是否有人干扰，都能起到引导个人正确行为的作用。反之，强迫灌输下学生获得的价值观念，若在成人的监视下还能发挥一定的作用，一旦脱离了成人的视线，便会失去作用。

(2) 从各种不同的途径中选择。真正的价值观是选择的结果，但是学生如果没有选择的余地，那么，他的选择行为也不会发生，而真正的价值观也就无法发展。因此，选择必须在有相当余地的情况下进行，只有让学生在两种或两种以上的事物中进行选择，选择才有意义。例如，一个学生想让别人喜欢自己，他可以有以下许多选择途径：穿着整洁干净；行为举止礼貌大方；情绪活泼愉快；与同伴之间友好谦让；爱帮成人做事；穿着打扮漂亮，等等。

(3) 对各种途径的后果三思后再做选择。一个人在感情冲动的情况下，未经大脑思考，贸然做出价值观选择的结果并不是真正的价值观。只有在对各种不同的后果进行了认真的考虑和比较后再做出的选择，才能成为真正的价值观。

（4）重视和珍惜所做的选择。一般来说，人们对自己认为有价值的东西都会珍视并引以为荣，只有为之重视和珍视的价值观，才有可能成为真正价值观的一部分。有些纵然是在自由选择的情况下经过认真思考才做出的选择，但如果并不重视和珍惜它，那么仍不能最后成为价值观的一部分。

（5）公开表示自己的选择。如果选择是在自由的环境中经过认真的思考才做出的，而且也非常重视和珍惜它，那么，当有人问起时，一般会很自然地愿意公开。正常情况下，人们都愿意在大庭广众之下公开表示自己的价值观，承认自己的价值观，支持和拥护自己的价值观。如果视自己的价值观为痛苦和羞耻，那么，会百般掩饰，不敢公开表示。这种价值观不可能成为真正的价值观。

（6）根据自己的选择采取行动。一个人的价值观能左右他的生活，对他的日常行为产生举足轻重的影响。如果一个人认为某种东西有价值，就会非常乐意付出自己的时间、精力、金钱乃至生命去尝试、实践它，去完成或者拥有它，以至百折不挠、锲而不舍。如果一个人口头上说喜欢或者珍视，而没有相应的行动，即使说得天花乱坠，也不能说明他真正珍惜那件东西或事情。

（7）重复根据自己的选择所采取的行动。如果一个人的某种观念、态度或兴趣已经转变为他的价值观，那么，他就会一而再再而三地表现在行为上，出现于各种不同的地点和场合，价值观应该具有经常性和持久性，经常支配着人们的行动。

在学校的价值教育中，一个单一的活动很难全部包括价值建立所需要的七个步骤，但却常常可包含两三个，因此，因根据学生的认知能力及现实需要选择其中几个较恰当的步骤来实施。

3. 价值澄清活动的方法

价值澄清模式在学校教育实践中的运用，是通过许多具体的策略来进行的。在《价值观澄清——教师和学生实践策略手册》一书中，拉斯等人提出的策略多达 79 种。时至今日，该学派还在推出新的策略和方法。

尽管价值澄清方法暂无准确的统计数字，但这些策略具有一些共同的个性。首先，从名称上看，这些策略都有一个较醒目的标题，如“填价值单”、“后果搜寻”、“角色游戏”、“澄清应答法”、“群体谈话”、“时光日记”、“生活馅饼”等。

其次，从形式上看，可在班集体大组、小组活动中进行，也可与各科教学、各种文体娱乐活动、各种游戏结合进行。尽管这些方法多种多样，但最主要的还是通过在班集体中师生对话的形式来进行的。

在学校中，价值澄清法的实施大都使用交谈、填写表格或价值单、讨论等三种主要方法，现分别列举如下。

交谈法。交谈也就是澄清反应，教师就学生所说的，或所表现的行为与学生交谈，旨在鼓励学生进行更广泛、更深入的思考。当学生表示情感、信仰、信心、烦恼、态度、希望、目的、兴趣等时，往往表示一种潜在的价值倾向，如果教师能够了解这些反应，则会发现许多有用的澄清反应的契机。交谈法的目的，是针对学生的心理，提出问题。例如，学生对老师说："双休日，我们全家一起去浦东玩。"如果教师回答说："很好，祝你周末愉快！"那么，这种回答仅仅是对学生讲话的一种反应，并不会引起学生对他所讲的事情往价值问题方面去思考。倘若要激起学生对价值问题的思考，那么，教师可以这样回答："你要去浦东吗？是你要去？你是否喜欢去？"教师的这种回答自然就会促进学生去思考：这是他自愿选择去浦东的吗？除了这里，是否还有更好的地方呢？这样，教师进一步鼓励学生对他自己做出的选择、对他的兴趣爱好以及对他的行动去重新思考和评价。经过多次这样的过程，肯定会促进学生的思维、情感和行为的发展。同时，学生从中也逐渐学会独自进行思考和评价。又如：在教室里，学生们正在随便聊着喜爱什么的话题，有一位学生讲了一个他爱好科学的话题，教师接着这个话题，有意识地激励学生进行进一步的思考。请看他们的对话：

教师：你真正爱好科学哪一方面呢？

学生：具体哪一方面？让我想想……我也吃不准。

教师：课外你做过一些对科学感兴趣的事吗？

学生：没有，没有做过。

在这段对话中，尽管教师没有对学生既感兴趣于某事而又没有行动的表现提出批评，但学生却可以从教师的应答中得到某些启发，激发他考虑自己的爱好和行动之间的关系。

从以上的例子可以看到，价值澄清的交谈不是单向的灌输。学生的每一件事可能单独存在，但精明的老师通常会找出它们之间的关系综合判断，尽量促使学生思维流畅而不发生短路。

有效地使用讨论法应注意以下几点：

(1) 交谈时要避免说教、批评、灌输或评估价值，尽量不要用“好、不好、对、错”等暗示。

(2) 澄清反应的目的。和一般交谈的目的不同，其目的不仅仅是沟通，更重要的是帮助学生澄清自己的生活观念。要求学生学会反省自己的行为、观念，并能思考和决定自己想要做的事情。

(3) 不要希望凭借一次交谈，就会收到巨大的效果。交谈的目的是创设一种情境，促使学生进行深一层次的思考，每一次交谈只是澄清反应的一小部分，澄清反应的效果是多次积累而成的。

(4) 交谈中必须以师生之间的信赖为基础。如果师生之间不能彼此信赖，那么，在交谈中学生可能表现得很逼真，他假装澄清，思考，却不付诸行动。

填表法。在价值澄清过程中，大量运用的是交谈形式的澄清方法。然而，对有些不适合交谈的场景或问题，可用填写价值单的方法来进行。这种方法要求教师设计和编制出一些价值表，以书写的形式促使学生个人进行思考，形式可以是多样的。例如，有一种是编制系列价值表，并在每一个表的标题上列出主要讨论的一个议题，然后陈述一种情况或事情，接着给出几个问题。在有些问题的下面列出几种选择，要求学生选择其中的一个，如：

A. 认为老师应有权体罚学生（应有权利\有时有权利\没有权利）

B. 认为某种情况下考试作弊是说得过去的（说得过去\有时说得过去\说不过去）

另外也有一种是设计一系列问题，让学生按重要性将它们排名次。例如：假如你中了5000元奖票，你将怎样使用它？

A. 马上花掉。

B. 全部捐给慈善结构。

C. 全部交给父母。

还有一种是设计几个标准，让学生逐个对照，进行填写：

各种可行的途径	我一定做到	我很愿意试试	我会考虑试试	我不愿一试
从大火中救出一个小孩				
看见路上有一条蛇不害怕，不发抖				

价值填表着重于团体的互动，它比说话更能产生仔细思考的效果，而且每个学生都能参加。教师采用填表法时，应允许学生做全部或部分的选择，也可以允许学生匿名写下自己的反应，填表活动可以在教室里当场进行，也可以当回家作业写。对于一些需要深思熟虑的让每个学生都回答的问题，填表法确实是一种较好的方法。

使用填表法的一些策略：

（1）学生填好表格后，可由教师阅读。但教师不加评论，然后从中选出学生较关心的看法，以特别的方式说明。教师最好不要说出填表者的身份，但如果学生自己愿意，教师可以解释所宣读的内容，然后开始讨论。

（2）学生交出写好的价值单之后，教师可在旁边写上适当的评语，再发还给学生。教师的评语应符合价值澄清的形式，可进一步提出问题，帮助学生再思考原先所写的部分。例如：询问学生是否经过认真思考后才填写的，或问学生所写的内容是否和他的生活一致，要求学生界定一个字或一个观念。

（3）当学生填好价值单后，立刻开始团体讨论，为了避免从众的现象，教师应注意观点与众不同者的权利，如果团体中没有不同意见，则引导同学的讨论。

群体讨论法　是在班级教室里给学生以中心的地位和机会，使学生在全体同学和老师面前公开确认并阐述对许多问题所持的价值观，然后学生必然会仔细回想他在公众面前说了些什么，从而达到澄清价值观的目的。群体讨论法一般可有四个步骤：第一，选择讨论的主题。教师可以参考平时学生感到困惑的问题，再根据学生的年龄水平，拟定一些富有价值含义的题目，如友情、金钱、家庭、休闲等。有时候也可从正在进行的活动中衍生出来。另外还可以利用一些题材，如电影片段、漫画卡通、歌曲广告来引导讨论。第二，在讨论前，学生应有思考的机会。为了让学生能够充分思考，教师应提供开放的并切合学生实际的问题。发问后注意延长回答时间，使学生有足够的时间思考。还可以要求学生把自己对问题的最初反应扼要地记下来。须留给学生较大的思考空间，使他们在复杂的讨论中能做独立判断，避免养成人云亦云、盲目追求时尚的不良习性。第三，讨论方式可以不拘一格。既可以在小组中进行讨论，也可以全班一起进行。一开始短时间里可以进行小组讨论，然后再全班讨论。为了避免少数人垄断发言的现象，教师可制定一些讨论规则，如事先规定发言的次数和时间，让学生有普遍表达的机会。分组以4～6人较为合适。分组讨论时间不要太长，一般15分钟左右，然后集中各组汇报分组讨论的结果，再进行全班集体讨论。第四，帮助学生总结讨论后获得的经验。学生可以通过以下一些问题来思考由讨论而得出的体会：我知道了……我发现了……我要知道……我真想不到……

讨论法辅导时最困难的一点就是一方面要维持价值标准；另一方面要坚持学生必须独立思考。因此，教师在组织学生讨论时所担负的主要任务是：①帮助学生注意正在讨论的问题中各种可能的做法和后果；②不要直接告诉或间接暗示学生什么才是对的；③教师应有自己的价值观，但不强迫学生盲目接受教师的观点；④教师要说明自行选择的价值标准，并说明这种经过自选的价值标准对个人生活影响的重要性。

另外还有活动法等。就是布置给学生一个情境，或者组织学生做一个游戏、讲一段故事，让学生就其中的问题表达自己的看法。学生可通过扮演其中的角色、给故事编结尾等，来表明自己的价值观。学生在各种不同的情境中面临不同的选择，经过权衡和思考澄清自己的价值观。

理性情绪法[1]

1. 理性情绪法简述

理性情绪法又称“情绪ABC”，是心理辅导活动中用以进行情绪调节的一种方法。其中，A指诱发性事件（Activating event）；B指个体在遇到诱发事件之后发生的相应信念（Belief）；C指在特定情景下，个体情绪及行为的结果（Consequence）。

理性情绪法源于美国心理学家阿尔伯特·艾里斯在20世纪50年代所创的理性情绪疗法，简称RET（rational emotive therapy）。其基本要点是：人类生而兼具理性的思考和非理性、歪曲思考的倾向，造成问题的原因不是事件，而是个体对事件的判断和解释；情绪障碍来自不合理的思考，进而引起自我挫败行为。但同时指出，人具有克服这些不良倾向的潜能，可以用理性哲学对抗非理性思考，改变思想则可导致情绪和行为改变。因此，咨询者应采取主动指导的方式，指出患者思考不合逻辑，说明了非理性思考引起了焦虑和神经症性行为，特别要说明追求完美的倾向常导致非理性思考，鼓励病人改变不合理信念，对抗或取代不合理信念，以获得理性生

1. 吴增强、沈之菲等，《班级心理辅导》，上海教育出版社，2001，p.240-252。

活哲学[1]。

理性情绪法认为，情绪并不是由某一诱发事件本身直接所引起的，而是经历这一事件的个体对这一事件的解释和评价所引起的。这一理论又称为情绪困扰ABC。例如，做了错事认为自己无能，于是很自卑。在这里，做错事是A，认为自己无能是B，自卑就是C。自卑并不是因为做错了事，而是自己心中“无能”的想法。

理性情绪法是通过分析情绪背后的想法，消除这些不合理信念，建立合理信念，从而达到去除或调节不良情绪的目的。具体来讲，就是当一种不良情绪发生的时候，不是去直接改变情绪本身，而是先通过情绪的现象来寻找可能引起这种情绪的想法，再在这些想法中去分析有哪些是不合理信念，通过对不合理信念的剖析，树立起合理的信念。

2. 操作要点

图3-1是理性情绪法基本框架，以下分别说明。

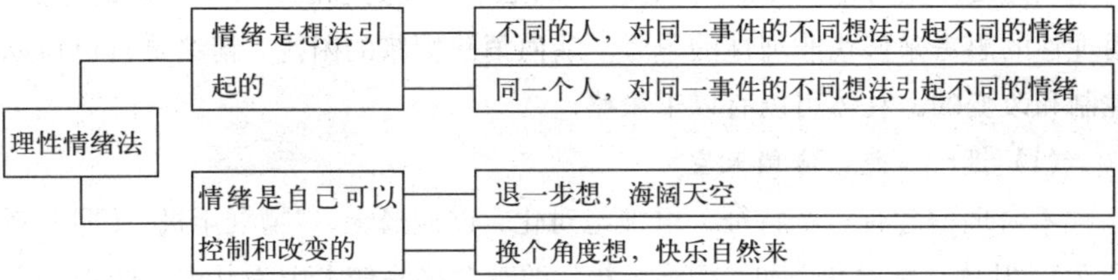

图3-1

第一，情绪是想法引起的：

（1）不同的人，对同一事件的不同想法引起不同的情绪

影响我们情绪的，不是事件本身，而是我们面对它时所产生的想法。每一个人对每一件事都会有自己的想法，而各人的想法又不尽相同，这些不同的想法就引起了各自不同的情绪。

例如，两个人一起走在路上，迎面碰到一个行乞的人。一个人想：“这种人无家可归、衣食无着，挺可怜的。”另一个人的想法却是：“这种人不爱劳动、不顾自尊，是社会的负担。”于是，两个人的情绪及反应就不同，前者对其表示同情和怜悯，后者则表现出鄙视和冷漠。

1. 车文博主编，《心理咨询大百科全书》，浙江科学技术出版社，2001。

（2）同一个人对同一事件的不同想法引起不同的情绪

人的思维不是一成不变的，而是处于不断的发展变化之中。对于同一件事，一个人的想法可能会随着时间、地点、环境、现状等的不同而不同，从而对同一事件表现出不同的情绪。

例如，一个人出门时没带伞，中途遇到了雨。这时，他的想法可能是：“真倒霉，我一不带伞就下雨。”于是，他显得很沮丧。可是，他转念一想：“算了，抱怨也没用，还是赶快想想办法吧。”他的心情就平静了许多。

在这里，人还是同一个人，事也是同一件事，只是因为想法不同，前后两种情绪就有了不同。

第二，人的情绪是可以改变和控制的。在情绪ABC理论中，决定情绪的是一个人对某一事件的想法，而人的主观想法又不是固定不变的，想法变了，情绪自然就会变。因为想法是自己的，因此，情绪是自己可以控制和改变的，这也是理性情绪法的关键所在之一。既然人的信念中有理性和非理性的想法，既然人的观念是可以改变的，我们就可以把不合理的想法转变为合理的想法，用理性的思考来替代非理性的思考，从而消除情绪的困扰。情绪是自己可以控制和改变的。具体可以有以下策略：

（1）退一步想，海阔天空

不合理信念有三个特征：思维绝对化、以偏概全、“糟糕至极”（即悲观主义）。其中“绝对化”和“糟糕至极”的观念极易使人因为其观念的极端性而产生焦虑、自卑、敏感等情绪问题。这时，如果能“退一步想”，许多问题就会显得轻松和简单了。

比如，有的人认为，“我应该在各方面都比别人强，这样才能显示出我的聪明和能干。”有这种观念的人，会随时想要超过别人，随时想和别人比较，一旦别人比自己强就会不愉快，就会感觉到危机，还要常常担心自己是否能真正超过别人？如果失败了怎么办？他的快乐与否，完全建立在外界事物的成败上，被外界事物控制自己的喜、怒、哀、乐，处在患得患失、焦虑不安的情绪之中。

还有的人觉得假如不能在各方面都有成就，起码也应该在某一方面有所成就，否则就觉得自己一文不值。他们往往拿一个人是否有能力、有成就来判断一个人的价值。事实上，这种做法并不一定是对的，因为不但没有人能够在各方面都能力十足、驾轻就熟，而且大多数人在某一方面要出人头地，也是不容易的。我们希望自己能力很强，做事能够成功，因而努力充实自己，这是合理的想法，但如果要求一定成功不可，则容易给自己增加压力，使自己变得怕尝试、怕犯错、怕失败，反而无法达到自己的目的。所以，凡事只要尽心去做，在努力的过程中自然可得到快乐，成功与否不是我们唯一的目标。

这时，退一步的想法可以是：

- 即使一件事，要做到十全十美都是相当困难的，何况是每一件事？
- 要认清自己的能力与限制，我们不是无所不能的神仙，只是普普通通的一个人，没有一个人是可以样样精通的。
- 尽自己所能，就是最好的表现，凡事尽心尽力即可。
- 人难免会犯错误，也免不了会失败，当我们犯了错误或做坏一件事，它的意义是："这件事我没有做好"而不是"我这个人很没用"。

(2) 换个角度想，快乐自然来

既然凡事都不是绝对的，那么就必然存在问题的许多方面，如果能全面客观地看待问题的发生，就可以避免出现"以偏概全"式的不合理想法，就不会轻易产生情绪的困扰。假使情绪的问题已经产生，换个角度想问题，也有助于情绪的调节和改善。

以一个故事为例：一个老太太有两个儿子，大儿子是卖伞的，小儿子以晒盐为生。晴天的时候，老太太就在家里替大儿子发愁："一直不下雨，大儿子的伞卖不出去，这一家人可怎么过呢？"雨天的时候，她又替小儿子担忧："阴雨天没有太阳，小儿子就晒不成盐了，这如何是好？"因此她天天愁、日日愁，整天愁眉不展。后来，她的邻居知道了，就对她说："你何必让自己这么烦恼呢？晴天的时候，你如果多想想小儿子的盐晒得好；雨天的时候，你多想想大儿子的伞卖得快，你不就天天都高兴了吗？"老太太一听，十分有理，以后她照邻居说的去做，也就真的不再发愁了，一天天变得快乐起来。

在这里，老太太由天天发愁变得天天快乐，不是两个儿子的职业变了，只不过是老太太换了个角度看待这个问题，改变一下自己的想法而已。换个角度想问题，情况就会有很大的不同。

理性情绪法的组成要素比较简单，基本不需要什么特殊的辅助设备，也不一定要有固定的场所，它的操作性虽然很强，操作方式却比较灵活。

理性情绪法的操作程序如下：

(1) 了解目前所要解决的情绪问题

比较全面地了解情绪发生的背景、事件等，明确目前所遇到的问题是怎样的、要解决的问题是什么。

当情绪问题出现时，我们常常会强调它的结果，但对它产生的背景、引发情绪的事件等却可能会疏忽掉。所以，弄清楚“发生了什么事”是很重要的（尤其当背景或事件不是很明朗的时候），确定了这些，就为以下要进行的辅导活动打下了基础，引导了辅导的进程。

（2）确定情绪的诱因，即事件A

对具体情景或事件进行描述性的概括。这里所说的“描述性概括”，是指对事件不加以任何的评价和推论，从实际出发，只是对客观事实进行叙述。这样做的目的，是为了避免因人为的因素混淆事实的实际情况（因为有些时候，有的人常常会在叙述事件中，不自觉地加上自己的想象和推论，把“真实的”和“想象的”混为一谈，使事件失真）。弄清真相，才有可能分析对其产生的想法是否合理。

（3）寻找情绪背后的想法B

通过分析，把与某一情绪问题有关的想法展现出来，使情绪的产生“有据可依”。在某一事件发生之后，出现了某些情绪问题，但事件和情绪之间是不存在直接的因果关系的。因此，要寻找产生情绪的原因，就要从引起情绪的想法入手，挖挖情绪背后也许还没有表现出来的“潜台词”，看看究竟是什么想法导致情绪问题的发生，想法明确了，情绪问题出现的依据就有了。

（4）针对以上的想法进行剖析

结合不合理信念的三个特征（思维绝对化，以偏概全，悲观主义），分析在这些想法中是否具有不合理的特征，有没有不合理之处，然后确认是哪些不合理的观念引起了目前的情绪。剖析的过程既是对目前不合理观念的否定，也是对自己已有认知习惯的调整。

（5）树立新的合理的想法

在对原有的认知结构进行调整之后，不合理的信念和想法就会被否定或排除，新的想法就会产生。在否定不合理想法的基础上，重新面对事件的发生，尝试用合理的观念来考虑问题，就会帮助我们的情绪更趋理性化。

（6）感受新想法下的新情绪

当新的想法出现时，情绪就会跟着发生变化，新的感受就会产生，体验两种不同想法所带来的不同情绪状态，并将前后两种想法和情绪进行比较，就很自然地感受想法改变后所带来的情绪的改变，并肯定这种改变。

（7）小结

在解决这一问题的过程中，驳斥了什么不合理的信念？有什么启示？小结的作用不是总结出所谓的知识点，而是对整个思维过程的一个整理和回顾，使已经取得的一些改观得到强化。

理性情绪法的适用范围和注意事项：

（1）理性情绪法一般适用于因认知上的原因而导致的情绪问题。因为理性情绪法主要是通过改变观念来调节情绪，因此，如果在观念上没有改变的可能，这种方法就较难应用。

（2）理性情绪法适用于正常人的一般情绪问题，所解决的情绪问题通常比较简单，程度相对较轻。对于已经偏离正常的情绪问题则很难奏效。

（3）理性情绪法适用于一定年龄的具有相应思维和判断能力的人群，对于理解和认知能力较差的婴幼儿和智力水平明显下降的年迈者或智力、精神有缺陷的人不适用。

（4）理性情绪法为解决情绪问题提供了显著的帮助，在某种程度上有效地达到了调节情绪的目的，但情绪困扰并非都是非理性信念的结果，事实上困扰情绪并非都是非理性情绪因素。所以，理性情绪法也是具有相对性的，不是适用于一切情绪问题的"法宝"，在具体的运用中要加以注意。

第三节　活动内容的设计

心理辅导活动的内容类型是多种多样的，可以根据不同的辅导目标，设计不同类型的活动。以下我们介绍一些常用的活动设计。

建立相互信任的活动

心理健康教育课程的目标之一，是提高学生的人际沟通与交往能力。一般可以设计下列活动，由浅入深地帮助学生建立相互信任、相互理解与接纳的技能。

活动一　信任之旅

目的：通过助人与受助的体验，增加对他人的信任与接纳。

活动实施：

指导者事先要选择好盲行路线，最好道路不是坦途，有些障碍，如上楼、下坡、拐弯、室内外结合。每人准备蒙眼睛用的毛巾或者头巾。

班级同学两人一组，一个做盲人，一个做帮助盲人的人，盲人蒙上眼睛，原地转3圈，暂时失去方向感，然后在帮助人的搀扶下，沿着指导者选定的路线，带领“盲人”绕室内外活动。其间不能讲话，只能用手势、动作帮助“盲人”体验各种感觉。

活动结束后，两人坐下交流当“盲人”的感觉，与帮助别人的感觉，并在小组里交流。然后互换角色，再来一遍，再互相交流。可以集中在以下几个问题讨论：你当盲人，看不见后是什么感觉？使你想起什么？你对同学的帮助是否满意，为什么？你对自己或他人有什么新发现？作为助人者，你怎样理解你的伙伴？你是怎样想方设法帮助他的？这使你想起什么？

活动二　优点轰炸

目的：学习发现别人的优点并能欣赏，促进相互肯定与接纳。

活动实施：

5~10人一组围成圈坐。请一个同学坐或站在中间，其他同学轮流说出他的优点及欣赏之处（如性格、相貌、待人处事……）。然后被称赞者说出哪些优点是自己以前觉察到的，哪些是不知道的。每个成员到中央戴一次高帽子。规则是必须说出优点，态度要真诚，努力去发现他人的长处，不能毫无根据地吹捧，这样反而会伤害别人。参加者要注意体验被人称赞时的感受如何？怎样用心去发现他人的长处？怎样做一个乐于欣赏他人的人？

活动结束时，大家心情愉快，同学之间相互接纳性提高。

活动三　哑口无言

目的：学会通过非语言的形式理解他人的感受。

活动实施：

5~10人一组围成圈坐，然后闭上眼睛回忆一下这一周内生活的感受，是疲乏、兴奋，还是焦虑、烦闷。然后，每人用手势和表情等体态语言表达出自己内心的感受，让其他同学猜猜动作和表情所反映的感受是什么。被猜者说明他人的猜测是否准确，为什么？通过这种方法，学生学会从他人的手势、表情、眼神、动作等非语言的沟通方式理解他人，训练自己敏锐地观察他人的感受。

活动四　信任考验

目的：增加同学之间的相互信任。

活动实施：

教师让同学就下列事件选择其中的一个，写在纸上：①最怕发生的事；②最不敢想的事；③最不容易忘记的事；④从未告诉过别人的事。等全班同学写完后，教师请其中一位朗读自己所写的，然后问他能不能对外公开，如果不能，是否可以告诉某人，请他在图3-2的量尺上选一点，表示可以向谁吐露，并说明原因。接着请其他组内同学发表意见，说说各自的想法，认为这件事可以告诉谁，在量尺上找一点。看一看个人与其他同学的选择有无区别？为什么？小组成员依次发言。最后，讨论时重点放在对同学之间的信任有什么发现？小组内哪些行为阻挠了彼此之间的信任？为了获得别人的信任有什么办法？[1]

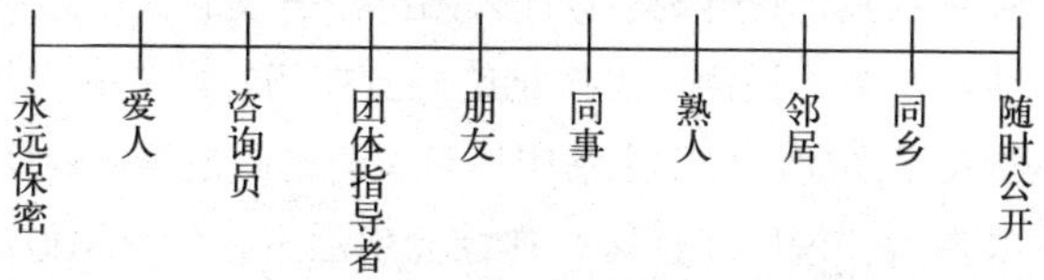

图3-2　信任量尺

活动五　龙头龙尾

目的：培养团队精神，增强对集体的认同感。

活动实施：

8 ~ 10人一组，每组各向同一方向排成一行，后面的同学用手抱着前面同学的腰部（也可以搭在肩膀上）串成一条条小龙。排头的人称为龙头，排尾的称为龙尾。龙尾的腰部需系一条手绢，像一条龙尾巴。

开始时，龙头带领队伍前后左右进行移动练习，熟练后，龙头带领整条龙设法抓住其他龙的尾巴，并尽量避免自己的龙尾巴被别的龙抓住。

当龙头抓住另一条龙的尾巴时，便把那条龙"吞掉"，合成一条更长的龙，直到把所有的龙合成一条长龙为止。

小组分享时，可以请同学们围绕以下问题谈感受：当龙头时，胜了是什么感受？被人抓了龙尾是什么感受？我们的龙抓了别组的龙尾是什么感受？我们的龙尾被别人抓了，应该怎么吸取教训和改进？

1.活动一至四，引自樊富珉，《团体咨询的理论与实践》，清华大学出版社，1996，p.202-207。

活动六　一元五角

目的：体会被团体接纳或者拒绝的感受。

活动实施：

同学们先围成圈，主持人在圈内，发给每人卡纸一张，每张写有"一元"或者"五角"。随后，主持人宣布一个钱款数字，如一元五角、三元、二元五角等，同学们听后便按照规定的款项组合（抱成团）。组合完毕，剩下来的人便被淘汰出局。

主持人检查小组的组合是否正确，错误的小组被淘汰。活动继续进行，直至最后没有被淘汰的小组获胜。活动规则还可以变化为，男生代表一元，女生代表五角。

小组分享时，可以围绕下列问题谈感受：能按数字组合在一起的时候，你的感受如何？在寻找其他伙伴时，有什么困难？有没有被拒绝？如果有，你是如何面对和解决的？被人拒绝或者接纳的感觉如何？刚才有人找不到"伙伴"，那时候你的感觉又是如何？日常生活中你有没有遇到过类似的境遇呢？怎样对待？组合错了被淘汰，说明了什么？在社会生活中，你有类似的现象吗？[1]

自我探索的活动

在辅导活动中，帮助学生进行自我探索和自我表达，以深入地了解自己、悦纳自己，形成健康的自我形象，这是主要的活动内容之一，是心理健康教育课程的基本模块。

活动一　自画像

目的：强化学生的自我认识，提高自觉意识。

活动实施：

主持人给每个学生发一张图画纸，每人或几个人合用一盒彩笔。然后，可以随自己意思，用任何的形式来画出自己，抽象的、形象的、写实的、动物的、植物的都可以。总之，把自己心目中最能代表自己的东西画出来。这种方法可以使学生发现隐藏在潜意识层面的自我，不知不觉中对自己做出评估和内省。画完后挂在墙上"展览"，让同学们自由观看别人的画，先不加评论。

---

1. 活动五至六，引自 苏东辉等，《互动成长游戏心理辅导手册》，广东教育出版社，2003，p. 11-12、35-36。樊富珉，《团体咨询的理论与实践》，清华大学出版社，1996，p.207，211。

欣赏完毕，请每个学生对自己的画解释并答疑。

自画像用非语言的方法将人的内心投射出来，这是一种独特的自我探索、自我分析、自我展示的方法。通过小组交流，可以促进学生深化自我认识，加深对别人的认识和理解。

图3-3是林孟平教授做团体辅导时的一个青少年学生的自画像。这个学生说："我是一棵大树。不，我应该说，我希望自己是一棵大树，有浓浓的树叶，可以去荫蔽其他有需要的人……"

图3-3 孤独无依

林孟平分析道，"作者所说的，根据其后我和小组协助他进行自我探索，原来真的只是他对自己的期望，而完全不是事实。也正因此，他在整个探索过程中表现得很沉重，也流了许多泪。事实上，大家看他所绘的图，树是相当大，却完全没有根，也找不到土地。根据他自己的解释，由于父母长年累月地争吵不和，家庭已是名存实亡，而他也从来没有得到照顾与爱护，以致觉得很孤单痛苦。当讲述到此，他流泪痛哭，'我时时觉得很害怕、很不安。当他们打架时我会吓得躲在床底下，内心不断担心有恐怖事情发生，很想有人可以保护我……我想做一棵大树，因为我相信世界上还有许多像我一样的青少年需要人帮助。倘若我是一棵大树，就可以将他们放在我的树荫下，安然睡觉，不必受阳光的暴晒。'基于他个人的经历，他很想帮助人，但同时令人痛心的是，他也知道自己无能为力，因为他的大树是悬空的，没有根，也没有可生长的土地。"[1]

活动二 别人眼中的我

目的： 促进学生全面认识自我。

活动实施：

每人发一张表（见图3-4），自己思考后填写，填完后大家一起交流。填写的过程会反映出不同的心态。有些学生再一次肯定积极而可爱的自我，但有些同学却引发一些长期压抑的感受。教师要特别注意：学生对哪一个人的

1. 林孟平，《小组辅导与心理辅导》，上海教育出版社，2005，p.272。

父亲眼中的我	母亲眼中的我	老师眼中的我
同学眼中的我	自己眼中的我	自己理想中的我

图 3-4

看法最重视？为什么？最难填写的是什么？为什么有人填不来？同学们填的内容多是正面的还是负面的？然后引导学生探索。

活动三　人生透视

目的：自我认识，人生探索。

活动实施：

教师发给每人一张表（见图3-5），让大家思考一下，而后填写，大约花10分钟时间。填写完毕，在小组内交流。交流分为三轮：第一轮每个学生轮流介绍过去的生活情况，并说明为什么这样填写；第二轮轮流介绍现在的生活，并说明理由；第三轮介绍对未来生活的展望及理由。同学们可以在分析自己、了解他人的过程中，增强自觉反思，相互理解。

我过去的生活

兴趣……………………………………………………

问题……………………………………………………

希望……………………………………………………

我现在的生活

兴趣……………………………………………………

问题……………………………………………………

希望……………………………………………………

10年后的情形

兴趣……………………………………………………

问题……………………………………………………

希望……………………………………………………

图 3-5

活动四　生命线

目的： 帮助学生对自己的生命历程进行自我评估，并展望自己的未来。

活动实施：

教师向学生说明下图内容（图3-6），然后请同学们自行填写，10分钟后分组进行分享交流。教师可以提出以下问题供同学们讨论：你对过去的人生经历满意吗？人活着有什么意义？你认为自己生命的质量如何？你的生活有意义吗？[1]

> 下面一条线代表你的生命线，起点是你出生的时候，终点是你预测的死亡年龄。请在生命线的某个位置画上X号，代表你今天在人生历程所处的位置。然后，在X的左边写出你过去经历的两三件最难忘的事；在右边写出你未来最渴望做的事，数目不限。
>
> 出生 ________________________________ 预测死亡年龄

图 3-6

价值澄清活动

价值澄清是指让学生通过选择、评价和行动的过程，反思自己的生活、目标、感情、需求和过去的经验，建立积极价值观的过程。在辅导活动进行专题讨论时，常常要设计一些价值澄清活动。

活动一　生存选择

目的： 帮助学生探讨、澄清价值观，认识生活中最有价值的东西。

活动实施：

教师先交代价值问题背景：地球上发生了核战争，人类将要灭亡。但是，科学家发明了一个特别的核保护装置，如果谁能进入其中，谁就能生存下去。现在有10个人，但是核保护装置、生化水、食品和空间有限，只能容纳7个人。请你决定谁应该活下去，谁只能面对死亡，为什么？请排出先后次序。

这10个人是小学教师、怀孕的妇女、足球运动员、12岁的小女孩、优秀

---

1. 活动一和四引自林孟平，《小组辅导与心理辅导》，上海教育出版社，2005，p.271-272、288-289。活动二和三引自樊富珉，《团体咨询的理论与实践》，清华大学出版社，1996，p.210-211。

的警察、著名的作家、外科医生、年长的和尚、名演员、生病的老人。

学生听完问题后认真思考，做出自己的选择，并将自己的选择和理由记录下来。同学们在小组里交流，大家充分讨论，各抒己见，各个人可以在讨论后修正自己的意见。然后，每个小组派代表介绍小组的决定和讨论情况。小组成员可以保留与小组决定不一致的意见。

出示10个人物的象征意义：

小学教师——知识，怀孕的妇女——生命，足球运动员——运动，12岁的小女孩——未来，优秀警察——秩序，著名作家——文化，外科医生——健康，年长的和尚——宗教，名演员——娱乐，生病的老人——道德。

这项活动蕴涵着丰富的寓意，可以比较充分地反映每个学生的价值观、理想和对未来社会的憧憬。讨论并不为求得一致的结论，而在于让学生在讨论过程中了解自己和他人的价值观，并通过他人的启发，调整自己的认识，认清生活中最重要最有意义的是什么。[1]

活动二　我的价值观

目的：促进学生对个人价值观作出探索，以期在人生种种选择过程中有比较具体的思考。

活动实施：

首先，教师分发给每个学生一张白纸，请他们写出个人生命中最珍贵的五项事物。这些事物可以是人物，也可以是事件；可以是过去的，也可以是未来的；可以是具体的，也可以是抽象的。同学们在书写时不必排序。接着，教师告诉同学们，现在面临一个特殊环境，各人不再全部拥有这五项珍贵的东西，一定要舍弃其中一项。各人思考并做出决定，大家交流舍弃的感受。依次类推，学生们在主持人的要求下逐次放弃，只剩下一项为止。每次都要以分享交流而终。[2]

活动三　价值尺

目的：帮助学生学会对生活问题理性的判断，克服思维上的绝对化倾向。

活动实施：

教师将准备好的问题写在黑板上，在问题下面画一条长长的虚线，作为

1. 活动一和三引自吴增强等，《班级心理辅导》，上海教育出版社，2001，p.195-199。
2. 活动二和四引自林孟平，《小组辅导与心理辅导》，上海教育出版社，2005，p.290，289-299。

价值尺度。然后确定这个问题的两种相反的观点，将这两种截然不同的观点写在虚线的两头。教师告诉同学：在这两种观点之间，有若干其他的观点，你们在这个问题上选择站在哪一点，并说说各自的理由。

问题示例如下：

（1）属于自己的事，你觉得自己有多少自主权？

价值尺 ————————————————

完全没有　　　　　　　　什么事都由自己决定

（2）你对家庭的依赖性如何？

价值尺 ————————————————

十分依赖　　　　　　　　完全不依赖

（3）你花钱的方式？

价值尺 ————————————————

有钱就花，顾前不顾后　　　　一毛不拔，分文不浪费

（4）一天中你有多少时间觉得很快乐？

价值尺 ————————————————

0%　　　　　　　　100%

（5）你觉得学校里学的功课有用吗？

价值尺 ————————————————

非常有用　　　　　　　　毫无用处

（6）你觉得自己目前的学习状况如何？

价值尺 ————————————————

非常认真　　　　　　　　敷衍了事

（7）你将来做父母用什么方式养育下一代？

价值尺 ————————————————

严厉控制　　　　　　　　完全放任

（8）你喜欢竞争吗？

价值尺 ————————————————

非常喜欢　　　　　　　　非常不喜欢

学生在说明理由时可能会有困难，教师可以适当帮助整理，对有些学生讲不清的问题不一定要说明理由。价值尺的意义是，在现实生活中，许多问题并不是非此即彼的，实际上，在两个极端之间存在一个很大范围的延续体，理性的选择和判断往往是在两极之间。

活动四　人生的最后时刻

目的： 探索个人的人生价值观。

活动实施：

教师告诉全班同学，由于某种原因，现在我们每个人只剩下最后一天的寿命，也就是我们只有24小时可以利用。如果每个人身体如常，可以自由思考和行动，你会如何使用这仅剩的24小时？每个学生认真思考后写下来，在小组内交流，通过自我探索，与他人分享，使学生对自己的人生价值观有更深入的了解，并指导自己日常生活。

脑力激荡活动

脑力激荡、集思广益是团体心理辅导活动独特的优势，常常在心理健康教育课程活动中为人采用。

活动一　比谁想得多

目的： 培养学生发散性思维。

活动实施：

教师先给同学们讲些科学家的故事，启发学生感受什么是发散性思维以及它的作用，如“第一台电报机的诞生”。

1832年秋，“不惑之年”的画家莫尔斯和医生杰克逊乘同一艘海轮由法兰西赴美国。一天，杰克逊向莫尔斯展示了一块电磁铁，并绘声绘色地讲起它的原理——环绕铁块的线圈接通电流，就会产生磁场，铁块即具有磁性；而断掉电流，磁场就消失，铁块即失去磁性。莫尔斯听后，脑海中涌起了新奇的联想到的问题——如果用电磁铁传送信号，岂不是在瞬息之间将消息传到千里之外？于是，他抛却了当艺术家的念头，决心通过解决上述疑难“问题”，去攀登前人未曾征服过的科技高峰。经过5年的攻坚战，莫尔斯终于用自己的智慧和双手，成功地制造出世界上第一台电报机。

然后教师可以向同学们安排些脑力激荡的作业：

在一分钟，写出带有“金”字旁的字，写得越多越好；

小组讨论砖的用处，各组派代表在黑板上写出，看谁写得多。依次还有铅笔的用处，报纸的用处。

活动二　比谁说得快

目的：训练思维的敏捷性。

活动实施：

8～10人一组，分组进行说反义词、近义词比赛，要求既快又正确。

（1）请用最快的速度正确说出下列词语的反义词：

批评、建设、支持、集中、隐瞒、成功、讨厌、怀疑、沉着、增加、上升、延长、黑暗、特殊、陈旧、谦虚、深刻、安全、复杂、容易。

（2）请用最快速度说出下列词语的近义词：

聪明、浪费、开始、宽敞、迟缓、简便、遵守、反对、冷淡、公开、文明、抓紧、犹豫、集中、崎岖、懒惰、善良、粗糙、暂时、巨大。

学说“绕口令”比赛，要求吐字清晰、发音准确。

（1）四是四，十是十，十不是四，四不是十，不要把十四读成四十，也不要把四十读成十四。

（2）我属龙，不能说成虫；蚱蜢是虫，不能说成龙。龙就是龙，虫就是虫，把龙说成虫，把虫说成龙，就会龙虫不分，虫龙不分，把虫当作龙，把龙当作虫。

建议比赛可设主持人一名，助理主持人四名、记分员一名。主持人向各组的参赛者逐个出示比赛题卡片；助理主持人分别坐在每组中，每组参赛者在10秒钟内向助理支持人说出答案；答对者，由助理主持人报告记分员；记分员在黑板上记录各组得分；再由主持人统计各组比赛成绩，并评出优胜组。

活动三　集思广益

目的：发挥集体力量，探讨解决问题的有效办法。

活动实施：

8～10人为一组，每组在主持人给定的时间内就某个题目发表意见（每题限时5～10分钟），但需遵守三条规则：一是不评论他人意见正确与否；二是尽可能多地出主意；三是争取超过别的小组。

题目可以事先根据团体目标设定，要求具体可操作。例如，“怎样减轻学习压力”，“怎样提高学习效率”，“怎样改进人际沟通”，“怎样克服受挫心理”等。

当主持人宣布开始，每个小组派一位同学记录，其他人七嘴八舌出主意，相互启发，列举各种可能的方法。主持人说“停”，各组把自己小组的意见贴在墙上，选一位代表解释这些方法。全班同学一起评论，看哪个小组办法最多，可以获得“优胜奖”。此外，还可以评“幽默奖”、“实用奖”、“有趣奖”等。

本章小结

1. 心理健康教育课程活动设计的依据，一是根据课程大纲；二是根据学生实际。前者更多的是预设性，而后者更多的是生成性的。如何能够既体现对学生共性问题辅导，又能对随机问题辅导，这就取决于活动目标与具体活动方案，它是整个活动设计的核心内容。
2. 活动目标设计要注意以下几点：目标应该与学生成长问题密切相关；目标应该明确具体；目标应该得到学生的认同。
3. 活动方案设计要注意：活动内容与目标的一致性；活动内容的完整性；体验习惯活动情境的设置；活动内容的适切性。
4. 活动形式的设计有以下几种常见的形式：角色扮演、团体行为训练、价值澄清、理性情绪法等。
5. 活动内容设计可以多种多样，常见的有：建立相互信任的活动、自我探索的活动、价值澄清活动、脑力激荡活动等。

问题讨论

1. 心理健康教育课程的活动设计有哪些要求？结合课例加以说明。
2. 什么叫角色扮演？试用这种活动形式设计一个活动方案？
3. 什么叫价值澄清？试用这种活动形式设计一个活动方案？
4. 请设计一个自我探索方面的活动。

第四章

心理健康教育课的教学过程

教学过程是指教师和学生为实现教学目标共同进行的动态活动过程，由相互依存、相互作用、同时不断展开的教和学两方面构成。[1]心理健康教育课的教学过程不同于传统的学科教学过程，它的教学过程有其自身明显的特点：强调学生的自我探索，强调学生的自助发展。因而，心理健康教育课的教学过程，不是一个灌输过程和说教过程，而是一个讨论过程、一个心灵沟通过程、一个情感交流过程。心理健康教育课以尊重为基础，以同感为前提，意在以心灵的沟通来强化学生自我反省与自我完善的意向，促进其健康成长。简而言之，心理健康教育课的教学过程以平等尊重关系为前提，以讨论沟通为基本手段。[2]

教学过程是课程组织的核心。本章主要讨论以下问题：

- 心理健康教育课的教学组织
- 心理健康教育课的教学方法
- 心理健康教育课的评价

第一节　心理健康教育课的教学组织

心理健康教育课的教学组织是指为完成特定的心理健康教育任务，师生按一定要求组合起来进行活动。教学当然有一定的活动结构，即所谓教学有法。但心理健康教育课的教学是一种创造性的过程，其效果取决于师生双方的创造性活动，从这个意义上来说，教无定法。[3]

1.《辞海》，上海辞书出版社，1999。

2. 曹梅静、王玲编著，《中小学心理健康教育课程设计》，广东高等教育出版社，2004。

3. 陈家麟著，《学校心理健康教育——原理与操作》，教育科学出版社，2002。

在心理健康教育课的教学组织中，要体现人本主义心理学以人为中心的教学思想。关于教学设计问题，美国心理学家、教育学家罗杰斯对传统教师与新型教师的作用做过一番比较。他认为，在教学设计中，一个优秀的传统教师考虑的问题是:“如何针对不同年龄阶段和发展水平的学生设计出最适合的课程？”“我能为学生设计出一套好课程吗？”“怎样培养学生对该课程的学习动机？”“用什么方式能使学生学到知识？”这些问题都集中在获得知识方面。作为学生学习辅助人员的新型教师，要考虑的问题则应该是：“学生希望学习什么？什么事情使他们困惑？他们希望解决什么问题？”显然，罗杰斯强调要从学生本身的需要出发，努力引导他们进行自我思考、自我指导和自我评价，力图把课程变成满足学生成长和个性整合需要的自由解放过程。[1]因此，承担心理健康教育课的老师要确立“尊重学生人格”、“助人自助”、“完整接纳每个学生”的教育理念，在心理健康教育课中，努力实现“参与、体验、分享、感悟、自助、发展”的境界，从这样的教育理念和教学境界出发，心理健康教育课的教学组织要抓好以下的环节：教学准备、教学进行和教学结束。

教学准备

要上好一堂心理健康教育课，课前的准备显得尤为重要，具体包括了解学生、建立关系、确定专题、内容选择和活动设计等方面。

1. **了解学生**。了解学生是教育好学生的前提，是有效进行教学组织的基础。优秀教师常说，“备课不仅要备教材，更要备学生。”只有充分了解学生，才能有的放矢地设计教学活动和得心应手地驾驭教学过程，为提高教学效果提供依据。从心理健康教育课的特点和要求来说，了解学生首先要了解学生的年龄特点、心理特点和该年龄段学生易产生的心理矛盾和心理期待；其次要了解学生近阶段关注的热点和需求、已经产生或可能产生的困惑；第三要了解学生对心理健康教育课的要求：学生在这方面有哪些需要、有什么具体问题、有什么期待、迫切程度如何以及喜欢的活动形式、有什么建议等；第四要了解发生在学生身边和周围的、引起大家关注或可讨论和引导的典型案例。以上这些要了解和收集的素材都能为提高教学效果提供依据。了解的方法可以有观察、访谈、聊天、小型座谈和简单的书面调查等。

1. 曹梅静、王玲编著，《中小学心理健康教育课程设计》，广东高等教育出版社，2004。

2. **建立关系**。师生之间融洽的关系是心理健康教育和辅导活动取得良好效果的基础。教师要在课前利用一切可能的条件与机会，与学生接触与熟悉，让学生喜欢你、信赖你，愿意与你接近、与你聊天，这将有助于课程教学活动的开展和把握。心理健康教育由于是一个问题讨论、心灵沟通的过程，师生之间的彼此尊重、相互理解是沟通的前提和条件，因此，师生关系应该是平等的、民主的和尊重的。[1]教师与学生的良好关系是上好心理健康教育课的重要基础。从某种意义来说，这种关系甚至比找资料、选题、设计活动等更重要，更需要贯穿和体现在与学生的一切接触当中，包括语言和非语言的。因而，建立关系并不仅仅在课堂上，而更应该在课堂以外的一切时空当中。[2]罗杰斯认为，教师对学生抱真诚（表里如一）、接受（无条件的积极的关心）和理解（移情地理解学生）的三种情感和态度，是让学生感受到自尊、自信，从而增强其行为责任感的重要条件。教师的任务是以人道主义精神创设一种真诚、坦率、赞扬、鼓励和主动投入的课堂气氛，以引导学生从课程中获取个人自由发展的经验。因此，他认为，应该把教师的名称改为学习的促进者。这非常精辟地说明了师生关系的重要，也是做好心理健康教育课课前准备的必要内容。

3. **确定专题**。专题的确定包括选话题和定标题。心理健康教育课程是一种饱含人文精神的课程。该课程要从人发展本身的需求方面去理解对儿童、青少年的教育问题，强调人的主体性和积极性，强调心理健康教育课程“助人自助”的旨意，调动一切积极的因素，努力使儿童青少年成为高素质、具有健全人格的人。因此，心理健康教育课不可能按照教材按部就班地进行教学，更不能拿着教材照本宣读，它需要从学生的实际出发去组织教学，因而专题选择就显得尤为重要。在课前，教师要根据对学生的了解，选择学生饶有兴趣的话题，并用确切的语言来表述。俗话说，“秧好一半谷，题好一半文”。一堂成功的课首先就要体现在课的标题上。标题是一节课的中心或“灵魂”，好的标题不但能起到“画龙点睛”的作用，突出主题，吸引学生，还能发人深省，引发相关的思维活动。题目生动简洁的思想表达本身也显示教师的思维能力和文学素养。处于成长中的儿童青少年学生，对于各种与自身发展有关的知识、

1. 叶澜，《教育概论》，人民教育出版社，1991。
2. 黄人颂，《学前教育学参考资料》（下册），人民教育出版社，1991。

现象都有着极大的好奇心和探求欲望，而且，这种探求兴趣往往是由某个新奇的名称引起的，教师了解这一点，可以有效调动起他们的参与积极性。话题选择要符合学生的年龄特点与心理需求，既生动活泼、富有情趣，又有丰富的内涵、耐人咀嚼，并富有兴趣性、时代性和启迪性。定标题要清晰、简洁、生动、贴切，并尽可能采用学生的语言和口气，让学生一看到专题的出现，就有一种要参与的欲望。具体来说，定标题要注意以下几点：第一，非灌输式、指导式的标题。在题目的设计上，教师要注意变化自身的立场和思维方式，即进行角色置换，从学生的认识角度提出问题，避免以成人对于问题的理解来代替学生的思维，要打破以往教育中常见的那种生硬的、灌输式的标题设计，如"早恋的危害"、"远离聊天室"等，这样的题目不容易接近学生；第二，趣味性、探索性的标题。标题设计要能吸引人的注意，能拓展想象空间，使人一看即感觉"有意思"、"这正是我想知道的"，从而产生浓厚的兴趣，调动学生思维的积极性。如果一个标题让人感到无非是老生常谈，或与自己无多大关系，那么，它是不可能发挥其应有的作用的。

请看如下比较有特色的标题：

小学：我真得很不错
有伙伴真好
嗨，男孩女孩
和"？"交朋友
自己的色彩

初中：你喜欢绰号吗
我欣赏的男生女生
我"形"我"秀"
面对生活的不如意……
我的幸福指数

高中：我最在乎的……
朋友，我该离你有多远
DIY Your Life
谈情说爱
生命中的美丽与忧愁

4. **内容选择**。教学标题设计的成功可以吸引学生的注意和兴趣，但要让学生能始终都保持这种注意和兴趣，教学内容的选择和组织就显得非常重要。心理健康教育课程可以不受某种教材和传统教学方法的限制，教师可以根据社会的发展和学生的不同情况，充分发挥自身的创造性，自行确定教学内容和方法，使课程从形式到内容都充满新意和活力，富有吸引力。

教学内容的设计要做到选材适宜，紧扣主题，贴近生活，亲近学生。具体应着重把握以下几点：第一，选择与学生成长有密切关系的或已引起学生普遍关注的内容。青少年学生在成长过程中会遇到许多困惑和难题，如有性成熟及其有关性别角色、异性相处、自我定位问题；还有同学相处、师生关系、与父母的代沟问题；更有直接由学习状况引发的关于自我评价、自我期待的可能偏差问题。此外，像网上游戏、交友、聊天、恋爱等新异刺激、青少年学生的整容美容风潮、校园的高消费和攀比之风、离家出走和自杀倾向等现象，都已对青少年的成长构成了极大的不良影响。心理健康教育课程应该触及这些问题，让学生在对现实的思考和选择中成长。第二，选择与学生经历有密切联系并符合学生思维水平的内容。在总体内容的设计上，可以心理发展的形式或内容为纵向的“经”，如以自我认识、自我体验、自我调节或生理自我、社会自我、心理自我为“经”，而以各年龄段的不同表现或特征为横向的“纬”，来“编织”一张个体心理发展的“全景图”。这样，即使在不同年级学习心理健康教育课程，也可以保证在具体内容上决不出现简单重复的现象。第三，选择与学生心理品质优化有积极意义和培养学生乐观进取的内容。心理健康教育课程的内容应以优化学生心理品质为主，应避免为引起学生的好奇或重视，而故意夸大或渲染各种心理疾病、心理障碍的范围和影响，尤其要注意避免给学生以不良的暗示，使之疑虑丛生，“对号入座”。我们的教学应该带给学生积极的影响；应该使学生对自己的状态和发展有信心，而不是成天担惊受怕，怀疑自己的心理问题；应该使学生提高对生活的满意度和幸福感，对自己在成长过程中所获得的一切关爱和帮助抱有由衷的感恩之情，而不是只会怨天尤人，文过饰非；应该使学生增强自我价值感和自我效能感，悦纳自己、相信自己，敢于负责、勇于创新，而不是自惭形秽，因循守旧，对人生持消极或偏差的态度。

5. **活动设计**。在本书第三章中有详细的讲述，在此就不再重述了。

请看一个比较完整的、系统的心理健康教育的专题和内容。

为帮助刚进中学的学生熟悉和了解同学，增进和形成班集体的凝聚力，培养学生的团队合作精神，提高解决、处理问题的才能，教师设计了如下包括八个小单元的心理健康教育的专题和内容：

① 萍水相逢。让刚相识的同学相互了解和熟悉。

② 喜怒哀乐。增强学生之间的情感交流，增近彼此的了解。

③ 旋转沟通。强化团体内聚力，加深相互认识、熟悉的程度。

④ 七嘴八舌。培养学生客观公正的态度，尊重他人的不同意见。

⑤ “我是国王还是兵”。训练学生在团体中分配工作、承担责任和善用权力等领导才能。

⑥ “和事佬”。掌握控制自己情绪和调解同伴之间冲突的能力。

⑦ “武功”秘笈。培养学生处理问题和解决问题的能力。

⑧ 生活馅饼。让学生形成时间管理的观念和学会自己调配时间。

教学进行

要把一堂心理健康教育课上好，教师要组织学生积极参与游戏和活动、讨论和分享，这就必须抓好三个主要的环节：专题的导入、活动的展开、发问与反馈。

1. **专题的导入**。教学过程的开始很重要，也就是说专题的导入很重要。上课伊始，教师的主要任务是激发学生参与活动的积极性，让同学们提高兴趣和有所期待，以便能更好地配合教学。在座位的安排上，可以打破传统的秧田式，采用环形、矩形、马蹄形、梅花形等的排列方式（见下图），如果班级人数比较多的话，可以采用双环形、多矩形、双马蹄形、多朵梅花形等方式。这样的座位方式，可以使同学们能面对面地直接进行交流和沟通，也便于与老师实现无阻隔式的交流与沟通，有助于促进课程的展开。

根据实践的总结，专题导入有以下多种方法：

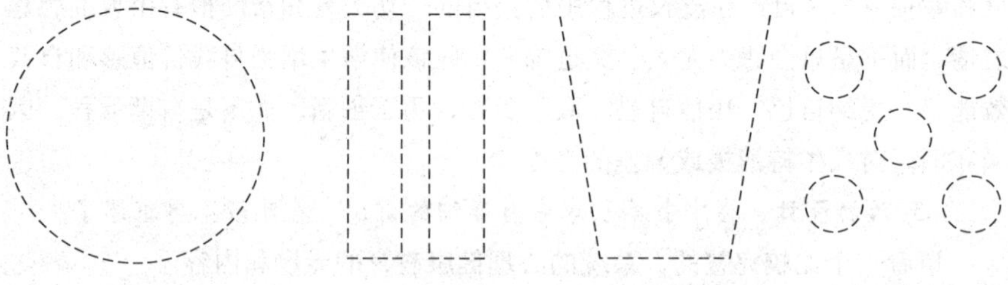

环形　　矩形　　马蹄形　　梅花形

(1) 热身法。在课程开始时，可采用一些唱唱跳跳或听听音乐歌曲等方式，来调适原本比较严肃或紧张的气氛，以“激活”学生参与活动的积极性，并使学生注意集中、精神抖擞，调整心态，准备上课。热身活动的内容，一般都与本课的专题有关。热身活动的形式要根据学生的年龄特点来设计。

(2) 开门见山法。教师以生动有趣、简洁清晰的话语作为一个开场白，一开始就直截了当地引出要讨论的主题，以解除学生的困惑，增强其活动的意识性和目的性。例如，一堂高中学生的专题为“天生我材”的心理辅导活动课，教师在一开始上课就说：“你生来就是冠军，一出生你就成功了。在你的人生道路上，你是一步一步走向更大的成功，这就是今天这节课的主题：天生我材。请说说你对成功的理解，你认为什么是成功？”

(3) 发问法。通过提出与主题有显性联系或隐性联系的设问导入。例如，一堂初中学生的专题为“思维陷阱”的心理辅导课，开始上课教师即对同学们提问：“什么老鼠用两条腿走路？”学生马上会回答：米老鼠。老师接着问：“什么鸭子用两条腿走路？”学生又立刻回答：唐老鸭。话音刚落，学生马上就发现了问题，因为所有的鸭子都用两条腿走路。老师就在同学们的笑声中引出了本节课的专题：思维陷阱。

(4) 案例法。教师可选择发生在学生身边的事情，可通过教师讲述，或事先用摄像机拍下部分场景，或让学生用小品的形式表演等来表达，从而引入专题。

(5) 故事（影片、录像）法。老师可借助同学们熟悉的或不熟悉的故事，或者播放事先剪辑好的影片片段，看完后又提出一些相关的问题而引出主题。

(6) 自我袒露法。通过教师向学生真诚袒露发生在自己身上的事情以及感受来导入主题。例如，一位小学教师问同学们，你们已经注意到老师今天的情绪不好，想不想知道我的心情为什么不好？……这次是我第三次去参加普通话考试了，心里一直很紧张，不知道自己这一次能否通过，心情很不好。……有谁能帮助我吗？……今天我们的活动主题是“解心结”。你们是否也有与我一样的烦恼和困惑呢？

除此以外，还有引导回忆法（让学生回忆曾经有过的生活经历）、自我测试法（让学生进行与主题有关的、有兴趣的简单测试题）、游戏活动法、悬念法、创设情景法等。

总之，在心理健康教育课开始阶段，教师应力求营造一种平等、轻松、和谐、愉悦、开放、欢快的课堂气氛，让学生从中感受到本课程的特点和吸引力，使其带着期待和希望去进入角色。“好的开始是成功的一半”，学生能够从一开始就对课程形成一种良好的印象和“乐之”、“好之”的态度，对以后的学习及其效果，都有重要的影响。

2. 活动的展开。心理健康教育课有许多游戏和活动，但游戏和活动都不是教学的真正目的，它们只是为了实现教学目标的手段，为了让学生能在活动和游戏中获得体验与感受，增强情绪情感的影响力、感染力，教师可运用以下方法对教学进行组织：

（1）引导方法。在教学过程中，教师应善于引导学生投入角色、投入活动之中，积极参与讨论。教师要注意调整自己的身份（通常是扮演一个较为次要的角色）；要注意自己的站位或坐位（教师要融入到学生当中，面向全体学生，与他们“平起平坐”）；要注意自己的语言、语调，教师要有亲和力、亲切感，用商量、尊重、接纳的语言来引导学生。在学生思考问题前后，教师可以用诸如“你是说……”“你觉得……”“你相信……”等话语，引导学生思考并充分表达自己的情感和想法，以促进团体的分享和沟通。教师的作用是促进讨论和对讨论活动进行适当调节，保证讨论不离题、不冷场。教师可用如下的语言和方法来引导学生深入讨论：“让我们看看，我们正在讨论的……对于×××同学刚才提到的想法，你的看法如何呢？”“我感到有些同学似乎有不同的看法，能与大家说一说吗？”“我觉得，这个观点只注意到了问题的一个方面，谁想到了另一个方面？”……通过这些语言，力求激发学生的思考活动，并使其充分表达自己的思想情感，以促进团体内开放性的沟通。

（2）明朗化方法。教师除了反馈学生所说的话或者表明的情感外，有时还需要进一步将学生想要说而没说清楚的情感和领悟明确化，也就是说，教师要把学生模糊隐含、未能明确表达的情感和想法充分地表达出来，以帮助学生了解自己，增进同学之间的理解和沟通，有助于师生之间的情感沟通和融洽。

（3）面质方法。学生有时会回避自己的真实想法和情感，或逃避自我应负的责任，或为自己的不当行为寻找各种借口。在这种情况下，教师有必要面质学生，帮助学生觉察自己的感觉、态度、观念和行为上不一致或欠缺协调的地方，促使其自我思考、分析、判断，勇敢面对现实。当然，在面质时，教师要注意语言和语调，要建立在对学生理解、尊重和接纳的基础上，既要肯定学生已有的思考和想法，又要用平等的、商量的口吻来点出学生不愿面对的现实和问题，切忌以居高临下的姿态、自上而下的语气去指责或批评学生。教师可以用假设的态度、缓和而有弹性的语气来提问，如可以用这样的话语："事情会不会是这样的，你（你们）想成为……但并不一定都能梦想成真？""刚才，你们（或×××同学）已经说出了自己的想法，可是，老师似乎觉得还缺少点什么，能否对……大家再深入思考一下，再想一想、议一议，你们一定会有新的想法和认识。"

（4）连接方法。连接方法犹如以线穿珠，即在教学过程中，教师要把零碎的资料、素材，通过连接、归纳、总结等方式，形成较为完整的资料，以帮助学生获得完整而系统的经验。另外，在活动或游戏之间也要注意自然的衔接和引导，以便于学生感悟。

3. **发问与反馈**。心理健康教育课强调让学生在参与活动中体验和感悟，活动后的感受分享与教师的引导是必不可少的，心理课的互动性和开放性特点要在此得到充分的体现；心理课的"参与、体验、分享、感悟、自助、发展"的境界也要在此得到切实的贯彻，这就需要掌握发问和反馈的技巧。

关于发问。一般来说，心理健康教育课有如下各种情况的发问：导入主题的发问；创设情景后的发问；游戏活动后的发问；角色扮演后的发问；引导学生讨论或思考的发问；出现"冷场"的发问；教学结束的发问（归纳与延伸），等等。

教师的发问在心理健康教育课中的作用很重要，教师不能是为了提问而提问，而是要围绕教学目标来设问。通过发问，可以引发学生的思考和讨论，从而提高教学目标的达标度。因而，教师的发问要注意以下要求：

第一，要重在情感（而不是重在认知），慎用"为什么"。教师发问的着眼点在于引导学生感受情感，表达情感，并充分考虑和尊重学生的感受，避免伤害和触及隐私。心理课要"让学生向你倾诉衷肠"，"明白感受要比明白真相更重要"，这就要求教师在提问时慎用甚至不用"为什么"。因为，我们知道，当老师提出“为什么”后，学生的回答就不再在情感上，而转向了认知和讲大道理了。

第二，要有针对性，有一定的深度。问题涉及的内容应该符合最近发展区的要求。心理学家维果茨基结合教学活动提出了“最近发展区”的概念。他认为，为了使教学能真正促进学生的发展，至少应该确定儿童的两种发展水平：一种是已经达到的发展水平，表现为儿童能够独立解决智力任务；另一种是儿童可能完成的发展水平，表现为“儿童还不能独立地解决任务，但在成人的帮助下，在集体活动中，通过摹仿，能够解决这些任务”。在这两个水平之间的区域就是“最近发展区”。维果茨基认为，教学提出任务的要求只有落在“最近发展区”内，才能有效地推动人的发展。也就是说，教师提出的问题不是学生一下子就能回答的，但又是经过思考讨论以后能够回答的，这就是最近发展区的问题；要避免或尽可能少地问“好不好”、“要不要”、“有没有”之类简单的封闭式问题。同时，提问要符合学生的基础，充分考虑学生的感受程度、接受程度与认知水平；发问内容要来自学生生活中的体验、感受或困惑。

第三，内容要具体、明确、有效。提问的内容要避免空洞说教，一般可选择开放式的提问方法，并且可在问题的前面加上一定的范围，如“通过这个活动，你想到了什么？”“这个活动，对我们与父母的沟通技巧方面有何启示？”后者的问题就比前者要来得具体，表面上看起来这给同学们的感悟加上了限制，而实际上是给了他们引导，使他们找到了方向，又让这种感受分享促进了教学目标的实现。提问要有效，是指所提的问题要是同学看到、听到或能悟到的，是能够引起他们兴趣的。比如，在上“面对异性交往中的困惑……”的专题课，老师要通过事先对同学们的困惑进行收集和整理，总结出几个颇具代表性的问题——“高中生不谈恋爱是不是落伍？”“我觉得我喜欢上了一位女生，我是否要向她表白？”这些来自同学中的问题才可以引起他们的共鸣，使他们更积极地参与到讨论之中，这样的提问才是有效的。

第四，要注意语言的言简意赅、语气的亲切婉转。心理健康教育课的引导更多的是通过提问和归纳来完成，教师提问的语言不要多，让人“恍然大悟”，而要做到这一点，不仅要求老师有精深的专业知识，还要求老师有深厚的语言功底和严谨、敏锐的思维能力，需要教师学习、再学习，实践、再实践。提问的时候，要让学生感到教师对他们的一种信任和期待，感到教师对他们的关爱和理解，这就特别要注意讲话的神态、语气、表情和肢体语言。

第五，要尊重学生的感受。教师要用尊重、平等、理解来营造心理课的氛围，进而强化师生之间的尊重、平等和理解，这将有助于学生的心理健康和教学目标的良好实现。在心理活动课上，学生的发言要以自愿为主，老师的提问也不是传统教学中的提问，不一定要学生回答出是非对错。心理活动课上的提问仅仅是为了提出话题，引发学生自由讨论，所以，提问要充分考虑学生的感受，要能带给学生平等交流的感觉。教师的提问不要有对立性，也不要咄咄逼人，让学生感到有一种压力而难以回答，或不愿回答。请看如下的提问："你认为是否有必要向他人表达你对他的欣赏，即赞美他人？"……"为什么？"当同学站起来回答了第一个问题之后，又紧接着追问为什么，这第二个问题就有了一些强加的意味，也很可能让学生因为感到意外而不快，有些同学这时就会回答："没有理由。"这样既无法达到提问的目的，又破坏了课堂的氛围。所以，在课堂上，要注意把这种先问"是否"，再问"为什么"的问法，转变为"你对……怎么看"的提问，就会让学生感到教师对他的尊重，并能引导学生充分发表自己的见解。

第六，要根据班级、学生的情况而选择不同的方式。不同的班级有不同的班风，不同的学生有不同的性格。有的班级氛围活跃，很容易引起讨论，那么，可以直接给他们一些开放性的问题，让他们自由发言、讨论；有的班级比较沉闷，就可以先用封闭式的问题，让同学选择，然后再找到同学间观念上的分歧，"刺激"他们展开讨论。比如，在讨论中学生恋爱现象时，可以先请比较赞成中学生恋爱的同学举手，再请不太赞成中学生恋爱的同学举手，最后让双方分别阐述理由，引起争议。

心理课上提问的技巧还有很多，许多技巧与其他学科是有共通之处的，无法归纳周全，但还想要提醒的是，心理课的主要目的是要促进学生的心理健康、人格完善，所以，要注意提问面的广泛性，给予每一个学生，尤其是较内向的、不善言谈的学生更多的鼓励、认可和机会，使他们在参与中完善自我。

关于反馈。一般来说，心理健康教育课有如下各种情况的反馈：学生分享交流后的反馈；游戏活动之间的反馈连接；"突发情况"的反馈；教学结束的反馈（归纳小结），等等。

教师的反馈同样也在心理健康教育课中有重要的作用。反馈就像一面镜子，可以清楚、真实地把学生的情感和想法反映出来。这面镜子也给学生提供了自觉、自动修改自己意见、观点的机会。因而，教师的反馈要注意以下要求：

第一，要注意及时效应。教师要及时正确地把握学生所表达的思想情感，并将其反馈给学生，使学生知道教师和同学是关注他、接纳他、理解他的。同时，也使学生能更好地了解和澄清自己的思想。

第二，要用询问、征求意见的语气。反馈是一种认可，更是一种引导，通过教师询问式的反馈，可以让学生进一步去思考、去分析、去比较、去判断、去选择。例如，在学生交流分享了自己的感受后，教师可以问："×××，你是说……对不对？"也可以请另一个同学来概括前一个同学的想法，等等。

第三，适当运用教师的"自我表露"。在学生交流分享的过程中，有些感受与领悟可能与教师自身的经历有相似之处，但学生的思考又不够深入，比较肤浅，教师可以用反馈的方式让学生分享自己的亲身经历与感悟，既体现了师生之间真诚平等的交流，又可以启发学生深层次的思考和领悟。教师运用"自我表露"要做到确实是真有其事，不要虚假编造；要适当、适度，不要喧宾夺主。

第四，要注意教师情感投入的"三情"：真情、激情、"煽情"。心理课非常注重师生之间的心灵沟通和情感交流，非常强调师生之间的真情表露和共同分享，这些都集中在一个"真"字和一个"情"字，因而对于教师来讲，特别要注意真实情感的投入，教师要有真情，而不要虚假；要有激情，而不要无情；要善于"煽情"，而不要无动于衷。这些就要体现在教师对学生的反馈之中，只有这样，心理健康教育课才有感染力，才有吸引力，才会真正受到学生的欢迎和喜爱。

综合以上所说的提问与反馈，在心理健康教育课的教学组织中，要注意把握好以下引导分享与反馈的三步曲，也就是说，在具体引导学生思考讨论分享的过程中，教师的提问和反馈可分成如下三步进行：第一，发生了什么（包括游戏活动过程中团体成员的互动情况、目标怎么达到的、任务怎么完成的等）；第二，发现了什么（包括从刚才的游戏或活动中，从团队整体中发现了什么，学习、领悟到了什么等）；第三，学到了什么（包括回想所习得的、所感受的，与实际生活有无联系、帮助和启发，如何运用等）。

教学结束

心理健康教育课的结束通常不必如学科教学那样对所讲所学的知识进行归纳与总结，但它也要有一个结束的表达。一般可采用以下方法:

1. 回顾与反省。师生共同回顾刚进行的讨论和活动，引出最有感受的，并提出自己的看法和建议；也可检讨一下刚才活动的过程中，有些什么需要改进的地方。这不但可以培养学生的责任感，也可以加强学生对心理课的参与感，提高学习的积极性。
2. 计划与展望。教师可引导学生对自己在课后（或今后）进行规划和展望，激发其改变和实践的积极性；也可以让学生对以后的课程内容和方法提出希望和建议。这样做，有助于促进学生对学习的个人意义的发现，让学生在一定程度上参与选择有关的学习活动内容，则更是体现了心理健康教育“以人为本”的基本指导思想。
3. 祝福与激励。师生之间、同学之间，可以自制些小卡片、小礼物互相赠送，也可以通过教师对学生、学生对学生讲一些祝福语等，互相祝福，以资鼓励。

以上三种方法是为了巩固教学效果，留下美好回忆；是为了启发思考发现，促进健康成长。在进行教学结束语时，教师可以运用提问式、期盼式、阅读式（发放一些阅读资料给学生）、活动式、强化式、点题式、暗示式和归纳式的方法进行。

请看一位老师的结束语。这是一节高一学生的主题为“我的声明书”的心理课:

今天这堂课的活动到这里暂时告一段落。在今天，我们了解了自己的时间管理状态，也感受到了时间的一种紧迫感，同时我们探索了自己的价值观和人生观，然后又了解了时间管理的原则。在这众多的活动中，最后我们完成了个人的声明书。我们每个人都十分的有感触，可能你的感触就如×××同学那样的很有个性，可能你也感受到像×××同学那样的要珍惜时间，也可能你像……我希望每个同学都将这份感触带回去，带到你的日常生活中，也可将你的时间馅饼重新做一个分割，这些都留给大家课后去完成，下次我们再来交流，并学习管理时间的具体技巧。

此外，教师在教学组织过程中，还要注意一些问题，如情景的构建、环境的布置、时间的把握、主题的渐进；对学生的欣赏、平等、公正以及善于观察、适当参与和表现幽默等。

多年的探索和实践，我们总结了心理课的一般流程图如下：

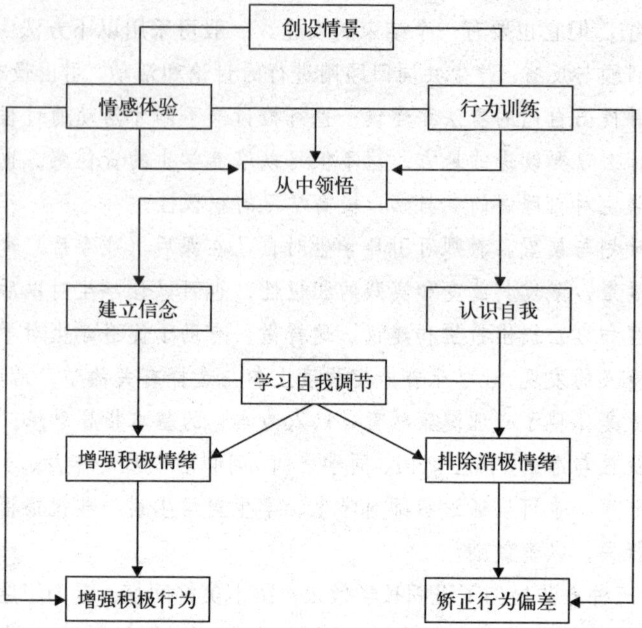

心理健康教育课流程图

第二节　心理健康教育课的教学方法

教学方法是师生为完成一定教学任务在共同活动中所采用的教学方式、途径和手段。教学方法绝不是教师单方面采取的行动，而是教师在了解学生特点的基础上，调动学生的积极性，使之共同参与教学活动的方式或手段。心理健康教育课程的教学目标不是传授心理学的知识，而是要通过一系列的心理辅导活动，让学生从中认识自我、接纳自我、发展自我，提高自身的心理素质，培养乐观、向上的心理品质，促进人格的健全发展。因此，心理健康教育课有其独特的教学方法，它有别于学科的知识传授，不刻意去阐述心理学名词概念，而是深入浅出地帮助学生在轻松愉快的活动中受益，也就是说，心理健康教育课要注重学生的年龄与心理特点，注重学生关注的热点与需求，注重学生的参与与感悟，注重师生、生生的互动和交流。

教学方法的设计需要注意的问题

心理健康教育课程与一般的以教师讲授为主的学科课程不同，其教学是通过教师和学生的共同参与和互动来进行的，而学生的参与热情和投入程度对教学效果的影响最大。因此，教学方法的设计要充分考虑学生的全员参与和真情表露，但是又不能为了引起学生的注意和兴趣，只追求设计的形式、步骤和具体环节的丰富多彩，使之越热闹越好、越离奇越好；更不能以活动形式的丰富程度、新奇程度和学生表现的活跃程度、兴奋程度来评价一节课或一次活动的优劣和成败。这种认识是片面的，也是危险的，它会把心理健康教育课程引向形式主义的歧途，使之变成一场矫揉造作、浅薄的闹剧。有鉴于此，心理健康教育课程教学方法的设计须注意以下几个问题：

1. **讲求实效，不搞花架子。**教学方法的设计要根据教学目标的要求，依据内容的需要来选择，而不是为了活动而活动，为了形式而形式。在实际教学中，常常会看到这样的现象，在教师的刻意编排下，课内充满着既不能反映教学内容、也难以达到教学目标的活动安排，如缺乏事先的充分了解、不能真正畅所欲言、了无生气的所谓“问题讨论”；一个又一个填满了教学时间、学生看似玩得高兴却又毫无内涵的游戏活动；并非出自学生的经历而由教师来“图解”有关知识编导的小品或角色扮演等。这些看似丰富多彩、令人目不暇接的“活动”形式，由于缺少内在的积极思维、探究活动的支撑而显得空洞和肤浅，无助于实现心理健康教育课程的目标。

2. **从学生实际出发，不超越学生的现有水平。**教学方法的设计除了根据教学目标和教学内容以外，很重要的一点是要依据学生的年龄、心理特点，即学生现有的思维水平和接受能力，千万不能为了图新鲜、创新颖而别出心裁设计游戏和活动，却将学生的现状和能力抛在脑后。曾听过一堂小学高年级的心理课，教师组织了两个关于价值澄清的游戏，学生只是在被动地跟着老师的要求去做，全然不知其内在的涵义，更不要说有所收获，有所启发了。课后，我曾问该老师怎么采用这样的游戏，她说，参加培训时觉得这个游戏很不错，也就未考虑学生的接受能力和思维水平而照办了。她还说，其实在上课游戏的过程中，自己也已经发现了这个问题，学生不理解，也就谈不上效果了。

3. **面向全体学生，不忽略学生的个别差异。**在心理健康教育课程的教学中，教师不是指点迷津的权威，但却是肩负着促进和帮助学生获得发展的重任，而学生是有个别差异的，只有面向全体学生，重视其个别差异，才能更好地促进和帮助他们。因此，在教学方法设计中，要想办法创设让所有学生都能积极主动参与学习和活动的机会，可以设计集体活动、小组活动和个别活动等环节，以便能调动不同层次学生的兴趣和积极性。

4. **发挥多媒体辅助作用，不让它"喧宾夺主"。**随着多媒体手段的运用和普及，其所具备的视听形象的生动有趣性、资源丰富性和资料易取性等特征，为教学方法的设计开拓了极大的空间，要充分发挥其多方面的功能，但不能过度依赖它，不能让它取代了学生的主体地位，代替了学生的活动和思考。在实际教学中，有的老师过分依赖多媒体的生动形象性，整段整段的教学时间都让学生在观赏，事后只是非常简单地让学生说说看后的感想，很不利于学生的积极思维和充分交流。而且大多数多媒体课件在交互性方面有明显的不足，它只是单向的灌输，而不是双向甚至多向的互动，不利于学生的即时反应和灵活应变。

常用的教学方法

心理健康教育课没有固定的教学模式，也没有规定的教学方法，但它的教学方法特别强调学生的参与、体验、感受和领悟。在多年的教学实际中，我积累了一些常用的、有效的、受学生欢迎的教学方法，特将其介绍如下:

1. **"热身活动"法。**这种方法一般用于心理健康教育课的开始。"热身活动"顾名思义就是让全身"热"起来的活动，好比是运动员参加比赛之前的准备活动。"热身活动"的目的就是要让学生尽快地兴奋、活跃起来，积极投入到接下来进行的各种形式的活动中，尽情地参与，大胆地开放自己。"热身活动"的设计可以根据学生的年龄特点，有时可以没有什么明确的目标，只是让学生开心、兴奋；有时可以是围绕教学目标而设计的活动，它是一个序曲，或是一个前奏。它不求“最好”，但求“投入”，创设宽松的心理氛围，调动积极的参与热情。“热身活动”的形式不限，完全可以根据学生的年龄和场地的许可来设计。一般来说，对低年级的学生，可安排做健身操、游戏，对高年级的学生可安排故事、歌曲、录像等。

2. **情景体验法**。心理课教学是一种情感体验过程。情景体验法就是要通过教师的设计，让学生进入模拟情景、实际情景或想象情景中去体验、去思考、去分析，了解自己的心理反应，获得情感体验，培养适应能力的一种方法。例如，对考试过度焦虑的学生，可以设计模拟考试的场景，反复训练，不断强化，使学生的焦虑逐步消退；对学习自控能力不强的学生.可以带他们到学校或校外最热闹的地方去看书，讨论问题，作业练习，从而测定和训练学生的自控能力；要培养学生的想像力，可以通过辅导老师的指导语，在特定的场景中，在音乐的背景下，启发学生进行想象活动，并让学生把自己的想象叙述出来、表达出来。通过情景辅导活动，让学生分辨哪些情绪情感是消极的，哪些情绪情感是积极的，学会调节、疏导不良情绪，提升健康的情感。

情景是心理课达到理想效果的重要载体。华东师范大学杜殿坤教授认为，“情景带有教育者有意识地为儿童及心理全面发展创设一种最佳场合的意思。”心理辅导教师在创设情景时要注意三点：第一，要充溢情感，以心造境，情境合一；第二，创设情景是一种暗示、一种渲染、一种陶冶，要关注师生、生生之间的心理相容程度，要注意师生、生生之间的和谐平等；第三，要精心策划，周密组织，在内容的选择、程序的设计、载体的运用、手段的更新以至具体细节上，都力求围绕主题，严密有效。

3. **讨论分析法**。讨论分析法是所有教学活动中使用最为普遍的方法。讨论分析法是指在老师的引导和组织下，学生对某一专题各抒己见，经过交换意见或辩论，集思广益，交流思想和感受，促使问题的解决。从形式来说，讨论分析方法通常采用小组讨论和全班讨论两种形式，小组讨论的形式比较常用，而且效果比全班讨论来得好。

小组的组合可以是老师随机指定，也可以是学生的自愿组合，一般以自由组合为主。这样的组合有利于学生的广泛交往，有利于学生畅所欲言。从内容来说，除了集中讨论一个专题以外，还可以采取分专题讨论的方法。在讨论过程中，如果分组讨论同一主题，则全班集中时，各组代表发言又难免重复，因此，采用分题讨论法较好。

分题讨论法就是把一个大的主题分成若干个不同的小专题，每一个小专题均围绕主题而设，是主题的组成部分。主题和小专题需要教师事先精心设计，而且它应该是学生最关心、最困惑、最迫切想解决的问题。题目设计得新颖有趣，学生就会感到有话可说，有话想说，不吐不快。只有这样，他们才有充分参与和表现的机会，才会感到他们是自己思想和行动的主宰者，他们的自主性和选择性才能得到增强。

全班讨论时，可采用头脑风暴法，运用集体思考和讨论的方式，使思想观念相互激荡，发生连锁反应，以引出更多的意见或想法。教师要注意营造一种自由、民主的氛围，让学生真正畅所欲言，允许异想天开，想法越多越好，不允许批评别人的意见，但可以将别人的意见加以组合和改进。

在采用讨论分析法的过程中，教师要做到导而不牵，循循善诱，达到自我教育的目的，并要注意引导学生变被动的听众为主动的演说者；注意引导学生变片面为全面；注意变注重结论为注重过程。在讨论过程中，让学生共同分享的不仅仅是感受，还有彼此的关怀与支持。学生的每一个观点都会受到同学们真诚的关注。大家会极其耐心地倾听，设身处地地理解，积极主动地补充与修正。小组中这种新型的人际交往模式，不仅能增进大家的亲密感、信任感，还能促进同学间的接纳与关怀，增强学生的自信。

4. **心理自述法**。心理自述法是指让学生自由地表述自己心理状况，也就是自己述说事情的经过和感受的一种形式。这种形式既是情绪宣泄的合理方法，也是引导学生深入思考有关问题的方法，它可以激发学生运用心理学的相关内容认识自己、分析自己的兴趣。一般情况下，学生喜欢把喜悦与人同享，忧愁与人分担。活动一般采用学生自愿的原则，讲述自己对事件的感受、讲述自己的某次经历、讲述自己成长的过程、讲述自己的家庭、讲述自己的朋友等。低年级学生还可以通过“自画像”，让大家认识自我。学生用自述把情绪感染给大家，达到产生情感共鸣，有利于辅导的效果。这种形式可以培养学生的语言表达能力；培养学生的自信、自我反省、自我认识的能力；锻炼学生的思维能力和克服害羞心理。心理自述法是学生参与心理辅导活动的基本方式，所以，活动课要求每个学生通过自述，认识自己、了解别人。在具体运用的过程中，教师固然要善于引导学生表达自己的内心，但应注意尊重学生的人格，不触及学生的个人隐私。

心理自述法还可以从课内延伸到课外。尤其对初中以上的学生来说，更可以经常采纳。对有些话题仅靠课内的讨论和交流，受到时间、空间的限制，有的学生觉得言犹未尽，有的学生觉得回味无穷。老师就可以及时将课内的讨论思考延伸到课外，让学生将未及讲完的感受或思考，或深层次的启发和领悟，写在特定的本子上，并给本子起一个自己喜欢的名字，如有的学生将其起名叫“内心独白”、“心灵轨迹”、“心底语音”、“心声回想”、“回音壁”等。这也是一种心理自述，不同的是，它通过笔来述说，可以弥补课堂内时空不足的缺陷。至于该本子是否要交给老师，可让学生自己决定，愿意交给老师的话，老师可运用该阵地与学生进行坦率真诚的书面交流和沟通，深受学生的欢迎。

5. **游戏活动法**。游戏活动法是指以游戏作为中介，让学生通过游戏活动的参与，在轻松、愉快、和谐、活跃的氛围中自由表露自己的情绪，投射自己的内心世界，体验与反思自己的行为，分享同伴的经验与感悟，从而达到某种建设性效果的心理辅导活动。福禄培尔曾经说过，游戏是儿童内心活动的自由表现，是儿童最纯洁、最神圣的心灵活动的产物。正是这种“自由”，使学生摆脱了某种外在的控制和约束，让他们尽情地展露自我。这样既便于心理辅导老师与学生进行心灵的沟通，又便于激发学生参与活动的动机和兴趣。因此，作为学生喜欢的游戏活动，它不仅可以带来欢乐，而且也是智力、情感、社会性发展的一种途径。游戏对青少年儿童心理健康发展的作用，国内外许多学者多有论述。美国学者B. D. 戴伊认为，“游戏对于儿童情感的满足和稳定具有重要的价值。游戏是他们表现自己情感的一种方法，与其他人一起进行表演游戏和艺术性活动使他们的情感得到了表现。如果创造性成就欲望得到了极大的满足，那么就可以为自我约束和自制提供一种动机作用。游戏对心理保健是必要的。……游戏是克服情绪紧张的一种手段。”[1]美国学者K. S. 舒斯特则指出，“在维持儿童和成人的情感平衡或积极的心理健康方面，游戏成了一个必不可少的条件。”[2]

在心理课的游戏活动中，学生不知不觉地流露出真实的喜怒哀乐，也

1. 叶澜，《教育概论》，人民教育出版社，1991。

2. 黄人颂，《学前教育学参考资料》（下册），人民教育出版社，1991。

显露出存在的问题。在游戏活动中，学生可以满足平时无法满足的欲望，宣泄被压抑的情感，揭开人格的面具，使自己变得真实、豁达，进而促进人格的自我完善。教师可以根据学生的需求和教学目标设计不同的游戏，竞赛性游戏可以培养学生的竞争意识和团队合作精神；非竞赛性游戏可以减轻学生紧张或焦虑，获得轻松愉快的情绪体验。学生在游戏的欢乐气氛中感受友爱、合群的快乐，减轻或消除交往障碍；培养竞争和合作精神，改善人际交往的状态。在游戏中，学生会感受到同伴之间是相互依赖的，只有相互的支持和合作才能实现团队的目标和自己的目标。同时，在与对手的游戏对抗中，学生的竞争意识得以增强，耐挫力得以提高。游戏可以帮助学生认识规则，遵守规则。学生在游戏中不知不觉地学习了规则，懂得了遵循规则的重要，在欢声笑语中培养了良好的习惯，提高了助人和自助的能力。

6. **讲授法**。讲授法是教学中常用的方法。讲授是老师运用口头语言，或借助其他手段，通过生动有趣、内涵丰富的讲授和演示来启迪和教育学生，以影响学生的认知和行为的一种教学方法。教师可以通过暗示、引导、质疑等方法，让学生发现自己的非理性信念，从而使之建立合理的思考方式。讲授既可以是教师的口头讲解，也可以采用多媒体的教学手段；既可以是简短的说明，也可以是系统的理论传授。值得注意的是，讲授法不能简单地理解为就是教师发出信息、学生接受信息，教师讲、学生听。在讲授过程中，师生思想观点、情感态度的交流、互动是十分重要的。在心理辅导活动课中，十分强调教师与学生之间的沟通，教师与学生之间的互动。心理辅导课的教学主要是一种活动形式，但教师可以根据学生的需求、专题的需要和学生的年龄特点，适当采用一些讲授的方法，尤其是对高年级的学生，还必须从理论上给以讲授、辨析，帮助学生理解和接受。对学生参与的活动和游戏也可作一些深入浅出的理论分析。通过分析心理现象，提高认知水平。当然，辅导课程教学的讲授，必须依据事实、善于归纳学生的内心世界，帮助学生分析自己、认识自己，从而完善自己。

类似于讲授法的还有阅读与讲故事。教师可以向学生推荐有针对性的读物，让他们在阅读中交流想法，讨论不同观点，既可以益智、怡情，又可以有助于学生态度的改变与人格的发展，是一种轻松学习、深切领会的教学方式。同时，利用儿童青少年喜欢听故事的心理特点，教师可以讲述一些有趣而又有内涵的故事，让学生从中有所收益。

7. **综合法**。综合法就是对以上各种辅导活动方法的综合运用。一般来说，一节心理健康教育课，单用一种方法进行是极少的，通常要运用多种方法进行教学和引导。这是由于学生心理现象的多变性、辅导方法的多样性、心理活动的差异性、学生参与的兴趣性决定的。综合法不是一种简单的组合，不是形而上学的搬用，而是要求老师根据学生的年龄特点和心理发展的规律，根据辅导内容的内涵和需要，根据不同班级学生的特点和班风的不同，有目标、有计划地进行合理的选择和组合，以提高辅导活动课的实效。

需要说明的是，在心理健康教育课上究竟选用哪些方法为佳，要综合考虑各方面的因素。例如，活动专题的内容、学生的年龄特点、学校和班级的条件、时间场所的许可等；小学生对游戏、讲故事等较感兴趣；初中生对辩论、竞赛、角色扮演等较感兴趣；高中生对自我测试、理性分析、讨论等较感兴趣。在选择方法时，应当考虑以上种种因素，尤其是学生的年龄、心理特征而灵活运用。[1]

第三节　心理健康教育课的评价

课程评价的思路

心理辅导课作为专门的课程，也就有课程的评价问题。一般来说，对心理辅导活动课程的评价要注意以下问题：

1. **评价的目的**。作为一门课程，就有一个根据教学目标来评价学生的活动情况和教师的教学效果的问题。但更重要的是，心理健康教育课它不同于一般的学科教学，它的评价不是落脚于教师知识点的传授和学生对知识的掌握，而应着重于学生心理素质的增强和教师教学水平的提高，这是本课程的独特之处。因而，心理健康教育课程评价的重点，是检查其课程教学能否达到目标及达到目标的程度有多大，即课程教学活动是否改善了学生的自我概念、是否增强了其自我教育和自我完善的意识与决心、是否提高了行动的积极性和自

1. 陈家麟，《学校心理健康教育——原理与操作》，教育科学出版社，2002。

觉性，明确为了更好地达到目标需要做些什么改进，改进的目的则是为了更好地促进学生健康心理的发展。

2. **评价的范围**。一般而言，心理健康教育课评价大致可以分为对教学活动的评价和对学生活动的评价两个主要部分。对教学活动的评价以教师的教学指导思想和对心理健康教育课程的组织管理为主要内容；对学生活动的评价则以学生参与教学活动的态度和表现为主要内容。具体来说，对教学活动的评价可以包括：教师的教学指导思想与设计，教学目标的达成，教学内容的适切，教学方法的多样，教学组织的合理、顺畅和灵活，教学准备的充分和恰当，教师自身的能力和素养。对学生活动的评价可以包括：学生对参与活动的态度，学生对教学活动的反应，学生情感和能力的表现。

3. **评价的原则**。心理健康教育课评价的原则是指开展课程评价时所要遵循的基本要求。这些要求既反映了教育评价的一般规律，也体现了心理健康教育课程的特点。心理健康教育课程是以促进学生健全人格的发展为宗旨，因此心理健康教育课程的评价要以人为中心，既要关注教师，更要关注学生。

心理健康教育课的评价原则主要有：

客观性　评价要客观公正、科学合理，不能主观臆断、掺杂个人情感。

过程性　心理健康教育课程的终极目标是提高学生的心理素质，培养学生的健全人格。而心理素质的提高不是一朝一夕的事，要经历一个较长的发展过程，因此，心理健康教育课程的评价不能追求“立竿见影”的效果，而要让学生在活动中逐渐去领悟，看重的是学生参与的过程，而不关注其参与的结果，即不是以成败论英雄，注重主动投入，积极思维。

发展性　评价应着重于教师教学理念的转变，教学水平的提高，学生精神面貌的振奋、心态的良好和对课程的兴趣性、参与度的情况。

指导性　评价的目的是为了不断提高教师执教心理健康教育课的水准，能更好地为提高学生的心理健康水平服务，因此，通过评价，要对教师专业化水平的提高有指导意义。

根据以上的目的和原则，心理健康教育课的评价主要是过程性的评价（或称形成性评价），也就是说，是在过程进行中实施评价，要通过收集教师和学生两方面的信息，对照教学目标，检查效果。看目标的达成度，主要看学生参与活动的情况，学生对活动课的满意程度和兴趣，在活动课上学生的情感体验、心灵沟通、观念认同、情绪调节和心态把握的情况等，通过对这些方面的评价，及时总结经验教训，为更好地改进教学过程、提高教学质量服务。

评价的实施

对一节心理健康教育课的评价，大体可从以下几方面实施：

1. 教学目标的达成——目标要清晰、具体

教学目标是课的灵魂和核心，一节成功的心理健康教育课必须有明确和清晰的目标，而且目标要适应时代需要，要符合学生的年龄特点和实际状况，目标要具体和有层次，切口要小，并贯穿整节课的全过程，这样才能在短短的45分钟中得以贯彻和达成。否则的话，目标过大过空，就会导致一节课无中心、无主题。

2. 教学内容的适切——内容要适宜、贴切

教学内容是为教学目标服务的，因而教学内容是要围绕教学目标而进行选择的。在选择教学内容时，要注意适应性、针对性、即时性和有效性。具体来说，适应性是指选材要紧扣主题，要有明显的时代特点，适合时代发展的要求；针对性是指要适合学生的年龄、心理特点，并能为学生所理解和把握；即时性是指要关注学生成长和发展过程中的需求和现象，选择学生当前迫切需要了解的内容和解决的问题；有效性是指内容要贴近学生的生活，亲近学生的心灵，让学生有一种亲切感，有兴趣参与，并且与自己的生活实际密切相关，从而也就会活跃思维，讨论热烈，提高实效。

3. 教学方法的实效——方法要适合、多样

教学方法应服从教学内容的需要并为教学内容服务。教学方法的采用并不是越新颖越好，越离奇越好，越“花”越好，同样要注意符合学生的年龄心理特点，吻合学生的需求和喜好。为了调动学生参与的热情和积极性，教师围绕教学目标，根据教学内容，可采纳生动活泼、富有情趣的活动为主要手段，强调全员性参与和体验性学习，体现生生之间的平等和谐，让学生在轻松、活跃中，在欢声笑语中，获得体验和感悟，得到互助、自助和提高。一节心理课中，教学的方法和形式要有一定的变化，注意动静相宜和应用灵活，以免学生因单调而感到乏味，但也不是多多益善，而要根据主题的需要，把握好节奏和手段的变化；教学媒体的制作和选择要恰当，并为教学内容服务。

4. 教学效果的显现——效果要明显、即时

对一节心理健康教育课的当堂评价，重要的是看学生参与的态度和表现的情况，看学生显现出来的对教学的满意程度。首先，要看学生的关心度，即学生对本课讨论话题的关注程度和责任感；其次，要看学生的参与度，即学生参与活动的情况是否达到全员，是否摆脱了事不关己的旁观者角色，带着责任感或兴趣投入活动，并成为积极的行动者。若大多数学生是观众或听众，哪怕这节课教师的活动设计得再多、再新颖、再有趣，也不是一节成功的课；再次，看学生的进取度，即学生在活动中参与的热情、思维的活跃、兴趣的浓厚、气氛的融洽、真情的袒露、交流的坦诚等都是评价当堂效果是否明显的指标。除此以外，还可评价一下学生在活动中表现出来的人际交往能力、语言与沟通能力、协调与合作能力以及学生的自主能力与创新能力等。

当然，整堂课是否有安全、接纳、温暖、尊重的团体气氛，是否建立了民主、平等、合作的关系，是否有广泛的生生、师生之间的互动也是教学效果显现的重要内容。

5. 教学能力的体现——能力强、素养好

上好心理健康教育课对教师的要求是很高的。教师的共情、真诚、关注是心理辅导老师应具备的人格特质。教师自身的素养如何，教师的专业化水平如何，教师的教学能力如何，在一节心理课中都会体现出来。评价过程中，首先要看教师的备课及教学材料的准备是否充分，教师是否了解、熟悉学生；其次要看教师的教态、语言和仪表是否恰到好处，教师能否公正、宽容、平等、有亲和力，能否取得学生的喜欢和信任；再次看在组织教学的过程中，教师的思路是否清晰，条理是否清楚，教学环节的连接是否自然流畅，教学过程的组织是否有序灵活，教师是否具有相当的机敏性和应变性，是否有较强的驾驭课堂的能力等。

在具体评价一堂心理辅导活动课的时候，我们认为，不但要参考以上五方面的因素，还要考虑它们各自的权重因素才比较合理。以下是心理健康教育课的评价记录表。

心理健康教育课评价表

学校＿＿＿＿＿＿　　班　级＿＿＿＿＿＿

专题＿＿＿＿＿＿　　执教老师＿＿＿＿＿＿

评价项目	评价要素及要求	评价等级及分值				评价要素总分	
		A	B	C	D	（满分 20 分）	
目标	目的确切　符合实际 立意具体　贯穿全程	5	4	3	2		
内务	选材适宜　紧扣主题 贴近生活　亲近学生	4	3	2	1		
方法	生动活泼　形式多样 富有情趣　节奏适度	3	2	1	0		
效果	全员参与　真情表露 坦率交流　共同分享	2	4	3	2		
能力	教态自然　语言贴切 思路清晰　应变灵活	1	2	1	0		
总体评分						特色分	总评分

注：1. B、C、D 三项均可有加半分的打法；

2. 确有特色的可另加 1～2 分；

3. “总评分”为“评价要素总分”与“特色分”之和。

评价人：＿＿＿＿＿＿＿＿

年　　月　　日

本 章 小 结

1. 心理健康教育课的教学组织是指为完成特定的心理健康教育任务，师生按一定要求组合起来进行的活动。心理健康教育课的教学组织应体现学生自我探索的特点，以学生为中心的教学思想。

2. 心理健康教育课的教学组织要抓好三个主要环节：教学准备、教学进行和教学结束。而每一个环节又包含有多方面的具体内容和要求。

3. 教学方法是师生为完成的一定教学任务，在共同活动中所采用的教学方式、途径和手段。心理健康教育课的教学目标决定了它有其独特的教学方法。心理健康教育课有别于学科的知识传授，它不刻意去阐述心理学名词概念，而是深入浅出地帮助学生在轻松愉快的活动中得益。也就是说，要注重学生的年龄与心理特点，注重学生关注的热点与需求，注重学生的参与与感悟，注重师生、生生的互动和交流。
4. 教学方法的设计需要注意以下问题：讲求实效，不搞花架子；从学生实际出发，不超越学生的现有水平；面向全体学生，不忽略学生的个别差异；发挥多媒体辅助作用，不让它“喧宾夺主”。
5. 心理健康教育课常用的教学方法有：“热身活动”法、情景体验法、角色扮演法、讨论分析法、心理自述法、游戏活动法、讲授法、综合法等。
6. 对心理健康教育课的评价要注意的问题是：评价的目的应着重于学生心理素质的增强和教师教学水平的提高；评价的范围大致可以包括对教学活动的评价和对学生活动的评价两个主要部分；评价的原则主要有客观性、过程性、发展性和指导性等。
7. 对一节心理健康教育课的评价包括以下方面：教学目标的清晰、具体；教学内容的适宜、贴切；教学方法的适合、多样；教学效果的明显、即时；教学能力和素养的良好。同时还要考虑各自的权重因素。

问题讨论

1. 心理健康教育课的教学组织与一般学科的教学组织相比，有什么明显的特点？
2. 心理健康教育课的教学组织主要要抓好哪些环节？具体的内容和要求如何？
3. 心理健康教育课常用的教学方法有哪些？在教学方法的设计上要注意哪些问题？
4. 如何评价一堂心理健康教育课？

第五章

心理健康教育课程的实施

我们讨论了心理健康教育课的活动设计、教学过程与教学方法，以下继续比较深入地讨论心理健康教育课程的实施。本章主要讨论；

- 课程实施中的教师教学行为
- 课程设置和教材编写
- 研训一体的教研活动

第一节　课程实施中的教师教学行为

心理健康教育课程能否有效地实施，教师的教学行为至关重要。

教师角色到位

影响心理健康教育课程效果的一个重要因素是教师的角色问题。教师在进行心理辅导活动时，常常会出现教育者和辅导者之间的角色冲突。教师的角色要求他不断地教导学生，多讲道理和规范；辅导者的角色要求他引导、启发学生，帮助学生解决自己的问题。因此，在辅导活动中，教师常常会有意无意地显露教育者的角色。比如，总想代替学生做出决定，而不是让学生去探索；总显得比学生高出一等，而不是平等地与学生讨论问题。教师的角色到位应该体现在理念、教育方法和关系三方面的到位。

思想观念到位——对每个学生要有积极的信念。开展辅导活动的目的就在于开发学生的潜能、良知和积极的情感。教师对学生的信念是通过教师的期望体现的，事实上，教师对班上每个学生的期望是不同的，这是因为构成教师对每个学生期望的信息源是千差万别的。关键在于教师要克服对低期望学生的偏见，在辅导活动中，要多多鼓励这些学生参与，多给他们表现的机会。实际上，大多数学习困难的学生在心理辅导活动中表现得很活跃。有位初中学生写道："心理课上那开心的游戏、滑稽的小品、生动的故事可真是寓教于乐呀！在心理课上，你不必为出洋相而脸红，也不必为回答不出问题而着急，更不必为在游戏中的失败而烦恼，一切的一切都会在同学们的欢笑中结束。"

辅导方法到位——注重启发和引导。如前所说，教师要把注意力放在"导"字上，而不是"教"字上；要启发、引导学生自己解决问题，而不是教师解决学生问题。有位教师总结出一种"引导鼓励——积极活动"的方法，值得借鉴：

引导就是指教师通过启发、暗示和创设情景，使学生发现问题，产生活动兴趣，寻找解决问题的途径和方法。鼓励就是教师表达自己对学生的欣赏和肯定，并以此来营造集体气氛，吸引学生积极参与活动。

"积极活动"包括下列几种含义：每个学生都要投入辅导活动；在活动中，努力做到直率表达自己的想法和情感；积极参与角色扮演和小品表演，努力理解、体验角色；认真倾听和观察别人的活动。这种辅导方法能促进全班同学相互交流、分享感受。同学们普遍反映：心理辅导活动课气氛宽松，没有心理压力，可以毫无顾虑地吐露自己的心声，我们真正成了课堂的主人。[1]

关系到位——建立平等和谐的关系。在课堂教学过程中，师生之间是教与学的关系、教师与学生的关系。在心理辅导活动中，教师的角色从教育者转变为辅导者，师生之间更应该是朋友关系，是大朋友和小朋友的关系。教师不是居高临下地与学生对话，而是朋友般平等地讨论问题，有时，教师在参与讨论中做出自我表露，不会降低自己的威信，反而让学生觉得老师更加真实可信。这样，才能在辅导活动中营造宽松、真诚、和谐的氛围。

教师作为激励者

鼓励学生参与心理辅导活动，最终要让他们的心智得到成长。学生的参与程度也是影响辅导活动效果的一项重要因素。而学生的参与度又与教师能在多大程度上激活学生的心理历程有关。

首先，要引起学生的参与动机。一般来说，活动主题是与学生学习、交往、生活密切相关的，但能否成为他们关注的焦点，还需要教师设置一些有吸引力的情景，引入主题。有位老师在"生日活动的喜和忧"中设计了这样

1. 曹钊俊，《开设心理辅导课的探索》，《心理辅导》，1999（3）。

一段开场白:

“同学们，在生命历程中，每个人都有一个十分重要的纪念日——生日。老师十分想知道你们是怎样庆祝生日的，希望分享你们的欢乐。”

这段话亲切自然，又提及学生最熟悉的事情，自然可以引发学生的参与动机。

对低年级学生则可以设计游戏或小品表演，引起孩子的兴趣，如前面的“团结就是力量”辅导活动，通过游戏“找朋友”引入活动(见第三章第一节)。对高年级学生则可以带有更理性的成分，从他们关心的社会事件或者生活事件开始。例如，有位高中教师在“天生我材必有用”的辅导活动中，先讲述一个高一女生适应不良的故事，然后问班上同学:“假如你是这个同学或者是这个同学的好朋友，该怎么办?”

第二，创设宽松的心理环境，鼓励学生自我表露。辅导活动就是要让学生表达自己真实的情绪情感，说出自己真实的想法，而不是掩饰、伪装自己。这样，教师才能了解到学生真实的内心世界，与学生进行心灵间的对话。

有一个初级中学曾经发生这样一件事，初二(1)班是这个学校的先进班，可偏偏在班主任外出的那天下午，发生了历史测验集体作弊事件。班主任获知此事后，没有全班批评训话，而是举行了一次心理辅导活动，主题是“作弊问题讨论”。其中设计了四个问题: 什么叫作弊? 为什么要作弊? 作弊后的感受? 怎样防止作弊? 班主任一开场便说，今天进行一次专题讨论，讨论有关班上作弊的事，希望大家放开思想，说真话。由于班主任一开始注意营造宽松的气氛，不少参与作弊的同学如释重负，纷纷说出了作弊的真实想法。有的学生说，“作弊如同小偷第一次偷东西一样，很刺激，有一种莫名其妙的兴奋感。”有的学生说，“大家都作弊，我不作弊不是吃亏了吗?”还有的学生说，“反正不是我一个人作弊，那么多人作弊，要处分，大家一起受处分。”从中可知学生的作弊动机五花八门，有些想法老师根本想不到。

在谈到作弊后的感受时，有的学生说，“作弊得来的好分数就好比偷来的东西，心里不踏实。”也有的学生说，“东窗事发以后，每次测验老师总是用特别‘关照’的眼光看着你，心里多不好受啊。”由于同学们都能畅所欲言，讨论很充分，辅导活动达到了预期的效果。

第三，调动学生的积极情绪。情绪是人的心理活动中最为敏感、最为活跃的心理成分，它对人的心理历程具有动力作用。在心理辅导活动中，教师能否调动学生的积极情绪，能否与学生产生强烈的情感共鸣，对于活动气氛的营造和学生参与的质量至关重要。这就首先要求教师自己在活动中情绪饱满和放松。有位班主任同时上两个班级的心理辅导活动课，在自己班级上得很沉闷，而在任课班级则上得很活跃。究其原因非常简单，就是老师的情绪，她在自己班级老是绷着脸，课堂气氛难以轻松、活跃，在任课的班级，大概不是班主任的缘故，情绪很放松，学生们也感觉很宽松。另外，教师要充分运用语言的感染力，以调动学生的积极情绪。前面“生日活动的喜和忧”课中，这位老师声情并茂，引起学生强烈的情感共鸣。其中有一个情节叫“有家难归”：孩子请同学到家过生日，却把父母赶到了马路上。老师请同学们想象一下孩子出生时的情景：

“亲爱的同学们，现在请你们随老师一起到你们的出生地——医院的妇产科。产房里临产的妈妈发出一声声阵痛的惨叫。产房外，爸爸急得不停地踱来踱去，外婆、奶奶焦急地、默默地祈祷，祝母子平安。儿女的生日是母亲的受难日，妈妈在生育你们时，不仅痛苦，而且还会冒着生命危险。世界上最能记住儿女生日的是妈妈。当儿女生日时，最希望分享儿女欢乐的也是妈妈，而这一天，她却被赶出了家门。大家想一想，如果你们是父母，你们的儿女在自己生日时，把你们赶出家门，你们的心情怎样？”[1]

教师作为组织者

班级心理辅导活动要求人人参与，若要每个学生都在全班同学面前表现一番，时间不够。可见，更多的学生是在小组里表现。小组组织与发动得如何？同样是一个重要因素。

组成小组的第一步是决定小组成员。班级里的小组基本上是异质组，应该尽可能采取自愿结合的形式。自愿结合的小组成员的入组动机较高，参与程度也较高。但在必要的情况下，在与同学充分协商的基础上，可以由辅导老师做出适当的调整，将学习好的同学和学习差的同学、性格活跃的同学和性格内向的同学、爱说话的同学和不爱说话的同学组成异质组，发挥异质小组的互补性，保证小组活动顺利进行。

第二步是培训组长和组员，教师要向学生讲解怎样做一个称职的组长和组员，学生当组长和组员本身也是一项辅导内容。组长虽然是心理辅导活动中的重要人物，但也不能对其要求过高，只要热心负责、与同学关系融洽、有

1. 吴增强等，《学校心理辅导活动指南教案集》(初中版)，上海科学技术文献出版社，1998，p.206-207。

一定的活动能力就可担任。学生当领导和被领导本身也是一种学习，所以组长可以轮流担任，但要得到大多数小组成员的拥护。

环境设计也是一个不容忽视的环节，班级心理辅导活动要求每个学生行动起来，要求小组活动起来，但教室里的一排排课桌椅，限制了同学们活动的空间。有人把它称之为“秧田式”座位。目前，很多学校开展心理辅导活动，已经打破了“秧田式”座位的格局，教室里没有课桌椅，只有干净的地板或地毯，上面放着一只只小座垫，全班同学根据活动需要可分可合，可站可坐，方便自如（见第四章第一节）。

教师作为指导者

心理辅导最终要让学生的情感和行为发生变化，尤其是行为的变化非一朝一夕所能见效的。有时，我们在一次辅导活动中，仅仅是让学生有所触动和领悟。他们体验、感悟的东西要化为行动，还需要课后的行为实践，并在实践中进行反馈和调整。在这方面，上海市静安区北京西路小学对学生进行学习行为训练的经验值得借鉴。他们在辅导实践中总结出“六步操作法”，这六步是：提出问题、建立目标、设计方案、行为实践、分享感受、调整重建。其中后三步就是强调教师指导学生实践。具体如下：

- 行为实践。每个成员制定行动计划图，将每天要做的事写在图上，进行分类，并对各项活动的成效进行评价，给自己奖惩。例如，有的同学行为符合预定要求时，自己就往铅笔盒里投一枚硬币，进行自我强化。有的同学坚持一周达标，就让父母给自己买一个飞机模型。
- 分享感受。利用10分钟队会、午间俱乐部时间，在小队和中队里说出各人的感受，演示自己的实践过程，相互之间取长补短。
- 调整重建。经过分享，学生在团体中相互评估自己的行为，对于效果不佳的方案进行调整。例如，有一个学生在“课前准备”训练中，针对下午第一节课老爱打瞌睡的问题，决定调整生活习惯，早睡早起。但一周下来不见效，为此，她很烦恼。小队成员对此表示了很大的关心，与她共同探讨，提出了十条建议。最后，她结合自己的身体状况，设计了午饭后喝杯浓茶的方案，效果很好。

“六步操作法”的可贵之处，在于融体验、感悟和行动于一体，不断实践，不断调整，促进学生良好学习习惯的养成。

改进教师教学行为的若干建议

总结多年来众多教师执教心理辅导活动课的经验和教训，我们认为，要提高心理健康教育课的实效，教师必须注意“三忌”和“六重”：

内容的选择，宁精忌滥。要根据活动的专题，依据教学的目标选择相应的内容，内容要为目标服务，并不是越多越好，要精心选择能体现目标、符合学生实际的内容，必要时要“忍痛割爱”。

活动的设计，宁实忌空。设计哪些活动，如何组织活动，要围绕活动的目标进行。活动既不是越热闹越好，也不是越多越好，关键在于设计有一定内涵、能引起学生思考的活动，活动的安排要多样、新颖，才能引起学生的注意，激发学生参与的积极性。活动的过程还要注意学生活动面要大，不能只让比较活跃的学生“独领风骚”，而冷落了那些腼腆、害羞的学生。

形式的采用，宁活忌死。有了明确的教学目标，选择了适宜的内容，在具体实施过程中，教师要考虑形式的灵活多变，只有这样才能激发学生的参与热情。例如，有的老师引导学生讨论思考问题，但未注意形式的灵活，从头至尾就是让学生小组讨论、大组交流，这种形式反复出现了多次，学生产生了厌烦的情绪，对讨论也就不积极投入，仅是走过场而已，大大影响了辅导课的效果。

重感受，不重认知。心理辅导过程是学生的认知结构、情感体验、行为方式在教师的指导下进行调整、重组、统合的过程，这个过程是一个主动的过程，而不是单纯依靠外力实现“塑造”、“教育”的过程。辅导的过程不是说教，不是训导，不是灌输，而是心灵的碰撞、人际的交流、情感的体验，要让学生在体验感受的过程中，审视自己的内心，反思自我的成长。

重引导，不重教导。引导，就是教师不对学生进行强制性的说理和武断性的要求，而是要注意契机，注意分寸，善于抓住时机，及时提出一些有内涵的问题，引发学生去思考，而不是教师直接告诉学生“应该怎么样”或“不应该怎么样”，要力求做到“随风潜入夜，润物细无声”。正如有的学者所说的，要“顺其所思，予其所需，同其所感，因其所动，投其所好，扬其所长，助其所为，促其所成”。

重口头交流，不重书面活动。在心理辅导活动课中，有口头交流，也有书面活动，但更重要的是口头交流。因为班级团体的交流分享，可以帮助学生通过群体交流产生的影响力来调整自己的认知、态度、情感和行为。辅导老师要把重点放在学生与学生之间的交互作用上。通过交流，让学生得到他人的理解和支持，同时自己也得到了需要的理解和支持；通过交流，学生可以宣泄压抑，也可重塑自我形象；通过交流，学生可以学会同伴之间的交往，增进友谊；通过交流，学生可以倾听并吸取他人的意见和帮助，以获得尽可能大的收获。当然，有时根据活动内容的需要，采用书面活动的形式，这是必须的，但要注意的是不可用得太多。学生动笔过多，时间过长，会冲淡整个团体的氛围，会影响活动过程的动态气氛。

重真话，不重有无错话。心理辅导活动课要给每个同学创设一个轻松、和谐、安全的氛围，让学生在这种环境中感受到团体对自己的接纳和信任，可以自由自在地表达自己，不必有太多的防卫和隐藏。教师要努力培植一种讲真话、讲实话、不讲套话的风气。师生之间、生生之间互相真情袒露，真诚相待，有利于使辅导活动产生效果，使学生获得改变和成长。信任使人产生安全感，信任使人敞开心扉。学生出于对教师和团体的真诚信赖，在讲真话时，难免会讲出一些糊涂话或错话，此时，教师要给学生以真心诚意的宽容和谅解，以利于他们人格的健康发展。

重目标，不重手段。现代化的教学手段可以为辅导活动课增添生机和色彩，但具体手段的运用必须服从于辅导目标的需要。千万不可本末倒置，只为了追求形式的好看和手段的花哨，而远离目标。手段必须为目标服务。如果只考虑形式和手段的新颖，就很可能导致舍本逐末。实践证明，只要熟练掌握心理辅导的理念和目标，教师的设计符合和贴近学生的实际，虽然不用现代化的教学手段，同样可以上出效果较好的心理辅导活动课。

重应变，不重原定设计。在心理辅导活动课上，教师面对的是充满活力和动感的学生个体及交互影响的班级群体，活动的过程中，学生的心态和情感变化又是千变万化的，各种奇思妙想，各种生动有趣的生活经历，会在瞬间奔涌而出，学生会妙语连珠、才思横溢，整个教室会变得生机勃勃，充满智慧的挑战，充满童趣与青春的活力。学生非常兴奋和活跃，感到有许多话想说、要说，此时，教师必须灵活把握活动过程的发展势头，根据实际和需要随机应变，不可刻板地死守原定的活动设计，要注意随机引导，尤其是对涉及大多数学生都关注的问题，更要及时抓住，充分展开，甚至宁可舍弃原先的活动设计，也要让学生有充分的时间来讨论共性的问题。

第二节　课程设置与教材编写

课程设置是课程实施的组织保证。根据目前我国中小学的实际情况，心理健康教育课程的设置大致有如下三种形式：

单独形式

这是由心理辅导专职老师执教的专门的心理健康教育课的形式。心理辅导老师是学校心理健康教育的核心力量，心理辅导课是学校实施心理健康教育的主要渠道。学校可以以班级为基本单位，以选修课、活动课的形式安排进教学计划，纳入课表，具体课时和学年安排可根据各地区、各学校的具体情况决定并调整。一般来说，学校可根据学生的年龄特点，安排在相关的年级，如小学低年级阶段、中高年级阶段，初中阶段和高中阶段；具体课时可安排每一周或每二周一节。尤其对心理健康教育刚起步的学校，更可以以此为切入点，对学生进行心理健康常识的普及，帮助学生掌握一般的心理保健知识，培养良好的心理素质。

机动形式

这是由班主任老师不定期执教心理健康教育课的形式。班主任是学校心理健康教育的主力军，班主任执教心理辅导活动课是学校实施心理健康教育的重要渠道。因为，根据心理健康教育的要求和任务，班主任具有得天独厚的优势。班主任天天与学生“摸爬滚打”在一起，熟悉学生的秉性特点，了解学生的细微变化，知晓学生的喜怒哀乐，他们可以弥补专职心理老师对学生不够熟悉和了解的不足。我们在实践中发现，专职心理老师虽然有扎实的理论功底的优势，但也有很大的缺陷或“致命伤”，这就是对学生不了解、不熟悉。有的学校，一个心理专职老师要上一个或两个年级的心理健康教育课，面对十几个班级的五六百个学生（有的甚至更多），每周一个班级就一节课，他们常常会因不熟知学生而导致教学缺少针对性、实效性，甚至出现了因执教的班级过多而“疲于奔命”的弊端，无法从学生的实际和需要出发来选择专题和设计活动，仅是完成“任务”而已，从而出现了备一节课而在十个班级重复“放”的现象。由班主任机动执教心理健康教育课可以弥补这种不足，可以发挥班主任的优势。当然班主任缺少心理辅导的理论功底和心理辅导的技巧，但这不是“致命伤”，可以通过培训学习而提高。

班主任要加强心理健康教育理论、方法和技巧的学习；要提高自身心理健康水准；要了解学生的心理特点和需求，关注学生的成长和悉心辅导学生；要学习执教心理健康教育课的教学艺术。一般来说，班主任开设心理健康教育课可以利用班队会课的时间，根据学生成长过程中的需要和班级的热点问题不定期的开设，每个月一节，每学期的开课数一般在2～4节为好。实践证明，班主任执教心理健康教育课深受学生欢迎，并可收到意想不到的效果。

结合形式

这是学科教学的老师在本学科的教学过程中，结合运用心理辅导的理念和技巧，对学生进行隐性心理辅导的形式，也就是学科渗透的形式。学校心理健康教育要求每一位教师都能成为学生心理的指导者和协助者。虽然学科教学的主要任务不是心理健康教育，但它能渗透心理辅导的内容。如果说，列入学校课表的心理健康教育课是学校心理健康教育的主渠道，它发挥了“主导性”的功能，那么，各科教学中有意识地渗透心理辅导的内容，它就是学校心理健康教育的副渠道，发挥了“濡染性”功能。当然实施这种结合形式，对所有任课老师心理辅导知识和技能提出了很高的要求，更重要的是，对所有教师自身的心理健康水准、对塑造教师自身的人格魅力也提出了很高的要求。

尽管由于多种原因，在学校教育中，能达到这些要求的老师数量并不很多，但这是学校心理健康教育和心理辅导向更高层次发展的方向，只有当心理辅导能进入到学科渗透的层面，学校的心理健康教育才算真正落到实处。因为，从教育时空层面来说，各科的课堂教学是学生和教师占据时空最多的场所。学生知识的获得、技能的掌握、智能的培养、心理的发展（甚至学生所受的心理伤害和压抑），绝大部分都是在这一特定的时空中完成的。如果忽略了这一时空，就等于放弃了学校心理健康教育最主要的场所；从教育资源层面来说，各科教学本身就包蕴了非常丰富的心理辅导资源，无论是工具课、人文课，还是自然课、技能课，都有许多显性的或隐性的心理辅导的内容可资利用。从教育队伍层面来说，学科渗透的心理辅导结合形式，能让更多的教师参与心理健康教育，有利于在学校中营造促进学生心理健康的环境氛围。学校的心理健康教育工作如果仅让心理教师去做，必定是孤掌难鸣、势单力薄、难以奏效。而学科渗透是一种全员性策略。教师的职责是教书育人，育人的一项重要内容是育心，因此，每一个教师都应该是心理健康教育的工作者。从教师自身层面来说，学科渗透会促使更多的教师学习心理辅导理论，提高自身的理论素养和教学能力，学会研究学生的心理特点，既培养学生的认知因素，又发展学生的非认知因素，开发学生的学习潜能。

一般来说，处于刚起步的阶段，比较多的是采用单独形式，此时可谓是学校心理健康教育的初级阶段；在逐渐打开局面，学生和老师都开始关注心理健康，学校的心理健康教育走向成熟的过程中，比较多的是采用单独和机动相结合的形式，此时可谓是学校心理健康教育的中级阶段或过渡阶段；而比较理想的状态，或者说向高层次发展的方向，就是要单独、机动、结合三种形式并存，尤其是学科渗透的结合形式，可以说它是学校心理健康教育深入发展的标志，也是现代学校课程发展的必然逻辑。西方课程发展进程中许多学者都致力于"课程心理化"的研究，即把"心理的目标"渗透到课程之中，从而促进学生心理品质的发展。杜威认为，一个教师如果"考虑的不限于教材本身，他是把教材作为在全部生长经验中的相关因素来考虑，这样看来，就是使教材心理化"。[1]

现代社会对人的培养要求是综合的，因此，在课堂教学中渗透心理辅导是对课程自身的积极建构，是课程实施策略的一种改进和提升。苏联教育家赞可夫组织的"教学与发展"实验研究表明，通过各科课程教学能促进学生的"一般发展"，这里的"一般发展"实质就是心理发展。赞可夫指出："在传统教学条件下，学生的心理发展远不是已到极限，还可能有高得多的发展，有可以视为最理想的一般发展，已经建立的新教学论体系能够达到这个目标。"赞可夫的研究已经蕴含了在课堂教学中渗透心理健康教育的思想，更说明了这种形式不仅是必要的，也是可行的。[2]

教材编写

教育部颁布的《中小学心理健康教育指导纲要》指出，学校心理健康教育的总目标是：提高全体学生的心理素质，充分开发他们的潜能，培养学生乐观、向上的心理品质，促进学生人格的健全发展。[3]围绕该教育的总目标，具体来说就是要通过心理健康教育，特别是通过心理健康教育课让学生"不

1. 陈家麟，《学校心理健康教育——原理与操作》，教育科学出版社，2002。
2. 同上。
3. 沪教委[2002]8号，"上海市教育委员会关于转发《教育部关于印发〈中小学心理健康教育指导纲要〉的通知》的通知"。

断认识自我，增强调控自我、承受挫折、适应环境的能力；培养健全的人格和良好的个性心理品质；对少数有心理困扰或心理障碍的学生，给予科学有效的心理咨询和辅导，使他们尽快摆脱障碍，调节自我，提高健康水平，增强自我教育能力。”[1]

根据以上目标，心理健康教育的内容应该包括宣传心理健康基本知识、树立心理健康意识、识别心理异常现象、学习心理调节方法、掌握心理保健常识。重点要辅导学生在认识悦纳自己和他人、调适控制自己和承受困难挫折以及学会学习、学会交往、学会适应和升学择业等方面，在自己原有的基础上有提高和发展。

作为学校心理健康教育的专门课程，其目标要通过内容来体现，内容是目标的载体，因此正确选择和编写内容是十分重要的。心理健康教育课程的教材应该围绕以上内容来编写和组织，并且在教材中要充分体现心理辅导的理念、方法的特点。下面以上海市中小学课程教材改革委员会办公室和上海市教委德育处组织编写、夏秀蓉同志（原上海市教委副主任）主编、上海市教育出版社出版的《学生心理健康自助手册》（以下简称《手册》）为例来说明。

该《手册》第一版于2000年7月初出版，实际教学过程中，深受学生和老师的欢迎。2003年8月，在几年实践的基础上，听取了老师、学生和家长的意见，进行了修改与再版。新版的《手册》更具时代性、更具科学性、更具针对性、更具操作性。

该《手册》以学生的“自身变化”与他们所处的“环境变化”为依据，以学生各年龄段的心理发展、健康水平为目标，旨在通过生动丰富的案例活动，包括心理训练、问题讨论、情景设计、角色扮演、游戏辅导等形式和手段，普及心理健康科学常识，掌握情绪自我调适的方法，开发学生的潜能，培养学生乐观向上的心理素质，促进学生人格的健全发展。《手册》的教学目标是指导帮助学生了解悦纳自己、认识适应环境、开发自我潜能、学会调节控制、保持乐观进取、培养健全人格。教学内容是普及心理健康科学常识、培养积极的自我认同感、学会沟通与交往、学会自我情绪调节、学会有效的学习、提高应对挫折能力、懂得珍惜生命并学会自我保护、形成良好的生涯发展观念。

《手册》根据学生年龄特点的不同，分成了《小学生心理健康自助手册》

1. 沪教委[2002]8号，“上海市教育委员会关于转发《教育部关于印发〈中小学心理健康教育指导纲要〉的通知》的通知”。

(2本)、《初中生心理健康自助手册》、《高中生心理健康自助手册》共4本。小学阶段根据小学生的特点分为小学低年级和中高年级两本。小学侧重于“对周围环境、对他人的正向感受”，注重“愉悦感”，为整个人生发展奠定积极的心态；初中阶段侧重于“自我发展的独立意识”，满足“成人感”，指导学生在与己、与人、与事的冲突中学会自我调节，建立积极的自我形象；高中阶段侧重于“确立人生目标和积极的人生态度”，发展“成熟感”，培养学生的职业能力，在社会生活中体现自己的智慧与能力，并不断增强成功的信念。

《手册》的体例结构包括若干模块，每个模块又分成若干专题。以下是各本《手册》的模块题目，从中可见教材的内容：

《小学生心理健康自助手册》(1～2年级用)共4个模块：快乐的起跑线、快乐的小学生、七彩童年、走进童心（致家长)。

《小学生心理健康自助手册》(3～5年级用)共8个模块和1个选择模块。8个模块：我是谁、我爱我、我快乐、学习是有趣的、让自己更聪明、成功小秘密、我和小伙伴、我爱我家。1个选择模块：我的“偶像”、会倾听能关注、我学会了宽容、和你在一起、珍爱大自然、社区与邻里。

《初中生心理健康自助手册》共8个模块和2个选择模块。8个模块：新的起点——适应新环境、成长中的我——认识悦纳自己、青春的快乐与烦恼——情绪调节、寻找“金苹果”——开发自我潜能、奏响智慧的乐章——学会学习、青春的萌动——学会交往、跨越代沟——学会代际交往、我的准备——择业与发展。选择模块2个：生活真美好——珍惜生命、世界真精彩——面对流行（另有1个配合各个模块的内容，提供一些学生自己动手、自己设计、自己阅读的资料包)。

《高中生心理健康自助手册》共9个模块：班兴我荣——创造良好环境、破译沟通的密码——交往策略与训练、生活课题——问题解决技巧、一寸光阴一寸金——时间管理、与成功有约——升学择业、家庭影剧院——家庭沟通与个性发展、通情达理——换副眼镜观世界、大将风度——减压助考策略、今天与明天——迎接挑战。

每个专题大体包括以下几个部分：

引言：激发需求，以辅导活动助人成长的魅力吸引学生积极投入；

主题活动：情景体验、角色扮演、游戏辅导、讨论分享、对话沟通、自述自评等；

指导语：用心理辅导理论与操作技巧协助学生自我认识、自我调节；

内心独白：给学生提供一个宣泄压抑、吐露真实感受、自我思索、自我判断的空间，同时，记录这一内化的过程；

交流分享：相互坦诚地敞开心扉，交流各自的真实感受和体会，并分享快乐；

心理测验与现状调查：了解学生各阶段的心理状态与行为情况等。

4本《手册》分别根据学生的不同年龄，体现出层次和深度的不同。《手册》编写过程中，充分体现了以学生的发展为本，所针对的需求、问题和所设计的活动都是从发展性心理辅导的理念出发，有利于学生的健康成长；辅导活动的设计是建立在发展心理学、人格心理学、咨询心理学、认知心理学、社会心理学等相关理论基础上的，而且辅导活动有目的、有重点地汲取了人本主义、认知学派、行为主义学派中最实用易学、最先进的教育理念和手段，以关注学生的情绪和感受，优化学生的思维方式和行为。《手册》图文并茂，与形式多样的辅导活动、娓娓动听的指导语浑然一体，能让学生有一种耳目一新的感觉。《手册》不刻意去阐述心理学名词概念，而是针对学生的年龄特点和心理发展的需求，通过结合学生的生活实际和常见事例，深入浅出地帮助学生在轻松愉快的参与和体验中，得到感悟和自助，并学会自我调节和控制的方法。《手册》既是学生参与辅导活动的记录，也是学生发展成长的记录，有纪念和收藏价值。

又如，由上海市教育科学研究院吴增强主编、上海市科技教育出版社出版的心理辅导课程教材《学生心理辅导指南》，同样也贯彻了以上的精神。该书按照学生的年龄特点分成三册，从每册书的内容中，我们也可以看出其编写的特点。

《小学生心理辅导指南》（2册，分为中低年级和高年级各1册）的内容分为：认识自我篇、人际交往篇、学习有趣篇、聪明孩子篇、学习方略篇和学会生活篇共6篇。

《初中生心理辅导指南》（2册，分为初一和初二、初三各1册）的内容分为：学会学习篇、悦纳自我篇、学会交往篇、学会生活篇和学会择业篇共5篇。

《高中生心理辅导指南》（2册，分为高一和高二年级各1册）的内容分为：学习辅导篇、探索自我篇、情绪辅导篇、人际交往篇、男生女生篇和生涯辅导篇共6篇。

以上这两种教材在编写过程中，充分考虑了学校心理健康教育的目标，体现了以学生的成长、以学生的健康发展为根本出发点的理念，着重于优化学生的心理品质，开发学生的心理潜能。该两套教材在使用过程中，深受学生的欢迎，并收到了良好的效果。从当前学校心理健康教育的实施情况来看，在组织和编写心理健康教育课程教材时，有两种倾向是值得注意的：一是把心理健康教育课程看成是心理卫生课程，侧重于心理困扰或心理障碍防治知识的传授，这种仅仅传授心理卫生知识的做法是本末倒置的做法；二是将一些与具体学科相关的心理品质内容也放进来，把它看成是包罗万象的课程，这种将课程内容无限扩大化的做法也是没有必要的。

第三节　研训一体的教研活动

教研活动是为了提高教师的业务水平，而由地区教育学院（教师进修学院）的专业人员，组织学科教师围绕本课程的内容，就如何提高教学质量和教学效果，共同学习、研究、探索、实践的活动过程。它是提高教师专业化水准的重要手段。教研活动通常是由地区教育学院（教师进修学院）各学科的专业人员（通常称之为教研员）组织和安排，一般每周或每2周活动一次，内容可以有教材分析、教学方法研究、教学案例讨论、公开课或研究课探讨、教育理论的学习，形式可以有讲座、小组讨论、讲课、听课、评课、参观等。随着教学改革的深入发展，对教师教研活动的要求也越来越高，并且把指导服务与课堂教学改革作为中心工作。

研训一体化模式

教师业务水平的提高，除了教学实践和学习有关的教育教学理论以外，参加教研和培训是很重要的两个途径。心理健康教育课程作为一门新兴的课程，有更多的内容需要我们去学习，有更多的问题需要我们去解决，有更多的领域需要我们去探索，因而，从某种角度来说，教研活动就显得格外的重要和必要。在多年的探索实践工作中，我们发现不应该把教研和培训隔离成两个部分，完全可以将它们整合起来。于是，我们提出了将教研和培训合为一体的新思路和新方法，提出了研训一体化的做法和实践。事实证明，它是可行的、有效的，是尽快提高教师专业化水平的结晶，是深受教师欢迎的。

研训一体化与一般的教研活动相比，它具有更强的计划性和目的性，注重活动的专题性，解决问题的有序性；与一般的培训相比，它在课堂上呈板块式，由条件性课程、本体性课程、发展性课程、实践性课程等组成；它在教材上，从预设性变为生成性；在内容上，更贴近教育热点和课改前沿，变滞后性为超前性、同步性；在形式上，变经院式教学为研究性学习，变注入式学习为实践性学习。其根本目标是要通过研训一体化活动过程，把先进的教育理念变成教师每一天的具体教育行为，解决课改实践中的实际问题，使所有的教师得到专业化发展。

研训一体化案例解析[1]

请看围绕心理健康教育课程，就一个专题的研训一体化具体活动方案和一次研训过程的记录。

研训专题：心理辅导活动课的教学艺术

研训方案：学校心理健康教育的深入开展，对提高心理辅导活动课的针对性和有效性提出了新的更高的要求。其中，加强师资队伍的建设、提高教师的专业能力是关键。学校心理健康教育和心理辅导活动课体现了一种实践性很强的、先进的、科学的教育理念，同时也是一种先进、新颖的方法和技巧。如何通过我们的研训，真正提高全区心理辅导教师及骨干班主任的水准，将先进的教育理念、教育思想转变为教师每一天的具体教育行为，解决课改实践中的实际问题，使所有的教师得到专业化发展，这是一个要在实践中不断探索的问题。

"心理辅导活动课的教学艺术"研训课程的对象为上海市静安区中学心理辅导活动课的执教老师和部分骨干班主任。心理辅导老师是学校心理健康教育的核心力量，班主任是学校心理健康教育的骨干，这支队伍的水准如何，将直接关系到学校心理健康教育的深入有效开展。为了让每一位从事心理辅导的专兼职教师确立"尊重学生人格"、"助人自助"、"完整接纳每个学生"等教育理念，运用先进、新颖的教育理念和技巧上好心理辅导活动课，提高心理辅导老师和骨干班主任教师的素养和业务水准，提高静安区心理辅导活动课的质量，以创新的思路、切实的目标开拓学校心理健康教育的发展空间。

研训持续时间：一学年，从2002年9月至2003年6月

每学期双周星期三下午1：30至4:00

研训内容：共有10次研训活动，具体专题如下：

1. 本案例由上海市静安区教师进修学院德育室提供。

① 心理辅导活动课的评价

② 心理辅导活动课的专题选择

③ 心理辅导活动课的专题导入

④ 心理辅导活动课的发问与反馈

⑤ 心理辅导活动课的活动设计

⑥ 心理辅导活动课的情景创设

⑦ 心理辅导活动课的多媒体运用

⑧ 心理辅导活动课的灵活应变与调控组织

⑨ 心理辅导活动课的结束语

⑩ 学员论坛

研训形式：讨论式、体验式、互动式为主要形式。

以下是“心理辅导活动课的教学艺术”其中一次研训活动方案与活动过程记录。

主题：心理辅导活动课的发问与反馈。

一、研训目标

1. 通过学员的参与与互动，学习和掌握有效的发问与反馈技巧；

2. 通过学员的体验与实践，学习和感悟先进教育理念及培训技巧。

从方法上来说，研训一体化的活动特别强调被培训者的参与性和互动性。本次活动的研训具体通过三个环节进行：观看来自在座部分老师上课的录像剪辑，围绕录像的内容分小组分析和讨论问题；设置情景，组织教师参与活动，请几位老师模拟心理辅导活动课中教师的主持和发问，全体分析与讨论；指导老师的归纳与总结。希望通过老师们的参与和互动、直接与间接的体验，在讨论和研究中获得帮助和启发，掌握有效的发问和反馈技巧；同时，通过自己的参与过程，学习培训的方法和技巧。

二、研训重点和难点

重点：通过观看录像剪辑，引导老师思考、分析和讨论在心理辅导活动课发问中的问题，从而学习和掌握有效的发问和技巧。

难点：针对不同的对象、在不同的情景下，灵活有效地运用发问和反馈技巧。

三、研训过程

1. 简单讨论在心理辅导活动课中需要发问和反馈的各种情况

(1) 心理辅导活动课的各种发问；

(2) 心理辅导活动课的反馈引导。

(在教师的讨论后，总结归纳并显示出来)

2. 观看录像（要求老师们边看边记录，找出你认为有效的发问与反馈，或者发现发问与反馈中的问题）

该录像内容都来自参加本次培训的老师，摘选了老师们平时在上心理辅导活动课中发问和反馈的部分剪辑，共有12段，具体内容如下：

- 校园红绿灯—— 引入主题的发问（交通法规非常重要，可以说，没有红灯约束，就没有绿灯的通行。对不对啊？校园里要不要学习的规矩？该不该有规矩呢？下面我们……好不好？）
- 学会倾听——游戏后的发问（刚才我们做了“信息导航船”的游戏，原本……但很可惜，没有一个组顺利到达终点。我觉得很遗憾，你们也一定觉得很遗憾。我想请“船长”、“信息导航员”和观众们谈谈你的感受，为什么不能顺利通过？你有些什么感觉？有哪些想法？）
- 天生我材必有用——主题引出的发问（你生来就是冠军，一出生你就成功了。在你的人生道路上，你是一步一步走向更大的成功，这就是今天这节课的主题：天生我才。说说你对成功的理解，什么是成功？）
- 了解自己的情绪——创设情景后的发问（“模拟测验”后发问：这次测试到此终止了、结束了、不记成绩了。回忆一下，刚才整个过程，从开始上课老师宣布要测试、要考核，你的情绪怎么样？感受是什么？当我宣布测试终止、取消，不记成绩了，你的感受是什么？体验是什么？）
- 人生水晶球——引入专题的发问（在青少年寄来的画作当中，有一幅画引起了编辑的特别关注，大家想不想知道这一幅画是怎样的？这幅画是青少年朋友、几乎是你们的同龄人画的。大家都看到了。哪个同学说一说，看到这幅画后，你是怎么想的？你能否判断出画作者为什么要画这幅画？表现了他什么样的态度呢？谁能说？你虽不是心理学专业的人，但可以从自己的理解来说。）

- 解心结——引出课题（……老师要去参加考试了，这次是第三次去考了，心里一直在想，第三次能否通过，想了许多，心理状态不是最好。……有谁能帮助我吗？…… 今天我们的活动主题是"解心结"。你们是否也有与我一样的烦恼和困惑呢？）
- 校园红绿灯——学生演小品后引出表示心情的发问（校园生活中，我们有没有看见同学"闯红灯"的现象，有没有？当这些现象发生的时候，你的心情是怎么样的？）
- 天生我材必有用——活动后的小结、反馈与引导（成功人士记者招待会结束了。…… 在我们的生活中，每个人都有自己的成功形象。当你遇到困难和疑惑的时候，不妨与自己的成功形象对话，也许它能给你答案和力量。你天生就是一个冠军，你出生就成功了，然后你一步步走向更大的成功。相信在座的同学都拥有许多的成功记录，请大家在纸上写上你所拥有的成功记录和优点……）
- 成长的烦恼——"冷场"时的引导和发问（许多同学都愿意将自己的感受表露出来，其他同学也不必拐弯抹角，可以说说自己的烦恼，因为生活中都有自己的烦恼，大家都坦诚说出来，我们的活动才会有预期的效果，比如像我……你们还有哪些烦恼愿意同大家说一说呢？）
- 了解自己的情绪——学生活动后的反馈与引导（刚才六位同学分别表演了这些情绪，看一下，这是惊恐焦虑、得意洋洋、害怕、生气、垂头丧气、哀愁、高兴，总体上我们用四个字概括一下，怎么概括，说给我听？）
- 人生水晶球——引导学生讨论思考的发问（你们设计了理想的自己，实际上就是你的理想我。每个人在小的时候就开始构建自己的理想，现在还在不断地设计自己的未来。问一下大家，在构建自己理想的时候，构建理想我的时候应考虑哪些因素？怎样才能实现自己的理想呢？作为讨论题，各个组进行讨论。）
- 我的声明书——活动后引导学生讨论思考的发问（留2分钟的"时间馅饼"给你们交流讨论一下。讨论什么呢？①在第一个活动里，你发现了什么？②在第二个活动里，你感受到什么？你触动到什么？)

3. 分小组讨论

针对录像中各种发问和反馈的适当与否，谈自己的看法和建议。

4. 大组交流

(1) 结合录像中的内容和自己在上心理辅导活动课中的实例说明；

(2) 对录像中的某些发问与反馈两种不同意见的争论（假如是我，我会……）。

5. 设置情景，模拟心理辅导老师的主持与发问

(1) 全体老师参与游戏活动（听指令，折、撕餐巾纸）；

(2) 请几位老师（自愿参与）模拟心理辅导老师进行游戏后发问；

(3) 全体老师分享感受，并讨论发问与反馈的合适与否。

6. 指导老师最后的归纳与总结

(1) 心理辅导活动课“追求的境界”

——参与、体验、分享、领悟、自助。

(2) 发问的要求：（实例略）

- 重在情感，引导学生体会情感，表达情感；
- 有针对性，有一定的深度；
- 内容具体、明确；
- 语言言简意赅；
- 语气亲切婉转；
- 能引导学生充分发表自己的见解；
- 慎用“为什么”。

(3) 反馈的要求：

- 注意及时效应；
- 教师的“自我表露”与引导；
- 教师情感的投入——真情、激情、“煽”情。

四、研训反思

面向基层教师的职后培训，要使教师有专业化的发展。通过培训，让教师能将先进的教育理念转化为每一天具体的教育行为。这是一种再创造，也是一种新的实践和探索。对我们教研员来说，更是对自己的一种新挑战。

本学期开始的对心理辅导老师的研训一体化，是围绕心理辅导活动课的

教学艺术这一专题而进行的有计划、有目的的培训。本次的主题是对心理辅导活动课中发问和反馈的研究和实践。我们根据来自实践，服务于实践的精神，制作了教师上课中发问的录像剪辑，设计了情景让老师当堂实践。希望通过观看录像和实践体验，能发现、思考和讨论问题，从而使每一位老师都能在参与、体验、感受、分享中有所收获和领悟。整个研训的过程，我们遵循了心理辅导活动课的教学方法，重在参与，重在体验，重在感悟。让我们的老师能自己通过思考和分析，通过相互之间的讨论甚至争辩而得出结论。我们虽然没有直接告诉他们"应该怎样发问"或"不应该怎样反馈"，而老师们在实际参与的过程中，都能有所领悟，并能在以后的教学中去实践、去探索。实践证明，达到了本次研训的目标。

本次培训的对象除了部分是试点学校的骨干班主任，大部分都是学校心理辅导专兼职老师。我们设计的整个研训过程和方法，是希望他们能通过自己参与培训的实践与体验，学会回校后培训班主任的方法。据研训后教师的反馈，这个目标也初步达到了。

本次培训对有些问题的讨论还不够深入。因为是公开课，有些老师，尤其是被编制到录像中去的一些老师，在谈自己的看法和认识时略有顾虑和保留，我们也不便于直接和太"露骨"的提问和引导。如果时间宽松一些的话，可对录像当中的很多环节都能进行仔细的"解剖"和分析，也许效果会更好。

再请看一份也是围绕心理健康教育课程的研训一体化的简要方案。

"体验式团体心理辅导操作"研训一体化计划（简）

新课改提出要"让课程适应每一位学生的发展"，学校的心理健康教育更要强调和落实"适应每一位学生发展"的理念。同时，现代学校对教师自身的心理健康水准也提出了更高的要求。如何把先进的教育理念变成教师每一天的具体教育行为，使所有的教师得到专业化发展，是教师培训中的一项重要任务，同样也是培训心理辅导老师的重要内容。心理辅导老师是学校心理健康教育的核心力量。这支队伍的水准如何，将关系到学校心理健康教育的有效开展，关系到学校教师和学生心理健康的水准，也关系到课改的顺利进行。为了让每一位从事心理健康教育的专兼职心理辅导老师能确立"完整接纳每个学生"、"促进学生发展"、"促进教师发展"等教育思想和理念，能提高解决课改中遇到的实际问题的能力，学习和掌握新颖、有效的教育技巧，学习和掌握团体心理辅导的理念和技巧，在学校面对学生以及教师的身心健康成长中，能熟练掌握和操作团体心理辅导的技巧，特组织本次以心理辅导老师为主体的研训活动。

研训时间：2003年9月至2004年6月双周星期三下午（具体时间另行通知）

研训对象：中学心理辅导专兼职老师

研训内容：

1. 相识在今天——认识你我他；
2. 认识自我工作坊；
3. 我理解的体验式团体心理辅导；
4. 人际交往中的第一印象；
5. 人际交往工作坊；
6. 价值澄清练习；
7. 自我成长工作坊（一）、（二）；
8. 突破自我设限、跨越习惯陷阱；
9. 学员论坛。

研训一体教研活动的反思

研训一体化的基础在于研究。研究课程与教学改革实践中发现的问题，研究课程和教材，研究现代教育教学思想与传统教学行为的冲突，研究什么样的教学行为是符合素质教育要求的，研究怎样在教学中创造性地应用教材等等。从而把研究的过程、研究的感受、研究成果转化为教研活动和培训的内容。

研究与培训相结合的研训一体化，以把先进的教育理念变成教师具体的教育行为为目标；强调的是能够从课程教学的实际问题出发，用观察、讨论、探究等方法，有专题、有系列地在教研活动时间对教师进行有目的、有计划的培训，使教研活动成为教师培训的课堂，使教研活动与教师的培训结合起来，解决理论应用于实践的问题，真正为教师投身课程改革服务。

研训一体化注重从课程改革实践中所遇到的困惑与问题中选择专题，它往往不是几次活动就能解决问题，而是需要较长时间的比较系统的进行，有的甚至长达几个学期，这便于对问题做较深入的探讨。

我们的研究是立足于校本、立足于区本，以解决教育教学中的实际问题为目的，以问题为中心，问题即课题，教学即研究，教师即专家，发展即成果。研训一体化的专题来源于教师的教学实践，研训一体化的过程又紧密联系教师的教学探索，并在此基础上又有理论上的学习和提高，教师通过研训一体化的培训，既学习了有关的理论，懂得了理论实验的指导意义，又进行了有关的实践探索。

请看一位参加研训一体化培训的班主任老师的感悟：

毕业四年，我一直担任班主任工作，并且始终认为在我们的校园中，班主任的形象无疑太过严厉了，于是想出了种种办法亲近学生：和他们一起运动、聊天、一起听歌、评球……但效果并不尽如人意，因为直觉告诉我，我远没有真正进入学生的心灵世界，他们羞涩拘谨的笑容、小心翼翼的言谈都在提醒我：我首先是严厉的班主任，其次才是"可以一谈"的朋友——而且当然不算知心朋友啦！虽然我一直在努力，但很快，繁忙的教学工作、班级里各种各样的事情使我渴望与学生倾心交流的愿望破灭了。做学生们的好朋友、做快乐的孩子王成为我遥不可及的梦。

进入教院附校后，我第一次接触到"班主任上心理辅导课"这个新鲜的课题，在我印象中，心理辅导是和颜悦色、春风化雨的疏导，是在校园幽静一角、在精致清雅的活动室里的促膝长谈，是有专业心理学造诣的人员从事的工作，并且，有一点神秘色彩。这样的辅导居然可以和严厉的班主任联系在一起，别说学生，就连我都有点一头雾水。学生会把心里话告诉他们平日里最怕、甚至是最"恨"的班主任吗？我不敢想象。就像谁都不敢想象老鼠会和猫促膝长谈！虽然有点夸张，可哪一位班主任不是这样担心的呢？再说了，即便学生有问题，我只是一个中学语文老师啊，该如何解答他们的疑虑？

带着重重顾虑、担忧及一丝丝的畏惧，我走进了教师进修学院"心理辅导活动课教学艺术"研训一体化的课堂，在蒋老师悉心传授和耐心辅导下，在参与研训的老师启发下，在亲身实践的感悟下，我终于释然，虽然我并没有太多专业心理学知识和丰富的心理学案例，但我有精彩的校园生活，也了解学生的喜怒哀乐，课堂就是我洞悉学生心理的最好途径。我汲取着从未涉猎过的知识，同时，也隐隐地渴望这一次能够真正走进学生的心灵世界。

第一次上课的内容是"我欣赏的男生女生"……心理辅导课的探索和实践让我感触很深。我感悟到了新时期班主任工作的有效途径。心理辅导课的实验，让我认识到，孩子们羞涩、小心地保守着属于自己的秘密是由于没有倾诉的氛围和空间，一旦他们发现你是真诚的、尊重他们想法和权利的，天真的孩子们就会将心扉敞开。作为班主任，我当然非常了解学生，但是在和他们的亲密接触中，我却忽略了最易触动真情的机会，以为不厌其烦的教导会改变学生，其实，远不如给学生倾诉的空间，让他们展现真正的自我，认识真正的自我，从而找到真正的自我。心理辅导课是一面镜子，照亮了学生的心灵深处，也照亮了我前行的路，作为班主任，我第一次感觉到严厉与亲切、严格与欢笑原来是可以并存的。

研训一体化的形式，既有理论的学习、也有学员之间的互动和探究，更有课堂教学的实践。一方面促进了教师专业化的成长；另一方面也有力地推进了心理健康教育课程的实施。

本章小结

1. 心理健康教育课程实施中，教师的教学行为对于教学成效至关重要。首先是教师角色到位，体现在思想观念到位——对每个学生要有积极的信念、辅导方法到位——注重启发和引导、关系到位——平等和谐的关系；第二，教师作为激励者，要激活学生的心理历程，鼓励学生自我表露，调动学生的积极情绪；第三，教师作为组织者，要做好小组发动和环境设计；第四，教师作为指导者，要重视指导学生的行为实践。
2. 提高教师有效的教育行为要注意“三忌”和“六重”：内容选择，宁精忌滥；活动设计，宁实忌空；形式采用，宁活忌死；重感受，不重知识；重引导，不重教导；重口头交流，不重书面活动；重真话，不重有无错话；重目标，不重手段；重应变，不重原定设计。
3. 心理健康教育课程设置有多种形式：单独形式、机动形式和结合形式。
4. 心理健康教育课程教材编写应该根据其课程目标和内容来编写，同时要根据学生的年龄特点。
5. 研训一体化的教研活动形式，既有理论的学习，也有学员之间的互动和探究，更有课堂教学的实践。一方面促进了教师专业化的成长；另一方面也有力地推进了心理健康教育课程的实施。

问题讨论

1. 在心理健康教育课程实施中，如何使教师角色到位？结合实例说明。
2. 根据你校实际情况，心理健康教育课程应该如何设置？

3. 心理健康教育课程的教材编写应该遵循哪些原则？试根据你校某个年级的学生特点，编写心理健康教育课程的校本教材框架（包括主题、目标和活动）。
4. 你认为应该如何有效地开展心理健康教育课程的教研活动？

第六章

小学生心理健康教育课例与评析

根据小学生的年龄特点，本章按照认识自我篇、学习有趣篇、快乐交往篇选取相关教案，供读者参考。

第一节　认识自我篇

课例一：我是独一无二的[1]

一、活动目的

1. 通过游戏，让学生认识每个人在外貌、表情、性格、兴趣等方面都有自己的特征，从而增进对自己的认识和了解。

2. 通过活动，让学生体会每个人都是独一无二的，从而珍视自己，也珍视他人。

二、活动准备

1. 准备好印有“轮图”的纸，以供学生涂涂画画；

2. 让学生准备好多种颜色的水彩笔；

3. 小小欣赏卡若干张（每个学生都能有几张）

三、活动过程

1. *游戏体验*

我们一起来做一个“猜猜他是谁”的游戏。

（1）请10个同学（学生自愿举手）走到讲台上来，背向大家。座位上的同学在老师的指挥下，有次序地发出各种声音，如笑声、说话声、唱歌声、叹

1. 吴增强，《小学生心理辅导指南》，上海科技教育出版社，2001。夏秀蓉，《小学生心理健康自助手册》（3～5年级用），上海教育出版社，2003。

气声、欢呼声等，请台上的同学猜猜是谁发出的声音，并讲出他们的名字。

笑；

说话；

唱歌；

叹气；

欢呼；

……

下面的同学每发出一种声音，就请台上同学讲出发出声音的同学的名字，猜对后再请座位上的学生继续发出各种声音，台上的同学继续猜。

（2）游戏结束，请台上的同学说一说：你猜中了几个同学？请座位上的同学说一说，你被几个同学猜中了？

（3）大家想一想，他们是怎么猜对的呢？

原来，能猜出别人或被别人猜出来，是因为每个人说话、走路、笑、唱歌等方式都是独特的，都是不同于别人的（出示：我不同于别人）。

正因为如此，在生活中，我们就有许多辨认亲人的方法。例如，我们在房间里正做着功课，听到楼梯那儿传来熟悉的脚步声，就知道妈妈回来了。你有没有这方面的体会呢？能不能再列举一些，你是怎样辨别熟人的独特之处的？

1. 爸爸的咳嗽声；

2. ________________________；

3. ________________________；

4. ________________________；

5. ________________________；

6. ________________________；

“世上没有两片相同的树叶”，同样，世上也没有两个完全相同的人。每一个人都有自己的独特之处，无论是相貌、表情、动作、脾气、性格、兴趣、特长，还是对事物的看法等。同学们，你知道自己在这些方面的独特之处吗？你了解自己与他人的不同之处吗？

2. 填填涂涂

“轮图”——我的喜好和能力（认识自己）

我们一起来做一个填写“轮图”的游戏，它能让你看到自己喜欢或不喜欢、擅长或不擅长的事，帮助我们“认识自己”。

根据自己的兴趣、爱好和擅长的程度涂色。“兴趣很大”的涂成红色；“兴趣一般”的涂成黄色；“兴趣很小”的涂成蓝色；“没有兴趣”的涂成绿色。

如有其他的“轮图”上没有现实的爱好与特长，可填写在空格内，并涂

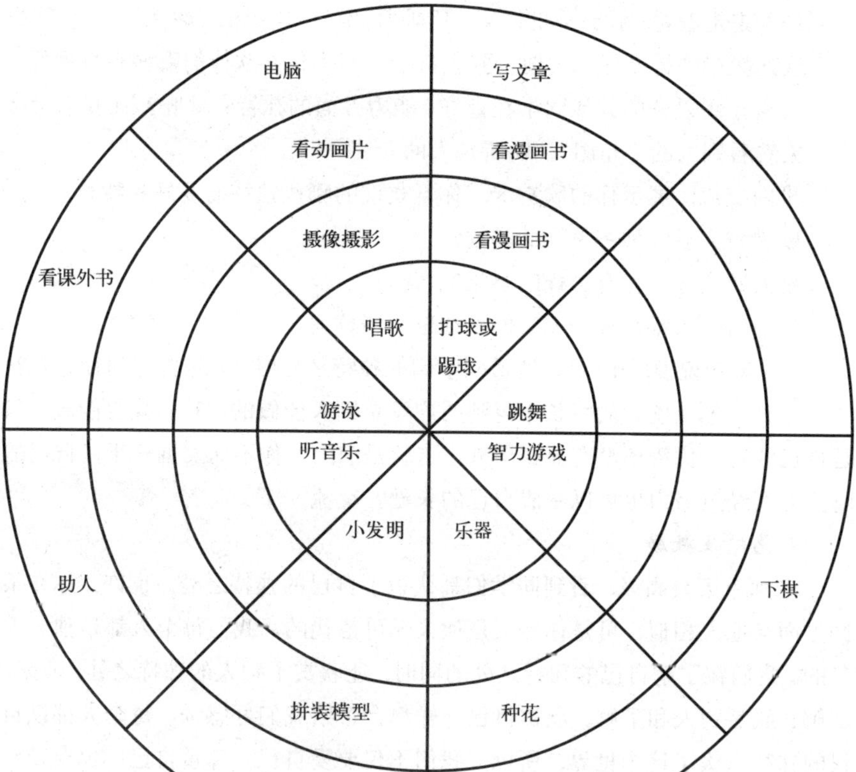

上相应程度的颜色。

3. 七嘴八舌

自己与别人的独特之处（欣赏和交流）

(1) 展示轮图：现在，让我们来看一看，你发现什么了吗？

每个人都有自己独特的爱好和特长。

填写“轮图”的游戏，它让我们看到自己喜欢或者不喜欢、擅长或者不擅长的事。这些轮图还让我们发现，每个人的爱好、特长等方面是多么的不同，没有两张“轮图”是完全相同的。

(2) 交流欣赏：让我们在小组里介绍一下我们每个人的轮图，问问同学喜欢我哪些爱好和特长呢？

全班交流：谁愿意来说说，同学喜欢你哪些独特的爱好和特长？

那么，你又喜欢小组同学的哪些独特的爱好和特长呢？

(3) 走走看看：找到你的同桌，听他介绍一下自己的“轮图”，告诉同桌你喜欢他哪些独特爱好，送他一张欣赏卡，写上你喜欢他的哪些独特爱好。

看看小组以外的其他同学在喜好、能力方面的独特之处呢？让我们走出来，去看看别人的“轮图”，听听别人的介绍。

班内交流：展示你的欣赏卡，你喜欢谁的哪些独特的爱好和特长？

欣赏别人后，你有怎样的感觉？

别人欣赏你，你有怎样的感觉？

——每个人都是独一无二的，谁也无法替代。

(4) 想想说说：刚才，在欣赏同学们的独特之处时，你是否感到什么呢？

或许，你从别人的特长中得到的启发是别人能做的，其实我也能做。只是自己的这一优势还没有显露出来，这就是潜力。你不妨发掘一下，自己的哪些方面经过努力也可以变成自己的长处？交流一下。

4. 总结及激励

老师今天真高兴，看到同学们都认识了自己的独特之处，也许，你在某些方面与他人相似，可是你确实是他人无可替代的。我们每个人都是独一无二的。我们在了解自己的独特之处的同时，还欣赏了别人的独特之处，原来，理解、欣赏别人和了解、欣赏自己一样都会带给我们好感觉。每个人都以自己的独特点缀了这个世界，所以，我们不仅要爱自己、尊重自己，也要爱别人，尊重别人。愿我们时时都有这样的好感觉。

四、建议与说明

1. 本活动的重点在于，让每个同学认识自己的典型特征、兴趣等，正是这些构成了自己的独特性，构成了自己区别于他人的不同之处。

2. 本活动的难点在于，让学生由己及人。既认识到自己的独特性，也认识到他人的独特性；既珍视、尊重和爱护自己，也珍视、尊重和爱护他人。

3. “轮图”用红、绿、蓝、黄颜色涂写，可构成一张张展示同学们“各不相同的喜好、能力”的色块图案，要将这些图案在班中展出，让人一目了然。引导学生观察，去发现没有两张“轮图”是相同的。老师要注意引导学生不要对自己与他人的不同之处进行评价和判断，而要在看到每个人都有自己的独特之处的同时，对他人的独特表示欣赏，要注意引导学生用欣赏、学习的眼光去接纳别人，要注意引导学生多多关注、欣赏那些平时不被重视、不被看好的学生的长处。

4. “轮图”内项目的内容和数目，老师可以根据所教班级学生的实际情况来设置，对低年级的学生可以不设空格，给学生一些指导；对高年级的学生可以多设一些空格，让学生有自己选择和发挥的余地。

5. 本课内容适合小学二到五年级的学生。

[评析]

本课的主要目的是要帮助学生增进对自己的认识和了解，体会每个人都是独一无二的。这也就是要让学生有一个良好的自我意识。自我意识是指每个人对个体的自我认识，它不仅包括对自己与他人相似性的认识，更包括对自己区别于他人的独特性的认识。只有这样，个体对自己的认识才是全面的、准确的。自我意识是心理健康教育的核心，它在儿童青少年成长中起着不可估量的作用。自我意识制约着个体的情感、意志、行为和人际关系，自尊、自爱、自信是保持心理健康、走向成功的基本条件。

本课教师的设计比较符合小学生的年龄特点，通过“猜猜他是谁”的游戏，让学生了解每个人都是有特点的；通过“涂涂轮图”的活动，让学生看到了每个人都是独一无二的，从而既尊重、珍视自己，也尊重、珍视他人。活动的形式是学生喜欢的，能引起学生兴趣的。

本课的不足之处在于最后的部分，似乎比较单薄，如果能让学生在了解自己和他人独特之处的基础上，再通过互相之间的分享、接纳和认同，引导学生进一步发现自己既有这些特点，还有许多潜力可以发挥，更深入、更全面地认识自己。当然，引导的深度如何，要看学生的年龄而定。

课例二：自信“不倒翁”[1]

一、活动目的

1. 通过活动，帮助学生认识自信的重要。

2. 通过活动，帮助学生学会建立与巩固自信的具体方法。

二、活动准备

1. 了解学生在自信心方面的情况和具体表现，以便在课内可以进行有针对性的引导。

2. 课前要求每个小组共同制作一个面带微笑的“不倒翁”。

3. 针对学生的实际，制作一些“自信激励音带”，可能的话多制作几盘。

三、活动过程

活动一　玩玩想想，引发兴趣——“不倒翁”的启示

同学们，让我们一起来玩一玩面前的“不倒翁”，请你从各个角度打击它，并观察它的反应（以小组为单位玩“不倒翁”，并说说“不倒翁”的反应：面带微笑，永远不倒）。

学生小组讨论，回顾成长的经历。在生活中，也有很多事曾给你打击，如遇到难题、考试失利、朋友误解等，当时是什么使你像“不倒翁”一样坚持不倒呢？

——是自信！

对，我们靠的是“自信”，所以，我们把它叫做自信“不倒翁”。

活动二　自我认识，测定指数——“不倒翁”考考你

你的信心指数

下列问题，回答“是”，则将箭头中对应方框涂满，计算涂满的方框数，可得出你的信心指数。

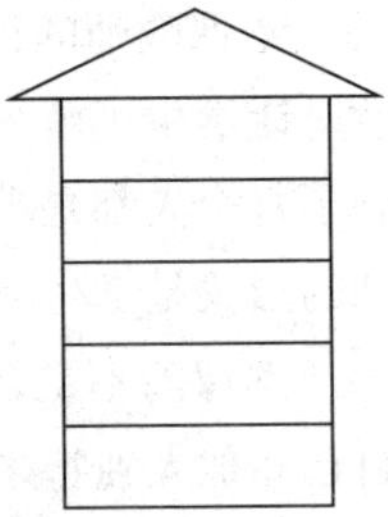

与别人谈话时，能否正视对方的眼睛？

是否经常开怀大笑？

走路时脚步是否快速有力？

是否经常当众发言？

是否经常用肯定的语气说话？

学生完成自我测定，让每个同学了解自己的信心指数。

---

1. 吴增强，《小学生心理辅导指南》，上海科技教育出版社，2001。

"不倒翁"的悄悄话

如果指数表明你还缺乏自信，没关系，跟我来，我们一起做，

记住，行动可以改变心态。

行动是改变心态的重要方法，我们可以通过开始积极行动来改变自己。

活动三　学习方法，快乐实践——"不倒翁"的法宝

让我们一起来学做自信"不倒翁"。

"不倒翁"给我们的自信法宝之一：重视仪表

（1）整洁、得体、大方的仪表能增强自己的自信（可找整洁、得体的儿童画像或照片与邋遢的儿童画像或照片放在一起，让学生看一看，说一说，哪种形象给人以自信感）。

（2）小组讨论并完成练习：找出能增强自己自信心的那些仪表特征（可以做一做，找找感觉）。

"不倒翁"给我们的自信法宝之二：自我鼓励

你若能进行激励自己的自我对话，也是增强自信的好方法。

（1）完成以下练习：

面对如下情景，你如何进行自我鼓励，请将它写在下面的方框内（空白的格子内，你可以填写以往曾经碰到过的事情，当时你没用自我鼓励的对话，现在想来可以如何说呢？请将它写下来）。

（2）集体交流自我鼓励对话的内容（可以在小组内，也可以全班进行交流），并请大家感受一下，哪些自我对话更能让自己提高自信心。

情　　景	自我鼓励的对话
语文考试得了65分，你很难过，这时候……	
想参加班级干部竞选，你最好的朋友却说："我看你呀，算了吧。"这时候……	
体育课200米跑，你落在最后，这时候……	
做游戏时只有你一个人没找到搭档，这时候……	
……	
……	

活动四　巩固方法，模拟训练——学做自信“不倒翁”

我们已经学习了建立自信的方法，要巩固自信，就需要天天训练。因为，自信的培养非一日之功，每天都要使用学到的方法来鼓励与训练自己，自信才会永远陪伴你。这是你增强自信的“必修课”。

下面我们进行“自信每一天”的模拟训练。

自信每一天

起床后，面对镜子，给自己一个微笑，对自己说：“你看起来好极了。”

上学路上，给所有的人以微笑，并把脚步加快。

上课时，积极争取当众发言的机会，并尽可能地大声表达自己的观点。

下课时，主动找平时不熟悉的同学，甚至是高年级同学做玩伴。

睡觉前，对自己说：“你干得很好，而且明天会更好。”

……

（1）学生小组活动，按要求进行自我训练，小组成员互相评价。

（2）小组或全班进行训练后的交流，讲一讲，你进行自我鼓励对话之后的感觉。

教师的祝愿：今天，我们知道了建立与巩固自信的方法，我们可以在生活中经常使用这些方法，使自己成为一个自信的人，做一个自信“不倒翁”。

“不倒翁”又给了你们一个好主意，看：

“不倒翁”的提示

你可以制作一盘“自信激励音带”，用你最喜欢的音乐作背景，再录入鼓励自己的话，经常听，经常说，你就一定会自信。你相信吗？不妨试一试，就这么简单。

我们可以根据“不倒翁”的提示，用播放“自信音带”的方法来增强自信。

现在大家就可以来听一听，试一试（播放音带，可建议学生自己录制音带）。

当你需要为自己打气时，你可以双手翘起大拇指，告诉自己是最棒的。

“我真的很棒，我真的很棒，真的很棒！”

四、建议与说明

1. 课前要了解一些学生中因自信而带来成功的生动案例，以便在开始讲自信“不倒翁”时，用学生自己的素材来说明。

2. 关于激励自己的自我对话情景的创设，不一定完全按照书上提供的内容，教师可以根据学生的实际情况，用那些学生经常会丧失自信的情景来重新设计，这样可以更加贴近学生，训练会更有效。

3. 指导学生听录音带时，不要做硬性统一规定，老师可以事先多准备一些不同内容的，或者同一内容的多制作些，让学生适当地分散听，分别去感受效果会更好。

4. 可能的话，教师可以根据班级学生的情况，制作一些有针对性的音带，在课间播放，以不断强化练习。

5. 本课适合小学四、五年级的学生。

[评析]

本课例的标题和开头都很不错，运用学生自己制作并熟悉的“不倒翁”来导入，引出关于自信的话题。自信心是一种积极的心理品质，是每个人开拓进取、向上奋进的动力，是一个人取得成功的重要心理素质。自信心在个人成长中具有显著的作用。这种心理品质应该从小培养。我们都知道，一个没有自信的人常常表现胆怯、遇事畏缩不前、害怕困难、不敢尝试，他的认知能力、动手能力、交往能力及运动能力等发展就缓慢，往往会一事无成。一个有自信心的人，可以不怕困难，积极尝试，奋力进取，获得更多的知识和经验，争取更好的成绩和进步。自信心就像人的能力的催化剂，将人的一切能力都调动起来，将各部分的功能推动到最佳状态。大量的事实证明，鼓励对增强学生的自信心是有益的。在本课活动的设计中，教师就很好地运用了自我激励的方法，让学生去尝试，让学生去感受，学会培养自信心的方法。这样的活动既符合学生的心理年龄特点，又符合心理健康教育课让学生参与体验感受的宗旨。

课例三：优点大集合[1]

一、活动目的

1. 通过活动，让每一个学生都能充分了解自己的优点。

1. 吴增强，《小学生心理辅导指南》，上海科技教育出版社，2001。上海市中小学心理辅导协会，《小学心理辅导活动课教案集》征集稿，2006。

2. 通过活动，让每一个同学都悦纳自己，相信自己是很棒的。

二、活动准备

1. 写好本班级学生各种优点的“优点大词典”海报1张（可用大的白报纸，也可做在PPT. 上）。

2. “优点放大镜”工作纸每人1张。

3. 每个同学准备一个苹果。

三、活动过程

1. 热身运动：找苹果

（1）请大家把带来的苹果拿出来，仔细地观察它，记住它的特征；

（2）请大家将自己手中的苹果与小组里其他同学的苹果都集中放在一起；

（3）请每个人从小组的一堆苹果中，找出自己的那一只；

（4）说说你是怎么找到自己的苹果的？

你对苹果上的那些小伤痕，有什么想法与感受？找苹果过程的前后，你的想法一样吗？

是呀，苹果上面那些斑点、伤疤，看上去虽然不好看，但是恰恰能帮助别人记住它、认出它，而那些太过完美的苹果，却因为没有特点而不容易让人分得清。现在看看，是否这些斑点、疤痕都变得可爱起来了。

2. 活动体验：

活动一　故事与讨论

（1）我们先来听一个有趣的故事。故事的名字叫：

胖子第一家

在一座小山谷里，有一个七家村。

其中一户人家姓黄，就是我们称之为“大肚黄”的那一家。他们一家四口，真的各自拥有一个大肚皮，因为他们是本村最胖的四个人。

黄爸爸是一名木匠，幸而他自己会造桌椅、床柜，否则买回来的凳子一坐就烂，买回来的床铺一睡就塌。

黄妈妈是家庭主妇，她要替家里每个人做衣服，因为他们曾经走遍全城，找不到一条适合穿的裤子。只要看一看他们家晾在门前的衣服，就知道他们的尺码是XXXXL（加加加加大码）。

两个孩子都要上学，他们已经坐坏了学校十张椅子，最后还是爸爸做了两张特别坚固的送给学校，他们才有椅子可坐。

村里的人起初对这一家并不友善，因为只要他们中的一人在路上行走，其他人休想超过他们。跟他们一同坐车，车行特别慢，而且容易坐破轮胎。他们一家去泳池游水，池水立即升高，而且再没有游泳的空间。

因此，黄家人总是远远地躲开村里人，怕被别人嘲笑；还常常唉声叹气，埋怨自己太胖了，觉得自己一无是处。

有一天，忽然刮起了多年未见过的狂风。放学回家的孩子们，滞留在山脚，不敢回家。因为在山脚至村落之间，有一处风口，就算是大人也站立不稳，可能被风卷起，跌落到山崖下面。

黄家两个孩子因为够斤两，不怕风吹而跑回家报告了情况。

黄爸爸、黄妈妈一同下山，把孩子们一个又一个地护送回家。他们俩上山下山，走了七八趟。一身大汗，衣服湿得贴在背上。所有的孩子在他们的护送下都安全地到了家。

又有一次，村子里有个老人生了重病，要送到城里的大医院去，可是，车子刚到村口就陷入了泥坑。就在人们手足无措的时候，黄爸爸和黄妈妈来了，他们在车子后面使劲一推，车子又能行驶了！老人被及时送到了医院。

从此以后，村里的人不再疏远他们了。

（2）故事听完了，有四个讨论题，每一组派代表抽取一个，在小组内进行讨论。

a. 如果你是黄家的一分子，你会怎样看待自己？

b. 如果你是七家村的居民，你会怎样看待黄家人？

c. 你觉得黄家人有哪些优点？

d. 你有没有过像黄家人这样的感受？

小组讨论后，请各组派代表将讨论结果与大家分享。

是啊，在我们班里，常常听到有同学说，自己不行，自己不如别人。真的是这样吗？其实，我们每个人都有自己的优点，都有自己与众不同的地方，当然每个人也都有自己的缺点，就像大家手里的苹果，每一只都有它令人喜爱的地方，都有自己独特的地方，虽然，苹果上有一些小斑点，但它还是又香又甜的大苹果。下面，我们就对苹果说说悄悄话，夸夸它，好吗？

你们发现了没有，听了你们的悄悄话，苹果变得更香、更漂亮、更招人喜欢了。下面，我们请每个同学也对自己说说悄悄话，做一个优点大集合活动，让我们更喜欢自己。

活动二：优点大集合

1. 优点放大镜

老师拿出一个放大镜让学生观察，并说这是一个神奇的放大镜，它叫“优点放大镜”。请你们每个人都想一想，你的优点可以帮助你在哪些方面成功，选择你最明显的优点，并把它写在放大镜上。

2. “优点大词典”

“优点大词典”上罗列了许多我们班同学身上的优点（张贴“优点大词典”），请你看一看，找一找，然后在你的放大镜中加上你新发现的优点（放大镜不够的话，可以自己再画上去）。

3. “朋友，请欣赏我”

每个人的优点都有许多，有些我们或许没发现，但朋友是我们的镜子，能帮助我们更好地了解自己。向组内同学展示你的放大镜，听一听，同伴补充提出的你的优点，全小组同学一起来完成“朋友，请欣赏我”的活动，并将组内同学对你的欣赏填写到放大镜上。

你感到高兴吗？你感到自己很了不起吗？

4. “闪光台”

每个人的优点都帮助自己在很多方面获得了成功，你们都要学会放大自己的优点，使自己在更多方面成长进步更快。老师为你们的优点搭建了一个表现的平台，我们叫它“闪光台”。现在，请带上你的“优点放大镜”，到“闪光台”上，向伙伴和老师夸夸自己。

5. 信心指数大爆棚

“优点大集合”活动是否让你的信心增加了啊？请你画一画你现在的信心指数吧。

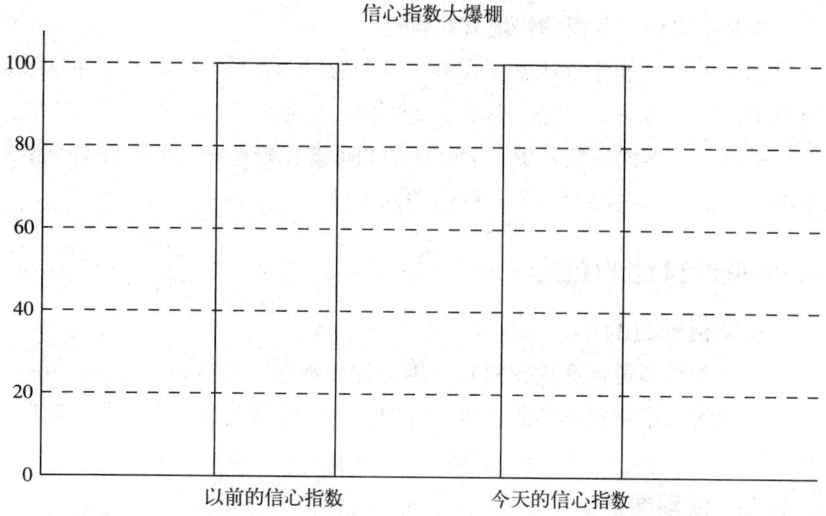

6. 老师小结

原来我们班同学身上有那么多的优点啊！你们是不是很高兴啊！老师也为你们感到高兴，你们是最棒的！让我们一起大声喊——我是最棒的！

四、建议与说明

1. 本活动的成功之处在于教师对学生的了解与熟悉，教师要在充分了解学生的基础上，事先精心准备一张“优点大词典”的海报（或PPT.），以便在学生完成“优点放大镜”后，帮助学生深入了解自己的优点。

2. “优点放大镜”可以是事先将“放大镜”印在纸上发给同学，但若条件许可的话，可以做成小型的、模型“放大镜”若干个，让学生将优点填写上去、展示出来，效果要更好些。

3. 在活动过程中，尤其是学生到“闪光台”上夸夸自己的时候，教师要注意不要对学生做个体之间的比较，要让每个学生都为自己的优点而自豪。

4. 本课适合小学三年级的学生。

[评析]

本节课通过学生的自我体验，着眼于让每个学生都感受到自己的优点，就连平时一些不起眼的地方、或者是自己认为的缺陷之处，也能起到相当的作用，也是自己的优点。整堂课通过故事的形式，让学生体验故事中主人公的心理活动，气氛活跃，学生都能畅所欲言；通过完成“优点放大镜”和“朋友，请你欣赏我”的活动，让同学发现自己，找到了自己平时没有发现的优点，增加了自信，从而愉快地喜欢自己。

活动的设计能注重让学生在参与中的感受与体验，但整个设计与组织的过程中，好像活动少了些，小学生要让他们动起来、玩起来，在欢声笑语中获得提高。在本课的设计中，学生活动的形式比较单一，若能针对小学生的年龄特点，多一些游戏、多一些活动则更佳。

课例四：自己的色彩

一、活动目的

1. 培养性别角色意识，树立正确的性别观念。

2. 找到自己性别角色的优势，悦纳自己的性别角色，快乐自信地学习生活。

二、活动准备

1. 事先在一定范围内进行调查，对于小学五年级学生性别角色的不同特质适当了解。

2. 音乐、卡纸、彩色笔等。

三、活动过程

活动一　自己的色彩

1. 游戏：A圈或B圈

规则：看大屏幕上出现的问题或情境，根据你的想法，在两个选项中选一个，并站到相应的A圈或B圈中。

（1）一条小河挡住了去路

A. 脱下鞋子，挽起裤脚蹚水过去

B. 从附近的小桥绕过去

（2）我更喜欢的颜色是

A. 粉红色　　B. 天蓝色

（3）有礼物可选择我会要

A. 一辆遥控车

B. 一个芭比娃娃

（4）双休日我喜欢

A. 和小伙伴在一起聊天

B. 和小伙伴在一起踢球

请大家仔细回忆一下，说说在游戏过程中，你发现了什么？

男女有别，我们要为我们的差别欢呼!

2. 我们来欣赏：看图片（自然风光组图……找出自然风光中有对比的画面。）

照片中有北国长城的雄伟，也有南方水乡的柔美，有高山的巍峨和伟岸，有小溪流水的恬静与从容，有大树的挺拔，亦有花朵的娇美，这是自然真实的本性，大千世界也因为各自的不同而变得多彩。顶天立地的小男子汉，心思细腻的小女孩，你们同样各自拥有不同的色彩，因为男孩女孩各自的不同色彩让世界多姿多彩。所以说：我是男生，这很棒哦！我是女生，这很好啊!

活动二　喜欢自己的色彩

男生和女生拥有不同的色彩，我们各自用心去发现自己的色彩所拥有的不同优势

（1）脑力激荡：男孩的优势、女孩的优势

（2）男女生优点接龙

（3）出示男孩女孩的几大优势

男孩女孩的优势

男孩

男孩多数用脑子做事情

男孩一早醒来不用担心头发乱蓬蓬

男孩比女孩更酷

男孩不会老是难为情

男孩看恐怖片眼皮一眨也不用眨

男孩做事不拖泥带水，扭扭捏捏

男孩不喜欢讲套话

男孩很讲义气

男孩不拘小节，不会斤斤计较

男孩勇敢、坚强、不怕困难

女孩

女孩多数用感情做事情

女孩的头发老是梳得服服帖帖

女孩看上去会比男孩漂亮一些

女孩比较文静安静

女孩很细心

女孩有爱心

女孩比较爱干净

女孩走路姿态优雅

女孩做事更斯文，打喷嚏时会用手捂着嘴

女孩善良、温柔、关心别人

我们发现了自己有那么多的优势，大家心里有什么样的想法呢？

学生分享交流

活动三　我们彼此眼中的色彩

的确，我们各自都有很多的优势，但有这样一句话说："不识庐山真面目，只缘身在此山中"也许真的是当局者迷哦！在我们发挥自己优势的同时，是不是要把握好一个"度"呢？

接下来让我们男女生互相说说彼此的色彩，想想在现实生活中，我们班男生女生的优点，还有没有彼此要提醒的，让我们一起送上暖融融的真诚心语。

（1）互赠心语（将事先准备的卡纸发给学生，分组给男女生赠送心语）。

（2）分享心语。

收到彼此的心语，真诚的话语、友善的提示，一定会让我们彼此的色彩更加亮丽，一起加油哦，我们可以做得更好！

活动四　和谐我们的色彩

男孩女孩都拥有不同的色彩，在现实生活中，我们将彼此的优势互补，那样，我们会做得更好。

（1）我们是创意大师。

男女生分组合作，用多米诺骨牌进行创意（亦可运用其他道具让男女生共同合作完成一项任务）。

（2）作品分享。

（3）寻找生活中男女生运用各自优势一起合作将事情做好的例子。

是呀！现实生活中，我们女生的细腻、谨慎、考虑问题周到，加上我们男生的勇敢、坚强、善于动脑，一定能将每一件事情做得更好！

我们分享了自己的色彩，我们一起经历成长，这多好！

四、建议与说明

1. 教师在上本节课以前，要对学生的性别悦纳情况做一些调查，然后针对班级同学的实际，组织教学。

2. 在引导学生讨论和互相欣赏对方色彩的时候，老师要注意让男生和女生既看到自己的优势，也要看到对方的优势，要学会用欣赏和赞美的眼光去看待对方的性别特点和优势。

3. 本堂课开始的游戏，一方面是一个热身活动；一方面又能很自然地让学生认识到不同的性别角色拥有各自的特征和喜好，但学生在选择中也有可能会出现“意外”，不那么直接体现性别的特点，老师要接纳和正确看待，这同样也是正常和合理的。尤其是现在有些被称为假小子的女孩，她的行为可能很男孩化，老师可以淡化这些情况，让她们在以后的活动中自己去发现和选择。

4. 本课适合小学五年级的学生。

[评析]

小学高年级学生正处于青春前期，学生的性别意识增强，开始关注自己、关注异性。

本堂课教师通过关于探讨“自己颜色”的一系列活动，在孩子成长的特殊时期，帮助他们认识、认可自己的性别角色，同时发现不同的性别角色拥有各自的特征和优势，为自己的性别角色而自豪。这是一个很好的选题，也是对小学高年级学生来说很必要的一课。

本课开始的导入活动很有特点，通过让学生选择A圈或B圈游戏，既达到了热身的目的，又很自然地让学生看到男生与女生，由于性别的不同而带来的不同兴趣与爱好。学生对这样的活动有兴趣，没顾虑，而且还不知不觉地营造了一个宽松、愉快的气氛。接下来的系列活动，引导学生认识各自的性别优势，最后又从一个男女生合作的游戏中让学生认识到，在现实生活中，要各自发挥优势才能将事情做好。整堂课先分后合，来自于生活又回归生活，既让学生初步了解了性别的不同特点，又看到了各自的性别优势，喜欢自己的性别，让自己变得更加自信，更加有光彩，是一节不错的性别教育课。

第二节　学习有趣篇

课例一：知识的魔力[1]

一、活动目的

在了解自然科学信息、小实验和读书等各种活动中，让学生体会到学习是一个吸取知识、富有趣味又能展现自己智慧与能力的过程，从而激发和增强学生对学习的浓厚兴趣。

二、活动准备

1. 实验用材料：米汤、碘酒、酒精灯、蛋、杯子等，至少每小组一套。

2. 向学生推荐的一些图书：请学生将自己喜欢读的书带来，老师也带一些适合学生读的书。

3. 问题的答案了然于胸。问题参考答案见新世纪版《十万个为什么》。

三、活动过程

也许你是一个爱动脑筋的“小机灵”，想揭开宇宙的奥秘，探索大自然的奇迹……那么，就请你从书本里走出来，瞧瞧外面的世界吧!

1. 信息发布会：奇妙的世界

在平时的生活中，人们有许多的疑问无法解答。老师今天组织了一个关于世界真奇妙的信息发布会，请在座的同学做本次信息发布会的嘉宾，请各位嘉宾就自己所了解的、知道的知识，对我们这个奇妙的世界来做一些解答。

以下是今天信息发布会上要发布的内容，请各位嘉宾准备一下，一起来回答吧。

（1）干冰是冰吗?

（2）橄榄油是从橄榄里榨出来的吗?

（3）红乳腐上的“红衣”究竟是什么?

（4）世界上哪一种树最大、最高?

（5）体操运动员比赛前为什么要在手上抹白色碳酸镁粉?

（6）君子兰是兰花的一种吗?

（7）酒能解鱼腥的秘诀是什么?

（8）为什么吃菠萝时最好先蘸盐水?

---

1. 夏秀蓉，《小学生心理健康自助手册》（3～5年级用），上海教育出版社，2003。

(9) 玻璃上的花纹是怎么刻出来的?

(10) 彩色照片为什么会退色或变色?

我们的小嘉宾回答得真不错，他们对知识的探索精神和求知欲，真让我们感动。学习可真是一件有趣的事情啊!

2. 老师介绍：世界无奇不有

- 森林疗法：听说过森林疗法吗？森林能治病，它靠的是树木散发出来的“活力素”，能杀死空气中的细菌，有助哮喘、百日咳等疾病的治疗。

  在森林里散步，你会觉得心旷神怡，因为森林中有许多负氧离子，对高血压、心脏病和流感等有一定的疗效。森林还可以改变一个人的性格。研究表明，一个胆小、不爱说话的儿童，要是在森林中度过一个星期，他的积极性和自信心会大大加强。
- 奇怪的清泉：江西紫阳观的一个清泉每逢单日是酸的，而逢双日又是甜的了。你们觉得有趣吗?
- 非洲有一种怪石能在水面上浮而不沉。你们听说过吗?

……

你们一定想知道那是为什么吧！说实话，老师也不知道是什么原因，还得要好好看书，好好学习呀!

3. 动手试试

开动脑筋后，这回该轮到我们大家动动手，亲自试一试了。

(1) 米汤作画：听说过用米汤作画吗？这可是千真万确的事，而且你也能做到。

请同学们先在白纸上用米汤作一幅画，晾干后，你发现＿＿＿＿＿＿(纸上什么也没有了)。别着急，取一瓶消毒用的碘酒，倒少许在铁罐中，放在火上加热，待碘酒冒气时，把纸放在碘酒蒸汽上，不一会儿，你会发现＿＿＿＿＿＿

其中的奥秘是什么呢? ＿＿＿＿＿＿＿＿＿＿＿＿

(2) 水中悬蛋：在空玻璃杯中盛半杯清水，往杯中放一个鸡蛋，再往杯中一点一点地加入食盐，当你加到一定量的时候，奇迹出现了：鸡蛋＿＿＿＿＿＿。

这是因为＿＿＿＿＿＿＿＿＿＿＿＿＿＿＿＿

刚才的小实验都做了，也都看到了。其中的道理你们明白吗？如果不明白是去问老师、问父母，还是____________________________？有没有想到自己去看书寻找答案呢？

4. 打开知识的宝殿

出现画面（或PPT.）：用书堆积起来的（排列着的）锁着大门的知识宝殿。

去看看智慧的小屋里藏着什么；去听听书香城堡的市民们谈些什么；去寻找开启智慧殿堂的钥匙……

让同学们谈谈自己在打开知识宝殿过程中的收获和感受，并可介绍一些平时自己最喜欢看的书，从读书和学习（可以是各种形式的学习）中得到乐趣和收益，形成一个同学之间互动的氛围。

你感受到了获取知识的快乐吗？你感受到了知识的魔力吗？大胆去探索，积极去学习吧！

当你在知识的门前徘徊时，请不要犹豫，用那神奇的钥匙去打开知识的宝殿，书中充满乐趣，书中藏有聪颖，凭借毅力，你一定能一步步地登上通向成功的阶梯。你一定会成为一个富有智慧的人！

四、建议与说明

1. 在课前发动学生收集自然科学方面的信息及各种书籍，以在课内“无奇不有”、“打开知识的宝殿”活动中与同学进行交流和展示，既能相互扩大知识面，又能相互激发兴趣。

2. 考虑到孩子的年龄特点，在做小实验时，特别要注意化学试剂品的安全，要在老师的指导下进行。做实验学生的面一定要广，力求人人动手（如果考虑到安全的因素，在做“米汤作画”时，前面部分画画，可以让每个学生都做一做，后面“火上加热”的部分，老师可作一个演示让同学们看一看）。

3. 本活动课的内容很容易上成自然常识课，教师要把握好，要把引导的重点放在学生的兴趣激发和感受体验上，而不仅是科学知识的传授上，揭示问题的答案是为了激发学生的求知欲和探索的兴趣、让学生体会求知的乐趣，从而激发学习的兴趣和积极性。

4. 在活动过程中，要及时鼓励学生想自己去寻找答案的做法，小实验的原理应让学生自己去寻找，让学生体验自主求知的成就感，如果活动时间内无法完成整个探询过程，可以鼓励学生将问题留到课后自己解决，并在下一次活动中安排交流，分享体验。

5. 本课适合小学四、五年级的学生。

[评析]

学生对于学习的感受和认识，将直接影响学生的兴趣、求知欲和进取精神，也影响着学生未来的发展。许多学生在尚未真正了解知识的魅力之前，就已因各种各样的原因得到了一些对学习的负面感受，从而大大降低了学习的兴趣。学生中有这样一个现象，一年级小学生对学校很喜欢，对学习有兴趣，但随着年级的升高，对学习的兴趣却在减退。老师针对学生中容易产生的这种现象，设计了各种活动，让学生充分了解和感受学习是一个吸取知识、富有趣味，又能展现自己智慧与能力的过程，从而激发他们对学习产生浓厚的兴趣。同时，老师又通过同学之间的互动，激励同学培养广泛的兴趣，鼓励学生多读些书籍，都起到了积极的作用。

教师善于用生动的事实激起学生对学习科学的向往，善于用有趣的问题向学生“发难”，善于用富有魅力的语言揭示科学的奥秘，促使学生跃跃欲试。学生的求知欲越强，对学习科学文化知识的兴趣也越高、越持久。因此，本活动过程中，教师借助于求知欲来培养学生的学习兴趣，又在培养学生学习兴趣的基础上再去不断地激发他们的求知欲，是一个不错的设计和尝试。

但是要注意的是，有些活动要特别注意学生的安全（如加热碘酒），若能设计一些既安全，又能让学生人人动手、人人参与的活动，则效果一定更佳。

课例二：智斗“拦路虎”[1]

一、活动目的

1. 帮助学生了解自己学习中的“拦路虎”种类以及制服的方法。

2. 培养学生克服学习困难的勇气和信心，学会坚持不懈。

二、活动准备

1. 了解学生中存在的学习“拦路虎”情况，拍摄录像片段或照片。

2. 准备表演木偶剧的简单道具。

3. 各种老虎的拼图。

三、活动过程

1. 课题导入：木偶剧“武小松遇虎”

老师以一块移动的黑板作为木偶剧的舞台，表演自编的“小武松打虎”。（剧情是：武松的儿子武小松在路上遇到了小老虎，因害怕而逃跑了）。

揭示“拦路虎”：在我们平时的学习生活中，遇到的种种困难就是一只只

1. 静安区教育局，《心理健康教育教案集》，2002。

“拦路虎”，挡住了我们走向成功的道路。

2. 情景重现：我们面前的“拦路虎”

播放事先拍摄的学生学习生活的几个片段（如做作业时注意力不集中，一会儿玩玩具，一会儿看连环画，一会儿玩电脑；做题目时碰到难题就不做了，等等）。

（1）请同学们找一找，片中的小主人公遇到了哪些“拦路虎”？

（2）假如你是片中的小主人公，你会需要怎样的帮助？

（3）你能用什么方法去帮助小主人公制服“拦路虎”（小组讨论后，用小品表演形式表现）？

3. 游戏“智斗拦路虎”

（1）各小组代表领取一个大信封（信封内装有游戏的规则及能拼成各种老虎的纸片。请每个同学拿一张纸片，然后找到与自己纸片相同颜色的同学，共同完成老虎的拼图任务）。

（2）老师：告诉同学们，老师前几天也遇到了一只“拦路虎”（出示老师拼好的虎图），它叫“半途而废虎”，它是专门对付那些做事学习没有恒心的人的。你们身边还遇到过什么“拦路虎”呢？

（3）各小组同学根据自己周围“拦路虎”的情况，给“拦路虎”起名字，如骄傲自大虎、粗心马虎虎、三心二意虎、注意力不集中虎、自吹自擂虎、粗心大意虎等。各组代表介绍“拦路虎”的特点，并将其贴在黑板上。

（4）做“铁栅栏”关“拦路虎”

面对这么多的“拦路虎”，我们怎么办呢？要与它斗一斗，要把它们关起来。

请同学们将你们制服这些“拦路虎”的好办法，写在桌上的“铁栅栏”上，我们要将各种挡住我们成功的“拦路虎”关起来。学生完成各种“铁栅栏”并做些简单介绍后，就把“铁栅栏”将相应的“拦路虎”关起来。

4. 木偶剧结尾：“武小松打虎”

老师还是在一块移动的黑板后面表演：武小松又遇到了老虎，这次他不再害怕，而是勇敢地与老虎斗，老虎害怕地逃跑了。

学习路上的“拦路虎”并不可怕，只要我们勇敢地与它斗，就一定能战胜它。

四、建议与说明

1. 整个活动过程中，教师的指导和导向很重要。开始导入时，通过教师的自编自演，通过生动形象的故事，吸引学生的注意力，引出本活动要讨论的主题“拦路虎”。因此，老师要做好充分的准备，事先要准备好表演木偶剧需要的小孩（武小松）和老虎的木偶道具，并准备好相关的台词（但不要太多、太长，仅仅是导入）。

2. 活动课的结束还是以木偶剧的形式，既前后呼应，又可以将一些鼓励和希望的语言，通过表演过程中武小松的台词说出；既生动形象，又没有枯燥的说教，可以很好地起到结束语的作用，但也不要太多和太长。

3. “智斗拦路虎”的游戏中拼老虎图的过程，让学生动一动、找一找，主要是调动学生的兴趣和积极性。

4. 让学生做“铁栅栏”，将“拦路虎”关起来，学生参与的兴趣很高，充分调动了学生的积极性，又在“关老虎”的过程中，让学生有所启发和收获。

5. 最后一个环节交流“铁栅栏”时，要尽可能将“拦路虎”分散些，以便让更多的学生观看其他小组的“斗虎”情况，起到相互交流和启发的作用。

6. 本课适合小学三至五年级学生。

[评析]

“拦路虎”是指那些阻碍人们前进的各种困难。小学生在学习生活中不可避免地会遇到困难而产生这样那样的困惑。老师在活动中很好地提供给孩子们这样一个感受的机会——原来，困难问题并没有那么可怕，人人都会遇到，总是可以想办法解决的。这样的想法一旦通过感受而产生的话，对孩子的成长将产生积极的影响。

我们欣喜地看到，教师在整个活动过程中，始终以一个平等参与者的身份出现，他勇敢揭示自己身边的“拦路虎”，真诚向学生诉说自己的烦恼以及“斗虎”的经历。学生会很自然地发现，原来每个人，包括老师，也和大家一样，都会遇到“拦路虎”，都有困惑，重要的是要有勇气去面对那些“拦路虎”。因此，也就有了学生找到身边“拦路虎”和用“铁栅栏”关“拦路虎”的积极性和实效性。

要有直面困难的勇气，要有解决困难的信心，要有合理解决困难的意识，这些在这节课中，学生都已有了初步的体验和感悟，相信这将在学生今后的成长中发生作用。因此，本活动的内容不仅仅在学生学习的指导上，还可以延伸到成长过程的各个方面。

本活动如果将学生小品表演部分改成交流分享会更好些，一则可以节约时间，二则可以使整个活动更加紧凑。

课例三：给厌学开“处方”[1]

一、活动目的

1. 帮助学生了解自己的学习状态，激发学习的热情。

2. 引导学生自我剖析产生厌学情绪的原因，帮助他们克服厌学情绪，培养学习兴趣。

二、活动准备

1. 了解学生对学习的不同态度，尤其是厌学同学的表现和情绪。

2. 准备学习状态自我诊断的题目纸，每个同学一张。

3. 准备好不同学习态度的、有厌学情绪的情景题3个，放在信封内。

三、活动过程

1. 测一测你的学习状态

根据实际情况，对下列题目做出最适合你的选择。

（1）学习遇到困难时，是否问老师？

A. 经常问　　B. 有时问　　C. 从不问

（2）你关心自己的考试成绩吗？

A. 非常关心　　B. 有时关心　　C. 从不关心

（3）解题时，是否常常试图找出较为新颖的方法？

A. 经常这样　　B. 有时这样　　C. 从不这样

（4）成绩不好的科目，是否更努力去学？

A. 更努力去学　　B. 有时会更努力去学　　C. 不努力去学

（5）是否认为不努力学习是不行的？

A. 总这样认为　　B. 时常这样认为　　C. 偶尔这样认为

（6）能否一坐到书桌前就马上开始学习？

A. 能　　B. 有时不能　　C. 不能

（7）是否认为学习没意思？

A. 一直这样认为　　B. 有时这样认为　　C. 从不这样认为

（8）是否讨厌对学习要求严格的老师？

A. 不讨厌　　B. 有些讨厌　　C. 非常讨厌

（9）学习时，有人打扰你是否感到厌烦？

A. 是　　B. 有时是　　C. 不是

---

1. 吴增强，《小学生心理辅导指南》，上海科技教育出版社，2001。

（10）是否经常把零花钱省下来买学习用书？

A. 经常这样　　B. 有时这样　　C. 从不这样

评分规则：每题选A为2分，选B为1分，选C为0分，将各题得分相加，统计总分。你的总分是______。

15分以上，表明你的学习状态良好，对学习充满热情；

13～15分，表明你的学习状态、学习热情一般；

12分以下，表明你的学习状态不佳，对学习缺乏热情。

自我测试以后，学习状态好的同学一定感到很高兴、很满意，而学习状态不佳、学习热情一般的同学可能不开心，挺着急的。

别急！学习状态是可以调整的，学习热情也是可以激发和培养的。

2. 活动：你像哪张脸

请看下图的一张张小脸，他们形象地代表了不同的学习态度，哪一种更像你呢?请在相应的小方格内打个“✓”。

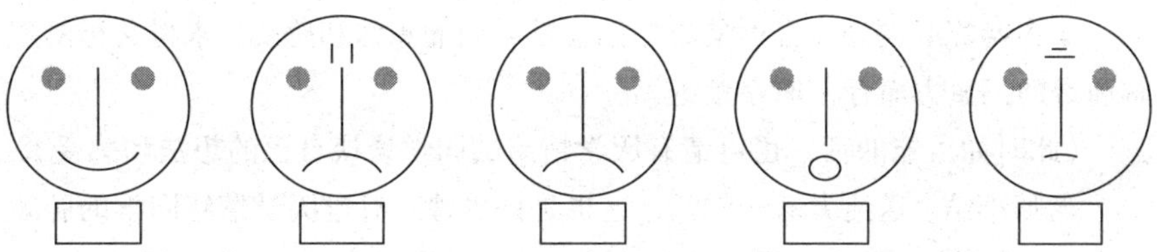

3. 小品表演

请每一个小组的代表抽取一个信封，按照信封中的内容用2分钟的时间准备小品表演。

表演的要求：表演的时间为1分钟，要求参与表演的同学越多越好。

表演情景：

（1）小华觉得读书没多大意思，经常因为过于贪玩而影响作业，老师批评他，他还振振有词地说：“我就是讨厌学习，没劲！”

（2）芳芳学习成绩一般，但父母给她的压力很大，只看分数高低，从不进行沟通和指导。一旦芳芳学习成绩下降了，父母就讥讽挖苦，有时还要打她。芳芳害怕测验、考试，学得很累，对学习不感兴趣了。

（3）小刚从进小学开始，成绩就很差。他曾经努力过，但都失败了。现在他讨厌学习，干脆破罐破摔，混一天是一天。

小品表演完后的讨论：小品中有哪些厌学的表现？他们怎么会厌学的？

我们同学中还有其他的吗?

4. 给厌学者开处方

小组讨论，大家都来当一回医生，给厌学者开个处方。各小组将处方写在一张A4大小的纸上，完成后将这张纸贴到黑板上，并派代表介绍本小组处方的内容，其他同学补充。

教师结合同学们的发言，归纳出五个处方，请同学们领会:

①要懂得小学生必须努力学习才行，只有求得知识，完成规定的学习任务才是好孩子的道理。

②培养学习的兴趣，不把学习看成是负担，而看成是增加知识的过程，我可以告诉别人许多他们不知道的知识，是很快乐的事，越学越有劲。

③当学习成绩不理想时，不必害怕，不必紧张，每个人都会碰到的，没关系。对自己要充满信心，相信“我能成功!”

④找到适合自己的科学的学习方法，每个人都有很大的潜能，要克服自己的惰性，将自己的潜能尽量发挥出来，争取不断进步。

⑤多与家长沟通，告诉父母自己在学习中的想法和感受，求得父母的理解和帮助，量力而行，循序渐进。

(此时如可能的话，也可请有厌学情绪的同学谈谈自己的想法和感受)。

老师小结: 送给大家一句话，这也是许多曾经有过厌学情绪同学的肺腑之言: 请你记住，只有克服厌学情绪，并付诸实际行动，才能取得好成绩，一份耕耘，一份收获哦!

四、建议与说明

1. 请同学们表演小品的情景题，内容必须是来自所在班级学生的，这样学生就有一种亲切感，也就能演得自然，讨论的时候就有话可说，有话能说，学生也会感到比较贴切，比较切合实际，能解决问题。但要注意的是，情景题不要太多（时间不容许），最多3个，每个可多装几个信封，也就是说，一个情景可以有几个小组同时准备。

2. 对于学习状态自测出来情况不佳的学生，老师要特别关注，多给予鼓励，以免他们产生消极的情绪。

3. 对于班内有厌学情绪的同学，老师可以有意识地让他们参加表演，并作为代表发言，让他们在“看、听、表演、讨论”中有所触动，有所促进，鼓励他们去尝试、去体验学习的快乐。

4. 本课适合小学四、五年级的学生。

[评析]

厌学是小学生众多学习心理问题中，比较普遍的一种现象。产生厌学的原因有环境因素和自身因素等多方面。有的学生不爱读书是由于家长期望值太高、压力太大或父母关心不够；有的学生受社会的影响，认为读书无用而不愿努力学习；有的学生没有养成好的学习习惯，又有过多次失败导致成绩每况愈下的经历而厌学，如此等等。老师选取了学生中比较普遍的现象作为专题，对学生进行具体的引导，比较接近学生。

在活动中，老师试图通过生动、形象的小品表演，让学生体会或看到厌学的表现和原因，并采用学生自我教育的方法，引导学生积极、生动、具体地提出各种处方，对有厌学情绪的学生是有促进作用的。

但是，要注意的是，自我测试后发现自己状态不佳的学生能否积极投入，活动中教师似乎涉及不多。可以说，无论在怎样的学校和班级，这样的学生肯定会出现的。教师如何发现，发现后又如何鼓励和调动他们参与的积极性，是一个必须要注意的问题，否则，容易造成对这些同学的伤害和负面心理。

第三节　快乐交往篇

课例一：生气的时候……[1]

一、活动目的

1.让学生意识到让人生气的事时有发生，而且会带给人许多负面的影响，这是正常的现象。

2. 让学生正确看待自己在生气时的反应，交流探讨合适的调节方法。

二、活动准备

1. 拍摄学生关于“生气”的录像片段。

2. 根据发生在学生中的真实故事，排演小品两则。

3. A4 纸和彩色笔。

三、活动过程

1. 热身活动：轻柔体操

问：现在心情怎么样？（开心、愉快、平静、无聊、没劲……）

其实人的心情非常复杂，每个人都会有开心、生气、平静、委屈……的

1. 上海市中小学心理辅导协会，《小学心理辅导活动课教案集》征集稿，2006。

时候。你说，是吗？就是动物也会有喜怒哀乐等情绪呢！

2. 导入专题

最近森林里发生了一件事，我们一起来听一听，究竟发生了什么。

大象和老鼠

一天下午，森林里的小老鼠末末正在河边散步。这时，树上的一只果子成熟了落下来，正落在末末边上，“哎呀，救命啊！”末末吓了一大跳，往前边的一个洞里急窜了进去，没想到正好窜进了一个在河边睡觉的大象阿平的鼻子里。

阿平也被吓了一下，迷迷糊糊中把鼻子使劲一甩，就把末末摔了出去，可它自己的鼻子呢，正巧甩在旁边的一块大石头上，被划出了一道很长的口子。

（问：你们替大象想想，它此时的心情会是什么样的？）

阿平看着末末，气得火冒三丈，破口大骂起来：“你这个讨厌鬼，没长眼睛啊？没看见我正在睡觉吗？”说着就冲过去要打末末。末末揉着被摔疼的耳朵，委屈地想，“我也是吓着的，我又不是故意要钻你的鼻子？！”末末本想解释一下，一看这架势，吓得扭头就逃……

大象阿平气得直跺脚，大声咆哮着去追末末……

问：像大象阿平这样，生气愤怒时就乱发脾气，你们认为好不好？对大象来讲有好处吗？老鼠末末能接受得了吗？其他小动物们会说些什么呢？

是啊，发生矛盾后，每个人开始都会生气，但是乱发脾气，虽然自己心里痛快了，却会影响周围的人，大家都不喜欢。

出示：发生矛盾，心中生气。
乱发脾气，暂时解气。
处理不当，大家生气！

这就是今天我们活动课要探讨的话题：生气的时候……

3. 看录像：同学的生气事

有个同学也遇到了一件让他生气的事，我们来看看他是怎样解决的。

播放录像——录像中的情景是这样的：

乐乐昨天刚得到爸爸送他的礼物：一个小电扇，他爱不释手。第二天，他将小电扇带到了学校，他很自豪地拿出来给大家看。结果被林林不小心弄坏了，林林顿时傻了眼……

乐乐气坏了，可他知道发脾气虽然能暂时解气，可也会影响周围的人，于是，他就一个人收拾了那个坏了的电扇，坐在座位上生闷气。

问：看了录像，你有什么想法吗？你们认为乐乐这样处理的方法好吗？

一个人生闷气看起来对别人没什么影响，但如果常常如此是要闷出病来的，这是对自己的伤害。

出示：　发生矛盾，心中生气。

乱发脾气，看来不行。

自己生气，闷坏身体。

4. 角色扮演：我来帮帮你

碰到了让自己生气的事，可以在不影响他人的前提下宣泄，但是，也不能伤害自己。那怎么办呢？

同学们在生活中一定也积累了很多好的、有效的解决方法。现在，在我们身边就有两位同学需要大家的帮忙，你们帮帮他们好吗？

请两位同学上台表演。

小品一：我在走廊的转角处和一个同学撞了个满怀，头上撞得很疼，我气坏了，“他怎么走路也不看着点儿”。有同学劝我别生气了，若继续生气的话，头就更疼了，可我忍不住。你们有什么办法让我不气吗？

小品二：我昨天晚上跟妈妈说好，今天要交午餐费，妈妈答应帮我放在书包里。可今天我到学校准备交钱时，怎么也找不到，我急坏了。中午回到家一问妈妈，原来妈妈忘记把钱放进书包了，我很生气。

各小组抽签，讨论可行的方法，并将方法归纳后用彩色笔写在A4纸上。

请扮演者谈谈感受，各小组交流方法（交流完的小组，将写好方法的纸贴在黑板上，并可请同学们自由上去观看与学习）。

小结：同学们说得非常好，大家想出来的办法就是自我调适的方法。生气时如果能适当地调适自己，对自己和他人都有好处，我们何乐而不为呢？

出示：　发生矛盾，心中生气。

自我调适，消解怒气。

调适不易，探索继续。

当我们生气的时候，自己总会不舒服，化解矛盾、排解烦闷的方法很多，以后遇到让自己不开心的事，大家也可以尝试一下，祝愿大家都能快快乐乐地生活。

四、建议与说明

1. 活动内容的取材要注意学生生活中的感受与体验。本活动之中，小品表演的内容来自发生在学生身上的真实事情。因为，心理课是孩子们探索自己心灵的课程，老师讲的故事、举的例子都要贴近学生的生活实际、符合学生的年龄特点，最好直接来源于学生的生活，这样才能真正走进学生的心灵。以上这两个小品，不一定要照搬，教师上课前可以在充分了解、熟悉学生的基础上，选择发生在学生身上的故事，效果会更佳。

2. 老师在心理课上要给学生一个互相交流的平台，使他们能够在互相交流探讨中学到更多适合自己的调适方法，并由此产生一些思考，这样这堂课的目的就达到了。也就是说，教师在引导学生讨论和分享时，要注意尊重学生的观点和想法，不要一味强调与老师的想法一致，这样学生才会畅所欲言，充分发表自己的看法。本活动的结果也证明了这一点。

3. 本课适合小学三、四年级学生。

[评析]

小学生在学校生活中，在嬉戏玩闹中，总免不了会发生矛盾。孩子们之间一开始还好好的，突然就会“阴云密布”，甚至“雷雨交加”。有的孩子生气了会很冲动地跟别人打架；有的孩子生气了会一个人闷闷不乐好久；也有的孩子生气了会想办法忘记，让自己摆脱烦恼……当碰到让人生气的事情时，孩子常常不会正确处理。老师从观察学生的一言一行中，发现了他们的需求，并选择孩子们的故事设计了这节课，内容贴近学生，生动具体，这就为取得良好的教学效果打下了基础。

本活动课的不足之处在于活动的形式比较单一，听故事、看录像、演小品，然后就是讨论，主要的形式就是看和说，如何从小学生的年龄特点出发，让他们动起来，在动中体验，在动中感受，在动中受到启发，在这一方面本课尚有待改进。

课例二：微笑训练营[1]

一、活动目的

1. 通过活动，引导学生感悟微笑给人给己带来的愉悦享受；

2. 通过活动，让学生学会微笑。

二、活动准备

1. 准备《幸福拍手歌》的音乐；

2. 网上查找各种笑脸图片；

3. 水彩笔或蜡笔；

1. 吴增强，《小学生心理辅导指南》，上海科技教育出版社，2001。

4. 学生平时微笑的照片。

三、活动过程

1. 热身活动：大拇指对对、找好朋友

今天，我们一起来到了迪斯尼乐园（媒体出示迪斯尼乐园的画面）。小朋友看看，谁来了？（媒体出示动物：米老鼠、唐老鸭、狮子王、维尼小熊等）

这么多的动物在欢迎我们呢？让我们在迪斯尼乐园，和你的好朋友一起唱拍手儿歌吧!

（学生和老师一起做运动，唱“拍手歌”）

拍手歌：你拍一，我拍一，

小公鸡穿花衣。

你拍二，我拍二，

小猴子吃桃儿。

你拍三，我拍三，

三只小鸟飞上山。

你拍四，我拍四，

小花狗会认字。

你拍五，我拍五，

飞来一只绿鹦鹉。

我们的迪斯尼乐园，到处是歌声，到处是欢笑。小朋友的脸上都洋溢着灿烂的笑容，让我们一起来找找谁笑得最甜、最欢？

2. 看一看，寻找快乐笑容

（1）小朋友，请你找找你微笑时的样子，好看吗？

（2）你怎么会笑得那么开心？（播放师生做游戏的录像）

交流：　学习中有快乐

　　　　活动中有快乐

　　　　新奇的事物也让我们快乐

3. 画一画，找找灿烂笑容

是啊，活动中有微笑，生活中也有微笑，到处洋溢着我们的笑容。大家回忆一下，自己生活中的有趣事或值得高兴的事，然后画出自己欢快的笑脸，涂上自己喜欢的颜色。

（1）学生动笔画笑脸（背景音乐：《幸福歌》）。

（2）把笑脸贴在黑板上，你从这张笑脸中感受到什么，你开心吗？

4. 说一说，露出美丽笑容

小组活动：在自己的小组中讲述自己开心时刻的笑容和快乐。

开心大放送：把欢乐带给全班小朋友（拿出自己微笑的照片讲述）。

5. 开心园地：听一听老师讲的发生在同学们中间的开心事、快乐事。

6. 唱一唱，体会愉快心情

唱歌也是让人快乐起来的一种方法。我们一起来唱一唱感受一下。

（1）播放"幸福歌"，大家跟着音乐唱一唱，跳一跳，体会愉悦的心情，感受音乐带给人的快乐。

（2）学唱一段歌曲。鼓励孩子边唱边微笑。

（3）唱给大家听。

同学们，微笑给我们带来了和谐，带来了健康，带来了智慧，微笑让我们有更多的朋友，让我们的生活更丰富多彩！

同学们，让我们多一些微笑，多感受一些快乐吧！

四、建议与说明

1. 本课是让孩子们进行微笑的训练，孩子是天真可爱、富有童趣的。但现在的孩子因为肩负着繁重的学业重担，加上双休日为学第二门课程而到处奔波，一年级学生虽然刚刚进入学校读书，但已经很少在他们的脸上看到灿烂的笑容。针对这样的情况，要让孩子们在心理课上去感受微笑的魅力，从课上和课后孩子们的反映说明，孩子们需要这样的活动，需要这样的引导和氛围。

2. 对一年级小朋友来说，重要的是活动、体验和感受，因此，本节课以学生的活动为主，课堂气氛要轻松、活跃，学生可以欢声笑语，笑声不断，从而来领悟微笑给人带来的快乐。

3. 在学生回答问题的时候，老师不必注重学生回答问题的完整性和语言的准确性，只要注意是否真话，是否真实的感受，着重于帮助学生找到愉快的心情，自然露出微笑的表情。

4. 本课适合小学一年级的学生。

[评析]

小学一年级的学生由于年龄比较小，要上好心理课有一定的难度。但本课的教师能从学生的年龄特点出发来设计"微笑训练营"的活动，对学生进行微笑的训练。让学生通过活动学习微笑、不断微笑、养成微笑的习惯。在训练活动中让学生体会到快乐，帮助学生感受到微笑可以使自己受人欢迎，使自己的表情丰富、友好；微笑能很快使他人感受到自己亲切、喜悦和善意的态度，并鼓励学生大胆微笑，经常微笑，让他们在微笑中给自己和他人带来愉悦的感受。在以上这些方面，老师做得很到位。

本课中，教师围绕教学目标设计了符合学生年龄的活动，“看一看，寻找快乐笑容”活动激发了学生愿意进行微笑训练的兴趣；“画一画，找找灿烂笑容”的活动让学生动手画出自己的标志性笑脸，帮助孩子养成微笑的习惯；“说一说，露出美丽笑容”的环节深化了微笑的内涵，是“画一画，找找灿烂笑容”的延伸，让学生感受到把微笑带给了他人也很开心；“唱一唱，体会愉快心情”的活动，帮助学生从音乐的艺术感染力中，找到愉快的心情，自然露出微笑的表情。教师的设计合理，轻松而又富有内涵，愉快而又给人以感悟，是一节不错的低年级学生的心理活动课。

课例三：有朋友真好[1]

一、活动目的

1. 通过游戏，让学生感受生活中有朋友真好。

2. 通过游戏，使学生懂得学会欣赏与学会合作能拥有更多的朋友。

二、活动准备

1. 了解学生交友方面的情况。

2. 准备活动需要的道具和教具：录音机、录制好的音带、彩球、拍鼓、气球等。

三、活动过程

1. 导入

在生活中，我们每个人都希望自己能够有很多朋友，成为受人欢迎的孩子。我也衷心祝愿你们能实现自己的愿望。今天，我们心理辅导的活动主题就是玩一玩，学一学，让大家找到更多的好朋友。

2. 游戏感知

游戏一　“找朋友”

（1）请2个心理辅导小组同学站在里圈，另外4个心理辅导小组的同学站在外圈，跟着音乐的节奏，里圈同学按顺时针方向、外圈同学按逆时针方向跑跳。音乐声停时，按照录音的要求找朋友围抱在一起。音乐声再次响起，

1. 上海市中小学心理辅导协会，《小学心理辅导活动课教案集》征集稿，2006。

继续围圈做游戏（根据班级学生的人数，要求学生分别找3个、4个、6个朋友围抱在一起，每次总有个别学生“找不到朋友”）。

（2）游戏结束，回到各自的心理辅导活动组，分享游戏中找朋友的过程和心情。

（3）各组派一位代表交流感受（找到或没有找到朋友的同学分别谈）。

同学们说的都很好，的确，我们生活中不能没有朋友，有朋友真快乐、有朋友真好。

游戏二 “击鼓传球”

（1）全班同学围圈坐，听着鼓声传彩球。当鼓声停的时候，手中拿着彩球的同学和他左边的同学一起站起来，拿球的同学首先说一说对对方的欣赏，然后该同学也表示一下对他的欣赏，讲完以后互相握握手（老师先找身边的同学做一下示范）。

游戏的时间可以根据学生人数的多少来掌握，尽可能让更多的学生都能表达对他人的欣赏和被他人欣赏。

（2）全体同学分享，在“击鼓传球”活动中，被别人欣赏时的感觉和欣赏别人时的发现。

被他人欣赏很快乐，心里乐滋滋的，对欣赏自己的同学也产生了好感，想与他多多交往；而欣赏和赞美别人也是很快乐的，从对方的神态中感到了被接纳的乐趣，这真的是获得朋友的一种好方法。

游戏三 “你我同行”

（1）请六个小组的同学分成三大队。游戏开始，每队的两个同学背靠着背，中间夹着气球走一个来回，球不能掉下来，看哪一个小组完成得又快又好。

（2）学生思考和讨论：

- “你我同行”的游戏中，我们两个人、我们小组是怎么做得，任务是怎么完成的？
- 从完成“你我同行”的游戏中，你们发现了什么、学到了什么？
- 现在想想该游戏与我们的生活有无联系、帮助和启发？

同学们说得很不错，游戏中需要互相配合，需要大家同心协力。平时同学之间相处同样也需要互相合作、配合默契才行。在合作的过程中，既得到了快乐，也找到了朋友。

3. 生活感知

引导学生在游戏体验的基础上，结合自己的生活实际，谈一谈、讲一讲，各自交朋友过程中的方法和感受。

希腊作家斯托贝说过："财富不是朋友，而朋友却是财富。"一个会欣赏别人，并且会与人很好合作的人，才能拥有更多的朋友。老师祝愿大家，每个人都能拥有更多的朋友。

老师教唱歌曲：找朋友，在全班同学齐唱《找朋友》的歌声中结束本次心理辅导活动。

四、建议与说明

1. 教师要充分了解和熟悉学生，这样所设计游戏以及活动的形式才能有针对性和实效性。本活动就是针对大多数独生子女的心态和困惑而设计的。学生渴望交朋友，但又常常苦于交不到朋友。因为独生子女的"自我中心"，使他们只知道表现、关心自己，既不会欣赏别人，又不会与人很好地合作。如何与同学友好相处一直困扰着他们，内心的孤寂时常烦恼着他们，针对这个现状设计了这两个游戏。如果学生主要不是这种心态和困惑的话，建议可设计另外的游戏和活动。

2. 在"找朋友"的游戏中，当音乐声停下后，让学生找多少个朋友数目的确定，要根据班级的学生数而定，每次都要为找不到朋友的同学创设一个情景——找到朋友的快乐，找不到朋友的沮丧。

3. 在"击鼓传球"游戏中，教师要让更多的学生在鼓声停的时候拿到彩球，不要集中在少数人身上，让更多的同学可以参与欣赏人和被欣赏的过程，从中获得感受。

4. "你我同行"的游戏有一个比赛的要求，教师在引导时，要注意淡化游戏结果的胜负，而侧重于强化学生从游戏活动中的体验和情感。

5. 学生在交流分享的过程中，可能会讲出不同的感受，不一定都集中在欣赏和合作上，老师都要给予认可和接纳，不要硬往欣赏合作上套。

6. 本课适合小学三、四年级的学生。

[评析]

有一位哲人说过："没有交际能力的人，就像陆地上的船，永远到不了人生的大海。"人是生活在人际关系中的，与他人的交往，是人的一种心理需要，也是人类最基本的社会活动。心理学家指出，人们总是希望有人与他（她）进行交流，从而摆脱孤独与寂寞；希望参与集体活动，希望加入某一群体，并为之所接纳，从而获得归属感。这样，快乐时有人与你分享；痛苦时有人为你分担；困难时有人给你帮助；忧伤时有人予以安慰；气馁时有人给予鼓励；迷惘时有人给你指点。通过交往，人们能够寻求心灵的沟通，能够寻找感情的寄托。作为孩子当然也不例外，同样需要交往，需要朋友。

现在的学生大多是独生子女。孩子们渴望有朋友，渴望满足交往的需要，但独生子女任性、孤僻、合作精神差，再加上“自我中心”，又常常使他们找不到好朋友。很多同学为此而苦恼、而不快乐。本活动课有针对性地从学生的实际出发，通过游戏引导学生去思考问题，从而找到解决苦恼的方法。

本节心理课通过三个环节让学生有所感悟和提高：通过“找朋友”的游戏，感受人人都需要朋友，生活中有朋友真好；通过“击鼓传球”的游戏，体验被别人欣赏的愉悦心情，学会欣赏和赞美；通过“你我同行”的游戏，感受合作与协调带来的快乐，学会与人合作。其成功之处在于，活动的设计符合学生的年龄心理特点，以游戏和活动为主，营造了一个轻松、快乐、合群的良好氛围，活泼轻松的活动，有趣有益的游戏，学生在不知不觉中获得了体验和感受，教师在不露痕迹中进行了引导和教育。

课例四：我是一棵树[1]

一、活动目的

1. 以“我是一棵树”为主线，让学生认识生命、感悟生命，从而感受快乐的生活；

2. 通过学生自己画画、说说、评评来进一步加深对生命的认识与理解。

二、活动准备

1. VCD（美丽的大自然的碟片）

2. 课件（包括一棵树成长过程的画面）、画笔、纸张、音乐、脸谱。

三、活动过程

1. 游戏引入

游戏：超级变变变《一棵树》

游戏规则：将学生分成若干组，5～6人为一组，各组先围成一个圈，然后各组同学运用肢体合作摆出一棵树的造型，最后评出创意组若干，并要求学生分享一下自己合作的树：树干、树叶、树枝等。

1. 上海市中小学心理辅导协会，《小学心理辅导活动课教案集》征集稿，2006。

2. 主题活动

活动一　我是一棵树

刚才，我们运用小组的力量，用自己的智慧与肢体，合作完成了一棵棵大“树”，大家都很了不起。

请每个同学再想象一下，如果把你自己想象成一棵树，你会是一棵怎样的树呢？我们一起来画画吧！画好以后我们一起分享你画的树中，每一部分又都象征什么，可以是外在的，也可以是内在的。

（1）每人画一棵树（背景音乐）。

（2）小组分享——全班分享。

是呀！我们真像一棵树一样，开始只是一粒小小的种子，当有了适当的环境就会生根发芽，然后有了温度、阳光、水分，就会慢慢地长大，慢慢地越长越高，枝繁叶茂，到了一定的时候还会有美妙的时刻，那就是开花结果（树生长过程用幻灯片演示）。

大自然就是这样的神奇，大千世界又是如此浩瀚，更神奇的是，在这样一个名叫地球的星球上还有一个——我！这是多么难得！我们要好好珍惜自己哦！

活动二　我是一棵__________的树

树木存在于大自然中，会遇到阳光雨露，也会遇到狂风暴雨，就像人的生命，也是如此。在我们的生活中，在我们的成长过程中，有快乐也有烦恼，有成功也有失败，接下来老师给大家一个机会，让我们把生活中的酸甜苦辣尽情地说一说吧！

（1）游戏：掩面话心情

规则：老师事先准备一个脸谱，用击鼓传花的形式一个挨一个往下传脸谱，脸谱传到谁的手里，那位同学就将脸谱挡住脸，说说最近的开心事、烦恼事、快乐事、难过事……

（2）寻找快乐密码

如果你快乐多多就把快乐分享，我们一起来寻找快乐密码（将学生说出来的快乐密码在多媒体上展示）。

记得有一首歌唱到：不经历风雨怎么见彩虹？的确，生活是多姿多彩的，情感是有喜怒哀乐的，我们的世界因为有了许多的不同才变得多彩，希望你是一棵有着很多经历的树，因为经历让我们成长！

活动三　我是美丽风景中的一棵树

如果你处在美丽的风景中，请画画你的周围还会有什么？它们都象征什么？

（1）大家一起继续完成刚才那一幅画。

（2）学生一起分享。

（3）师生共同欣赏VCD（美丽的大自然的碟片）。

教师结束语：

一棵草、一朵花……蝴蝶翩翩起舞，小动物奔跑追逐，小鸟们引吭高歌……我们到处都能感觉到生命的盎然生机。因为有了生命，我们的这个星球才会充满生机和灵性，让我们一起感动拥有，呵护生命，快乐成长！

四、建议与说明

1. 对学生进行生命教育是很必要的，而生命教育又应该是无痕的，点点滴滴渗透在整个活动过程中。本课的重点是要让学生感受到生命的美丽和多姿多彩，因此教师要注意营造一个宽松、和谐、优美的环境。

2. 本课的活动是动静结合，重要的是老师要引导学生丰富的想象，形象的表达，活跃课堂气氛。课堂上最出彩的不仅是学生画的树，更应该是学生的回答。在学生画树的自画像时，每一棵树各有特色，虽然有不少学生都画了有果子的树，但大家的说法不一，有的说果子是自己心里的快乐，有的说果子是自己的智慧等，说明学生认识自己不仅仅停留在表面，还考虑到了内在的象征意义。在画我是美丽风景中的一棵树时，学生不仅想到了家人、朋友等社会生活的一面，同时也想到了花草树木、动物等自然世界的因素，对这一切，教师要注意认同、接纳和鼓励，因为从画树和讲树的过程，也就是让学生感受生命美好的过程。

3. 整堂课活动不少，内容较多，密度较大，要注意把握节奏。

4. 本课适合小学高年级学生。

[评析]

根据小学高年级学生年龄特点，以“一棵树”为载体，以不断充实的一幅画为主线，将生命教育的理念融入课堂始终，并以心理辅导活动的形式呈现内容，整体设计很不错。

这节课的活动涉及层层递进，从“我是一棵树”中，开始认识生命；从“我是一棵______的树”中，体味、感悟生命的多彩及人生经历的可贵；从“我是美丽风景中的一棵树”中，感受到大自然的美好，乐意成为和谐大自然一份子。一堂课结束，一幅美丽的图画也已完成，每一个学生手中诞生一幅美丽的画就象征着生命的多姿多彩。学生从认识树的过程中，认识了生命，感受了生命的美好和快乐，油然感知要珍惜生命，这是一节很适合小学高年级学生的、隐含生命教育、感受快乐的心理课。

第七章

初中生心理健康教育课例与评析

根据初中学生的年龄特点，本章按照悦纳自我篇、学会学习篇、学会交往篇、升学择业篇选取相关教案，供读者参考。

第一节　悦纳自我篇

课例一：欣赏自己[1]

一、活动目的

1. 通过活动，帮助学生认识自己优势和长处；

2. 通过活动，引导学生对自己做出合理、积极的评价。

二、活动准备

1. 空白纸若干。

2. 请每个同学带好自己童年时期和现在的照片各一张；

3. “自我满意度调查”题目的准备（每个学生一份）；

4. “自评自述”纸每人一份（可将纸面美化一下，或准备一些彩色笔记本纸）。

三、活动过程

1. 导入：“我的手印”

让每个学生都在空白纸上按下自己的手印，小组里的同学进行对比，你发现了什么？

——每个人的手印都是不一样的。

世界上没有完全相同的两个人，每个人都是独一无二的。

1. 上海市中小学心理辅导协会，《中小学心理辅导活动课教案集》征集稿，2006。

2. 活动体验

活动一　照片展示“我长大了”

(1) 看一看、比一比、想一想:

请找出自己儿童时期和现在的照片，看看、比比、想想，现在的我和过去的我有哪些不同?

面对出现在自己身上的种种变化，你的感受是：惊讶？欣喜？羞涩？惶恐不安？请你写下对“幼年的我”和“现在的我”的感想。

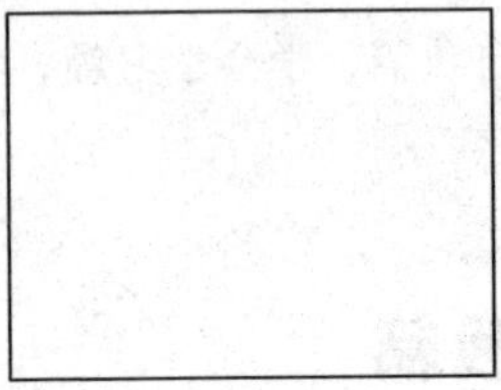

幼年的我

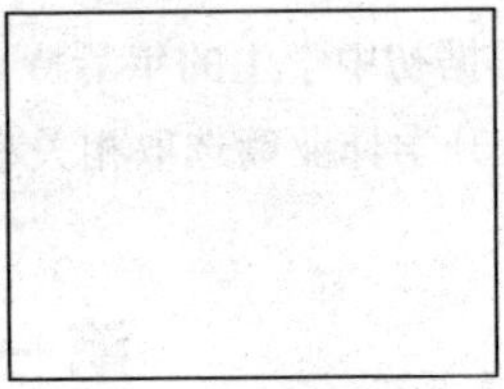

现在的我

(2) 小组交流：把照片放在小组里进行交流，向同伴介绍拍照片时的背景，如当时的人物、情绪方面的趣事，和同伴分享观看照片的喜悦，可以说说“我觉得我比以前更……”(“我”的变化、“我”在成长、“我”更有力、“我”在发展)。

活动二　“自我满意程度调查”

请完成下列自我满意程度的调查，将你对每一题的态度用序号标出来。

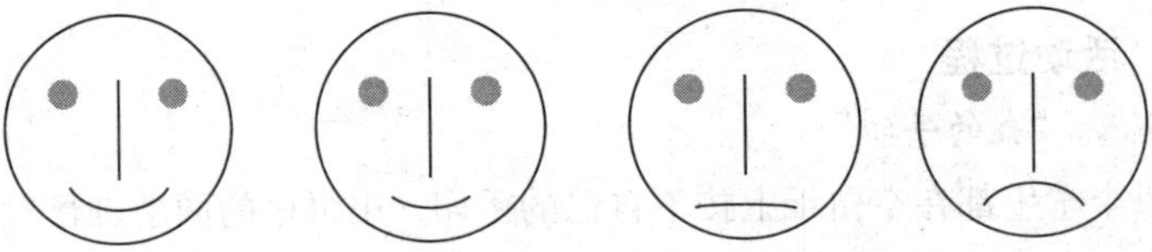

A. 很满意　B. 较满意　C. 不太满意　D. 很不满意

① 当我想到自己容貌时，我感到　(　)

② 当我从镜子里看到自己身材时，我感到　(　)

③ 当我看到自己的皮肤时，我感到（　）
④ 当我想到自己的性格时，我感到（　）
⑤ 当我想到自己的意志时，我感到（　）
⑥ 当我想到自己的情绪调节能力时，我感到（　）
⑦ 当有人问起我的记忆力如何时，我感到（　）
⑧ 我对自己的理解能力感到（　）
⑨ 我对自己的社交能力感到（　）
⑩ 我对自己的谈吐感到（　）

要求：

（1）自己先独立完成调查表；

（2）全班调查，请每个学生说出自己一个最不满意项目；

（3）请指出其中哪些是可以改变的，哪些是不可改变的，并说明原因。

活动三　欣赏我自己

（1）请同学们大声说出描述人的词语：

诚实、温柔、勤劳、聪明、礼貌、漂亮、宽容、勇敢、孝顺、有责任心、有秩序的、友爱、自立、细心、热情、助人……（老师根据学生的表述，将其都写在黑板上）

（2）自评自述——“挖掘宝藏”

请根据自己的实际情况，在10分钟内完成下列句子。

我是＿＿＿＿＿＿＿＿＿＿＿＿＿＿＿＿的人
我是＿＿＿＿＿＿＿＿＿＿＿＿＿＿＿＿的人
我是＿＿＿＿＿＿＿＿＿＿＿＿＿＿＿＿的人
我是＿＿＿＿＿＿＿＿＿＿＿＿＿＿＿＿的人
我是＿＿＿＿＿＿＿＿＿＿＿＿＿＿＿＿的人
我是＿＿＿＿＿＿＿＿＿＿＿＿＿＿＿＿的人
我是＿＿＿＿＿＿＿＿＿＿＿＿＿＿＿＿的人
我是＿＿＿＿＿＿＿＿＿＿＿＿＿＿＿＿的人
我是＿＿＿＿＿＿＿＿＿＿＿＿＿＿＿＿的人
我是＿＿＿＿＿＿＿＿＿＿＿＿＿＿＿＿的人
我是＿＿＿＿＿＿＿＿＿＿＿＿＿＿＿＿的人
我是＿＿＿＿＿＿＿＿＿＿＿＿＿＿＿＿的人

全班交流，可让学生自愿在12句中挑出一句或几句自己最欣赏的读出来。

朗读短诗:《欣赏自己》

也许你想成为太阳，可你却只是一颗星辰;

也许你想成为大树，可你却只是一株小草;

也许你想成为大河，可你却只是一泓山溪;

于是，你很自卑。

很自卑的你总是以为命运在捉弄自己。其实，你不必这样:欣赏别人的时候，一切都好;审视自己的时候，却总是很糟。和别人一样，你也是一片风景，也有阳光，也有空气，也有寒来暑往，甚至有别人未曾见过的一棵春草，甚至有别人未曾听过的一阵虫鸣……

做不了太阳，就做星辰，在自己的星座发热发光;

做不了大树，就做小草，以自己的绿色装点希望;

做不了伟大，就做实在的自我;平凡并不可卑，关键的是必须做最好的自己。

不必总是欣赏别人，也欣赏一下自己吧，你会发现，天空一样高远，大地一样广大，自己与别人有一样的活法。

走向超越的只有靠自己。

(3) 画一画我的优点树

请你画一棵很特别的、完全是你个人的一棵树，在它上面挂满了标志着你特别的能力和优点的硕果。

看到自己有那么多的优点，我感到，现在我更加……

请在下列能表达你心情的句子前打√，或在“其他”后面的横线上写下你的心情:

(　　) 喜欢自己。

(　　) 自信。

(　　) 肯定自己的价值。

(　　) 觉得自己重要。

(　　) 受别人欢迎。

(　　) 被重视。

(　　) 感激生活。

(　　) 有勇气面对困难。

(　　) 积极地迈向成长。

(　　) 其他____________________________。

看看我的优点树，我忍不住说：“嘿，我的优点多多！我是个富有的人！我要珍惜我所拥有的！”

四、建议与说明

1. 教师要了解学生对自我评价方面的情况，包括问题和困惑，以便于在课堂上可以进行有针对性的引导。

2. 在学生完成“自评自述”活动前，让同学充分思考并大声讲出表述人的特点的词语，但要注意尽量用正面的词语来表达，也就是要用褒义词，而不用贬义词。这样做是为“自评自述”作铺垫，因此该环节要引导学生多想、多说，并将这些词语都写在黑板上，可以给学生积极评价自己以正面的暗示。

3. 教师要注意自己示范引导。可以在学生完成“自评自述”以前，教师先讲一讲自己完成的该“作业”，既让学生有亲切感，也让学生获得积极、正面的引导。

4. 最后一个活动，让学生画完自己的优点树后，教师要带有激情地引导学生欣赏自己的了不起和更喜欢自己。当然，学生除了有长处一面以外，还有不足和短处，这个内容可以在上好本课的基础上，另外选择这个专题，引导学生认识自己的另一面，这样有助于帮助学生建立自信和对自己的积极评价。

5. 本课适合初中一、二年级学生。

[评析]

学会对自己积极、正确的评价，对处于青春期的初中生而言，是非常重要的。该时期的学生随着自我评价的觉醒和成熟，对自我评价就更加关注，需要教师积极和正面的引导。自我评价是否恰当，可激发或压抑人的积极性，教师非常有必要从正面来引导学生对自己有一个客观的认识和评价。本课设计的几个活动，都是引导学生学会认识自己、欣赏自己、肯定自己。因为这种对自己的认同感是自我同一性发展的关键，也是人格发展与适应社会的需要。教师的这些活动，既适合初中学生的年龄特点，是他们可以接受和能够接受的，又带有一定的趣味性和内涵，可以达到预期的教学目标。

整堂课的设计和组织都不错，但在实际引导过程中，教师要注意班级学生中有一部分比较自卑的学生，多给予他们关注、接纳和鼓励，让他们在活动中感受自己未发现的优势是很重要的。如若忽略这部分学生的话，也容易让他们滋生一种挫败感，而与活动目的背道而驰。

课例二：幸福指数[1]

一、活动目的

1. 通过活动引导学生了解自己的幸福指数，关注幸福指数；

2. 通过活动让学生感受“日常生活中处处存在幸福”，提升自己的幸福指数。

二、活动准备

1. 事先了解学生对幸福指数的认识情况与现状；

2. 准备一些“神秘礼物”（按小组数准备份数，礼物尽可能包装漂亮，封好）；

3. “幸福之星”设计和印制，每个同学一张；

4. 记分卡设计和印制，每个同学一张。

三、活动过程

1. 小小调查

老师在优美的音乐声中，微笑着开始今天的活动。

很高兴又开始我们一周一次的“心灵之旅”。早上在上班的路上，我发现今天的阳光很灿烂，走进校园就闻到一阵阵沁人心肺的花香，看到一个个神采奕奕的同学，真好。

带着这份美好的心情走进同学们中间，我感觉今天真是幸福的一天。

这节课我们的话题就和幸福有关（出示专题：幸福指数）。

曾经和许多人一起讨论过“什么样的人是幸福的人”这个话题，你们一定能猜到，答案是各种各样的，因为，我们每个人对幸福的理解是不同的，每个人内心幸福的标准也是不一样的。现在，我们就来做一个小小调查，每个同学以你对幸福的理解为标准，给自己的幸福指数打分。

假设，“幸福指数”的满分是五颗星，你的幸福是几颗星呢？请在自己的卡片上，给你的幸福之星涂上颜色吧。

2. 分享幸福

请大家在涂颜色的时候，还要思考一下你的幸福之星包含哪些内容？那么，没有涂色的星星又包括什么内容呢？

愿意和大家分享一下吗？（同学完成自己的“幸福之星”后，自愿交流分享）

---

1. 上海市中小学心理辅导协会，《中小学心理辅导活动课教案集》征集稿，2006。

学生的交流：妈妈对自己的关心和照顾，让自己觉得幸福；可以在这么好的学校念书，比起贫困地区的孩子，觉得自己更幸福……有两颗星星未涂，因为觉得还不是太幸福，可能自己还可以更幸福……

老师在黑板上写出重点词汇。把学生们感到幸福或不幸福的内容和理由尽量列在黑板上。

3. 游戏：变化的满意度

面对大家真诚的交流，我也分享到了同学们的幸福和快乐，我觉得自己更加幸福了。为了表示感谢，我决定送给大家一份小小的礼物。这可是一份特殊的礼物哦。但礼物不能随意打开，它需要遵循几个步骤，我们一起来看看，并按照规则的要求来打开这份神秘的礼物。

规则：在打开礼物之前和之后，都要在发下的记分卡上打上你对礼物的满意度分数，每个同学要打出3个分数。满意度满分为10分。要求每个同学先在自己的记分卡上打出个人分数，然后请组内的记录员算出本小组平均数，每个小组有3个分数。

步骤：

1. 在礼物拆开之前，打出第一个满意度分数；

2. 拆开礼物之后，打出第二个满意度分数；

3. 在和其他组的礼物比较以后，打出第三个满意度分数。

每小组按规则打出相应的分数，并把小组打出的分数贴在黑板上。

大家看看这些记录，发现什么没有？

哦，有的小组的分数在上升，有的小组的分数在下降，满意度在变化。是什么因素影响了我们的满意度分数呢？

学生的回答："本来以为老师会给我们很贵重的礼物，所以一开始分数很高，可是看到收到的礼物只是小小的一份零食，所以分数就变低了"；"本来我觉得我们小组得到一包糖挺好的，可是和其他组比了以后，发现其他小组得到的礼物比我们的更好，所以就分数变低了"；"本来觉得收到了这么点小东西，不是十分满意，转而一想，这是老师给我们的礼物，礼轻情意重嘛，我们应该高兴，所以分数就提高了"……

教师引导：对礼物的期待、和他人之间的比较等因素，影响了我们的满意度，也影响了幸福的感觉，你们看是这样吗？

4. 如何提升我们的幸福指数

大家现在最想做什么？学生齐声：吃（老师给的神秘礼物都是可吃的零

食)。

老师知道同学们现在都很渴望分享这份礼物,好,那就满足大家的愿望,拆开礼物一起尽情分享吧。

……(享受礼物)

我从你们满意的神态上感觉到大家都很开心,很幸福。看来愿望的实现,可以提升我们的幸福指数。那么,请你们想一想,还有其他办法可以提升我们的幸福指数吗?

请各小组在尽情享受礼物的同时,讨论这个问题——如何提升我们的幸福指数?看看哪个小组方法最多,点子最好。

学生讨论后的交流:要多发现生活中的值得感激的事情;要保持一颗感恩的心;和他人分享也会觉得幸福……

大家分享了许多提升幸福指数的方法,真不错。老师总结了一些方法,与大家一起来分享:幸福宝典——回味温情、分享快乐、关爱他人、悦纳自我……

其实这些方法不是凭空的想象,都是我们大家经验的总结。

5. 感受幸福

正如同学们刚才所说的,如果我们用心去感受,就会发现,其实生活中处处都有幸福。

(背景音乐)多媒体图文——当我们来到这个世界,睁开眼睛——每天都有充足的食物——和煦的阳光迎接清晨——秋天沉甸甸的麦穗挂满枝头——家人相亲相爱——朋友其乐融融——师生共同进步——大家一起努力——走神也那么有趣——运动场上挥洒汗水——小花也那么美丽——未来是充满希望的……

这些图片都记录着我们生活中的美好时刻。

的确,生活中不是缺少幸福,而是缺少发现幸福的眼睛、耳朵和心灵,关键是我们能否用心去感受、去体验。不是吗?

6. 再一次打出自己的幸福指数

以我们现在的心情,再次打出我们的幸福指数,你会为现在的幸福涂几颗星?

老师在学生中巡视,"我看到很多同学打出的幸福指数有了提升,星星明显多了哦。"

请大家思考多出来的星星包含有哪些内容?(全班一起分享交流)

教师小结:（配乐多媒体图文）愿每一个同学用自己的眼睛、耳朵和心灵去发现、去感受、去体验我们身边的幸福，记下生活中的点点滴滴，去寻找和感受生活的乐趣，祝愿大家天天幸福，做个幸福快乐的人。

四、建议与说明

1. 本课题的提出源于对学生的一次随机调查。调查显示，认为自己不幸福的学生占了被调查学生的一大半，这对于学生的健康成长是不利的，因此萌发了要与学生谈谈关于幸福的话题。当然与初一年级的学生谈“幸福”，这个话题有些抽象，但只要从学生中取材，让他们去感受，就会有效果。因此，建议老师在上该内容以前，一定要对学生了解和熟悉，用学生的素材来引导效果会更佳。

2. 活动过程中老师要引导的重点不是对幸福概念的分析，而要着重于感受与发现。

3. 神秘礼物的活动是本课的关键，也是学生的兴奋点和最后幸福指数提高的关键，教师要注意课堂内活跃气氛的调动，注意学生热情和激情的激发，注意影响满意度分数因素的讨论和幸福指数关系的分析，这样才能达到活动目的。

4. 感受幸福的环节要注意运用学生生活中的场景照片，让他们感觉真实而且温馨，从而才能体验到“生活中处处有幸福”，达到了较好的引导效果。

5. 本课适合初中预备、初一年级的学生。

[评析]

本活动的角度比较新颖，活动比较形象。老师通过对学生的一次随机调查，发现觉得自己“不幸福”的学生占了一大半，从而引发了要对学生进行“幸福感”的引导，选题取材都很不错，完全是从学生的实际出发，关注学生的幸福感问题，其实也就是关注学生的健康成长和健全人格的培养。

在平时与学生的接触中，常常也能听到学生的一些感叹：没劲！虽然学生的说法不一，有的认为自己自由支配的时间太少，有的认为要完成的作业太多，也有的认为家里管得太多……总之，众多的同学感到没劲，也就是不快乐、不幸福，这对于他们的健康成长是不利的。当他们觉得自己不幸福的时候，就很容易失去学习以及生活的兴趣和动力，甚至会钻牛角尖，走入“死胡同”，产生放弃甚至轻生的念头。因此，引导学生客观对待生活、客观对待人生、感受拥有的幸福，珍惜现有的生活，显得尤为重要。教师很好地抓了“幸福指数”的话题，从对自己的小小调查为切入点，创设了一些情景让学生去体验和感悟。本堂活动课，形式上丰富多彩，促成了课堂活泼生动的效果。尤其是神秘礼物环节，极大调动了学生的兴奋点和投入的热情，使幸福的感觉有了直接的体验，幸福指数也因此有了变化。在此基础上，通过一组来自学生生活的照片，让学生去感受“我们可为一次小小的成功感到幸福”、“可为朋友的一个笑容感到幸福”、“我们甚至可因为清晨的一缕阳光而感到幸福”……幸福并非就是“功成名就”，而是日常生活中的点点滴滴。最后，前后呼应，再一次涂自己的幸福之星活动，让学生真切感受了日常生活中的幸福，以良好的心态去面对生活，从而也收到了活动的效果。

当然，幸福是一个很大的话题，仅仅利用一节课的时间难以达到全面、深刻的效果。但这是一个很好的开端和导向，如何在此基础上深入引导，还可以考虑把它作为一个系列来进行探讨。

课例三：悦纳自己[1]

一、活动目的

1. 引导学生接受并能正确面对自己的一些不如意；

2. 帮助学生学会积极思维，乐于接受自己，爱自己。

二、活动准备

1. 各种动物的卡片（根据学生人数准备）；

2.《国王与丞相》故事动画与录音（或 FLASH）；

3. 相关音乐、歌曲的收集。

三、活动过程

1. 游戏：动物王国

（1）思考：如果你是动物王国中的一员，你希望自己是什么动物？

（2）抽签领取动物卡片：请各小组长领取相应的卡片，然后按顺序分发给组内的每个成员。等所有的同学都拿到了卡片再同时打开。看到动物后，不要告诉其他同学你拿到的是什么，想一想，你对手中的动物满意吗？说出你的理由。

（3）学生交流：你对手中的动物满意吗？为什么？

请不满意的同学说出手中动物的五个优点（也可请其他同学帮助他）。

每个人都希望成为自己理想的样子，可现实并不一定如你所愿。你是谁、长得是否漂亮可爱、出生在什么样的家庭等，是我们不能选择和决定的。但

1. 上海市中小学心理辅导协会，《中小学心理辅导活动课教案集》征集稿，2006。

是，我们却可以选择怎样去接受与面对现实，让自己变得有价值，变得重要，变得快乐。

2. 故事：国王和丞相

（1）录音播放故事（也可用动画形式）

从前，印度有个国王，他经常微服私访，了解民情。他有个很能干的丞相。

有一天，突然下起了大雨，国王便问丞相："这场雨下得好不好？"

"好！很好！国王您可享受雨过天晴的美妙景物，又可深入民间巡视民情。"

有一次，天气非常炎热，国王便问丞相："这样的天气好不好？"

"好！很好！这是印度近日少有的天气，国王出巡，将会更加深入了解民情。"

国王和丞相都非常喜欢打猎，而且经常同行。

有一次，国王在检查猎器时，不小心斩断了一截手指（疼痛声），"我的拇指断了，好不好？"

"好，很好！国王。"

国王听后，不禁大怒，"把他给我关起来！"

国王问丞相："现在你被关在牢房里，好不好？"

"好，很好！"

"既然你这么认为，就在这多呆几天吧，哼！"

过了两天，国王很想让丞相陪他去打猎，但碍于面子，又不想释放丞相。国王单独一个人，在森林内追逐动物，几个钟头下来，竟然没有收获。这时他发现周围的一切都很陌生。"不好，一定迷路了。"

突然，国王一不小心掉进了一个很深的陷阱，他三番五次地挣扎着想爬出洞口，但是都失败了。

过了不久，他听到了一阵脚步声，"这回有救星了！"国王想。

"救命啊！救命啊！"国王大声叫喊着。

原来这时来的是食人族的土人。他们将国王带回自己的部落，绑在一根柱子上，脚下堆了一堆木柴，欢天喜地地围着国王歌舞。

过了一会儿，巫师开始了"祭礼"，以清水喷在国王身上，然后，逐步检查他身体的每个部分。突然，巫师说："（倒吸一口气）我们族人只吃完整的动物。这只动物是不祥物，因为他的拇指断了！我们不可以吃它！"

国王在千钧一发间拣回了一条命。回国后，他马上赶到牢房里去看丞相。

一见面，他就抱着丞相哭了起来。

"我终于知道你为什么说，我的手指断了是件好事情！它救了我一命！我错怪你了。”

“我把你关在监牢里十多天，好不好？”国王关切地问。

“好，很好！国王”。

（2）学生讨论：

- 丞相常说的话是什么？
- 为什么到最后丞相还是说“好，很好”呢？
- 这个故事带给你的思考是什么？

（3）接龙游戏：我来做丞相

游戏规则：请一个同学说出自己以前在生活中曾经遇到过的一个烦恼或困惑，之后请另一个同学给予解释和帮助，但给予帮助的同学首先要说“好，很好！”之后再进行具体解释和提供帮助。

学生分享。

从“国王与丞相”的故事和我们刚才进行的接龙游戏中，你有什么发现吗？你觉得当你遇到不如意的时候，应该怎么去看待和处理呢？

3. 思考与讨论

在生活中确实也有像丞相这样的人，他每时每刻也都在运用这样的话语去面对自己、激励自己，去面对他人、面对世界。

（1）呈现部分照片。先让学生看一个人的半身照，请同学们想一想，这个人给你的感觉怎样，你认为他是怎样的一个人？

（2）呈现部分资料。照片上的人叫乙武洋匡，1976年4月6日生于日本东京，现在29岁。他酷爱运动，喜欢跑步、爬山、游泳、打篮球，最喜欢的是打棒球。1996年3月1日，他以5个院系全部合格的成绩考取日本著名的早稻田大学，攻读政经系。他的著作是二战后日本排名第二的畅销书——每5个日本人就有一本他的书。日本TBS电台节目主持人。

（3）呈现乙武洋匡打篮球的照片。问：你们想知道他的什么情况吗？

他没有双臂双腿，只有短小的四肢。他一出生就是这个样子，但是，他决定要和正常人一样，读普通的小学、中学和高中。当然，在学校，老师也是以一个正常人的标准来要求乙武洋匡。在读书期间，他不坐轮椅，仅靠短小的下肢行走。这是乙武洋匡打篮球的情景。他的那本著作叫《五体不满足》。

在书中他写了这样的话：

我一直是以一个“人”而非“残障者”的身份活着。既然有残障者做不到的事，应该也有只有残障者才能做到的事。一定有只有残障者才拥有的东西。所以我才觉得，上天是为了叫我达成这个使命，才赐给我这样的身体。

常听到有人说“残障是一种个性”。我却认为这只是我身体的一种特征。因此，我认为没必要为身体上的特征而苦恼。

“乙武洋匡从幼稚园开始，就一直认为无论做什么事情，自己一定要表现得很帅，他也常常觉得自己真的很帅。”

思考：经过这样的介绍，大家对他的评价有没有变化呢？

你们是否认为他很帅、很有魅力呢？

那么，你们又是如何看待自己呢？你认为自己也很有魅力吗？

4. 活动：魅力四射

请每个同学在2分钟之内找出自己的三个魅力所在，并在小组内交流。

教师分享：

“世界并不缺乏美，只是缺乏发现美的眼睛。”但是，这双眼睛更重要的是发现自己的美。如果还有时间，我们还会发现更多自身的魅力，会越来越喜欢自己，爱自己。

在《爱自己》的歌声中去感受自己的感觉。

虽然你有时会不如意，虽然你有不满意自己的地方，但你还是要喜欢自己，爱自己。“你是什么，是上帝送给你的礼物；你将成为什么，是你送给上帝的礼物。”

四、建议与说明

1. 在做“动物王国”游戏的时候，要注意学生的不同情绪反应，更要注意积极的引导。可能大多数同学拿到的都是自己不喜欢的动物，教师要让拿到自己满意动物的同学先说说，然后再引导拿到不满意动物的同学说出该动物的5个优点，一个人讲不出，可以让同学们一起想，一起讲。这里就隐藏着积极面对自己的不如意的引导，寻找动物优点的同时，也就是要让每个同学能够感受到自己的优势之处，抓好一开始的这个活动和环节很重要。

2. “我来做丞相”的活动，是给学生一个当堂体验和实践的机会，要调动学生积极投入，回忆自己曾经有过的经历，大家一起参与想点子。这个活动引导得好，会给同学在如何正确面对自己的不如意方面有一个很大的帮助和启发。

3. “乙武洋匡”的故事虽然讲的是他人的故事，但其内涵有较大的震撼力，所以教师要注意该故事的人物形象和情况，不要一下子就呈现在学生面前，而要逐步进入，这样才会震撼学生的心灵。

4. 本课适合初中预备至初二年级的学生。

【评析】

初中阶段的学生开始对自己有所思考，但是，“理想我”与“现实我”之间的差异，常常会困惑着他们，形成了心中的落差感；而消极的思维方式，也可能会导致自我意识的歪曲。所以，正视现实的我、培养积极的思维方式是初中生悦纳自我的前提。教师通过游戏、故事和榜样人物来引导学生，收到了较好的效果。首先，通过“动物王国”的游戏让学生直接体验，并从中感受到在每个人的生活中，有许多东西是自己无法选择的，但是却是可以积极面对的；其次，通过“国王与丞相”的故事，让学生发现积极思维的妙处，并通过实践来训练学生的积极思维；再次，教师又很好地采取了一般心理课上不常使用的榜样引导，让学生受到一定的震撼，并进一步感受有缺陷、有不如意不要紧，重要的是如何积极面对。

本课不足之处在于形式比较单一，主要的活动就是听与讲，若能结合学生的实际，设计一些能让学生动起来的活动，则更能调动学生参与的积极性和主动性。

课例四：情绪 ABC[1]

一、活动目的

1. 帮助学生了解自己的情绪状态，体验情绪产生的原因；

2. 引导学生学会正视和表达自己的情绪，并感受情绪对自己的影响。

二、活动准备

1. 六幅表示不同情绪状态的彩色卡通漫画；

2. 各种空白的脸谱纸，提供给每个学生使用；

3. “情绪蛋糕”草图，每人一张；

4. 教师完成自己最近一周的“情绪蛋糕”。

三、活动过程

1. 创设情景，体验情绪产生

情景创设：教师走进门后，表情严肃，没有笑脸。看到同学们都安静地做好后就宣布，请每一个同学回顾一下最近讲过的知识，半分钟以后进行小测验（学生各种不同的表现，有的翻书，有的窃窃私语）。接着，老师

1. 夏秀蓉，《初中生心理健康自助手册》（修订版），上海教育出版社，2003。

出题，请学生将答案写在纸上。半分钟后，宣布测验时间到，让学生将纸交上。

老师将所有同学的测验纸收好放到讲台上后，突然宣布，今天只是做游戏，测验不算了，不记成绩了。

调查：从老师一走进教室宣布测验，到最后决定不记成绩，各位同学心情变化怎样？

A		B		C		D	
莫名其妙		生气				庆幸	（逃过检查了）
紧张	——→	害怕	——→	放松	——→	气愤	（被欺骗了）
无所谓		紧张				遗憾	（回答很好，但不算了）

引出主题：刚才进行的小测验实际上是老师创设的情景，这就是我们今天要讨论的主题——情绪，刚才我们体验的就是人皆有之的情绪。

请每位同学都回忆对比一下，步入中学半年多以来，与小学时的自己相比，是不是已有所不同，发生了一些变化，除了身高体重之外，有时会莫名其妙的烦恼，有时多愁善感、反复无常，有时孤独无助，有时开朗坚强，有时忧愁柔弱，这种内心活动就是人皆有之的情绪活动。

人人都希望自己拥有一份好心情，但每天每人经历的事件都不同，即使是经历了同一个事件或过程，人的情绪也不一定是一样。你了解自己的情绪吗？你了解情绪的奥秘吗？

2. 活动：猜猜他的情绪

随机请六个同学到台前来，自选一幅卡通漫画表演，中间可以加入语言、动作、情景，尽情表达。

然后，由表演的同学请在座的同学们猜一猜，表演的是一种什么情绪状态，猜对的话展示漫画，看看表达的到位与否，并写出相应情绪的词语（六种情绪：沮丧、郁闷、恐惧、得意、生气、开心）。

在生活中，人人都有各种各样的情绪，我们在了解自己情绪的同时，也应该明白别人也有不同的情绪状态。

3. 活动：写写情绪的描述

情绪有各种各样，常说情绪有喜、怒、哀、惧。老师说出一些词语，请同学们对号入座，填入如下的表格中：

气势汹汹	七窍生烟	扬眉吐气	得意洋洋
勃然大怒	大惊失色	不寒而栗	悲痛欲绝……

喜______

怒______

哀______

惧______

另外，请同学们再写出一些描绘情绪的词语，完成表格。

老师准备一些，供同学们参考：

开心　不安　紧张　哀伤　伤心　慌乱　惊愕　伤感　愉快　生气

悲痛　气愤　着急　害怕　心悸　震惊　欢乐　痛苦　辛酸　愤然

欣喜　满足　激动　甜蜜　愧疚　肝肠寸断　五内俱焚　黯然神伤

忿忿不平　恼羞成怒　怒不可遏……

（亦可采用制作情绪卡片，在黑板上张贴，效果较好但比较麻烦。）

4. 情绪万花筒

（1）做一做：你知道自己经常的情绪状况吗？我们一起来做一个自己的“情绪蛋糕”。

想一想，最近一周内我的情绪状况如何，出现过多少种情绪，并分别估计一下，每种情绪约占一周中的多少时间，算出它的百分比（%），然后按百分比“切”出一个“情绪蛋糕”，并给你的“情绪蛋糕”上色，如心情好的可用明亮的颜色，心情不好的就用灰暗的颜色。

教师先展示自己在课前完成的情绪蛋糕。

学生完成自己的“情绪蛋糕”，并涂上颜色。

（2）想一想：我的情绪经常充满着：快乐（　）悲伤（　）焦虑（　）烦恼（　）其他（　　　）

用情绪脸谱来表示自己最近一周中主要情绪状态及事因，并在小组内交流。

如：

事件：生病

情绪：烦躁不安

时间：　月　日～　月　日

事件：板报出好了

情绪：高兴

时间：　月　日～　月　日

我常用来表达情绪的方式是：说出来（　　）、用动作表现（　）、藏在心里（　）、用表情表达（　）、其他（　　）。

教师随机抽取同学的情绪脸谱（或学生自愿介绍），进行介绍（最好有实物投影，效果将会很好），强调时间、事件及情绪状态。

5. 情绪红绿灯

在生活中碰到这样的情景，你会如何反应？

如：测验考试时________________

首次发言或演讲________________

被母亲训斥一顿后________________

同学总是叫你不喜欢的绰号________________

一向成绩不太好的你在这次考试中高居榜首________________

……

感受当时的情绪，透视一下你的心理，你认为在以上的反应中，哪些是比较合理的，哪些是不合理的？这如同人生路上的红绿灯，你愿意选择哪一种呢？

在生活中，我们会产生各种情绪，有正向的（如喜悦），也有负向的（如愤怒）；有合适的，也有不合适的。

究竟什么影响着我们的情绪呢？为什么同一件事情，不同的人会有不同的情绪呢？（比如，在我们开始情景体验中，每个同学的情绪是多么的不同。）请同学们思考，下次活动的话题就要来揭开这个谜底。

四、建议与说明

1. 本活动的内容为情绪ABC，也就是对学生进行情绪调节引导的第一板块的内容，重在帮助学生初步了解接触一些关于情绪的知识，但又不是纯粹知识的讲授，而重在让学生在参与和活动中产生情绪体验，了解自己的情绪状态。因此，教师要善于将学生的情绪体验及时反馈给学生，帮助学生认识与了解自己。

2. 在学生完成情绪脸谱时，教师可以与学生同步进行，也画一张自己情绪脸谱向学生展示，既是引导，也是体现一种平等和真诚。

3. 鼓励学生对产生的各种情绪进行体验，并通过教师的肯定予以强化，让学生将自己的心情与一定的情绪词汇联系起来，便于对情绪的理解和认识。

4. 本课适合初中预备、初一学生。

[评析]

青少年的情绪是不稳定的、多变的、易冲动的。如何让学生在成长过程中逐步学会调节自己的情绪，控制自己的行为是心理健康教育很重要的一大内容。本节课老师的设计就是针对这个专题而设计的关于情绪话题的导入课。教师通过生动的活动，让学生感受情绪的产生，了解自己的情绪特点和表现，内容和活动都适合初中低年级学生的特点，而且也能激发他们参与活动和探索思考的积极性，并为专题后面的内容，尤其是对了解情绪产生的原因和如何调节自己的情绪，打好了基础和铺垫。

本活动的结束也很有新意，教师不是进行一般的小结和祝愿，而是提出了一些问题，让学生去思考和课后的探索，这种带有悬念式的结束很不错，不仅为下次的活动做了伏笔，还能激发学生的兴趣和积极性。

第二节　学会学习篇

课例一：一切从“新”开始[1]

一、活动目的

1. 帮助学生了解小学与初中学习生活的不同，了解自己的学科情况；
2. 引导学生知晓自己的学习风格，并尽快适应初中学习生活。

二、活动准备

1.“我的学习档案”表的准备，每个学生一份；
2.“我的学习风格”小测试的题目纸，每个学生一份；
3. 了解学生在适应初中生活方面的情况和案例；
4. 提供给学生阅读座右铭的准备。

三、活动过程

1. 热身游戏：3和3的倍数

全班同学围成一圈，每人轮流数数字。从1开始数，遇到3或3的倍数、或末尾带3的数字就不准数出来，用手拍一下代替。

2. 游戏：“找不同”

我们带着向往，带着期盼，开始了中学全新的生活。你知道小学学习

1. 杨治良、边玉芳，《中小学心理健康教育》（初中学生用书），华东师范大学出版社，2004。

生活和初中学习生活有什么不同吗？你能列出小学和初中的三个不同之处吗？

①__________ ②__________ ③__________

__________ __________ __________

__________ __________ __________

__________ __________ __________

你的感觉和大家差不多吗？

□ 我和大多数人一样

□ 只有个别人和我一样

把你的感觉在小组内与同学们交流，你一定会有新的收获。

3. 活动：我的学习档案

我的学习档案

	满意	不满意
	100	0
在小学，我对自己的成绩感到	100	0
在初中，我对自己的成绩感到	100	0
我对现在的成绩感到	100	0

我最擅长的学科是________________

我最薄弱的学科是________________

我最喜欢的学科是________________

我最苦恼的学科是________________

你现在是否对自己学习的现状有一个形象直观的了解，与组内同学交流分享一下。

4. 我诉我心——学习风格小测试

了解你的学习风格对你的学习会有所帮助，它可以告诉你为什么有些东西对你来说似乎没有任何意义，你测试后就能明白了。

学习风格小测试：

对下面的每个问题，请选择第一个出现在你脑海中的答案，不要花太多的时间思考。

（1）你愿意采用哪种方式了解计算机是如何工作的？

A. 看一部这方面的电影

B. 听老师对它的解释

C. 把计算机拆开并试图自己发现规律

（2）为了寻找乐趣，你喜欢阅读什么样的书？

A. 带有很多图片的旅游用书

B. 有很多对话的神秘的书

C. 你能回答问题和解谜的书

（3）当你不能确定如何拼写一个单词时，你最有可能做什么？

A. 把它写出来，看它是否像是对的

B. 把它读出来

C. 查字典

（4）你参加了一次宴会，第二天你最有可能回忆起什么？

A. 参加宴会的人的脸，而不是名字

B. 参加宴会的人的名字，而不是面孔

C. 在宴会上你所做的事和说的话

（5）为了准备考试，你会如何学习？

A. 读笔记，读标题，看图示和图解

B. 让别人问你问题，或者默默对自己复述一些事实要点

C. 在记录卡片上记录并设计模型和图示

（6）当你看到一个单词“d-o-g”，你首先想到什么？

A. 想到一张特定的狗的图片

B. 默默对自己说“dog”这个单词

C. 出现一种牵着狗的感觉（抚摸它，遛狗等）

（7）当你想集中精力时，你觉得最让人分心的是什么？

A. 视觉干扰

B. 噪音

C. 其他一些感觉，如饿、鞋子紧或担心等

（8）你喜欢用什么方式解决问题？

A. 列一个清单，把每一步组织好，做完后检查

B. 打几个电话，跟朋友或专家聊聊

C. 设计一个问题的模型，在头脑中把所有的步骤演练一遍

(9) 在电影院门口排长队时，你最有可能做什么事？

A. 看其他电影的广告宣传海报

B. 跟站在边上的人聊天

C. 跺脚或用其他方式慢慢向前移动

(10) 你刚进入一家科学博物馆，你会首先做什么？

A. 四下张望，找一个显示不同展位的地图

B. 跟博物馆的向导询问，请教有关展览的事情

C. 先走进一个看着有趣的展位，以后再看说明

(11) 当你生气的时候，你最有可能做什么？

A. 沉着脸

B. 喊叫或大发雷霆

C. 跺着脚出去并甩门

(12) 当你高兴的时候，你最有可能做什么？

A. 露齿而笑

B. 高兴地喊叫

C. 高兴得跳起来

(13) 你愿意参加什么兴趣班？

A. 艺术班

B. 音乐班

C. 体操班

(14) 当你听音乐时你会做什么？

A. 白日梦

B. 哼起来

C. 随音乐活动、跺脚等

(15) 你会怎么来讲一个故事？

A. 写出来

B. 大声讲出来

C. 把它扮演出来

(16) 哪种餐馆你可能不愿进？

A. 灯太亮的

B. 音乐声太大的

C. 椅子不舒服的

数一数你的选择:

A.　　（个）　　　B.　　（个）　　　C.　　（个）

这就是你的学习风格:

大部分选A的人，可能是视觉学习类型，通过观察学习;

大部分选B的人，可能是听觉学习类型，通过听来学习;

大部分选C的人，可能是动作与触觉学习类型，通过触摸和行动来学习。

大约30%的人属于听觉型；40%属于视觉型；15%属于动作型；15%属于触觉型。每个人都有一种学习风格，学习风格没有好坏之分，只是个体之间的差异而已。

5. 我的座右铭

读一读以下的句子，思考、讨论和选择，将你选择的句子用彩色笔写在小书签上，可以制作若干张，自己保留或赠与同学都可以（若你能用自己的语言来写更好）。

- 如果你认为自己是一个糟糕的学习者，那么你有可能真的成为糟糕的学习者。
- 大脑功能很大程度上取决于你早餐吃什么。
- 当一个人感到有高飞的冲动时，他再也不会满足于在地上爬。
- 只要找到正确的按钮，学习就会一点而通。
- 在学习方面，我的最有价值的财富是一种积极的态度。
- 唯一愚蠢的问题是你不问问题。

四、建议与说明

1. 开始的活动仅仅是热身，让学生放松一下，以营造一个宽松的氛围，老师注意把握好不要用太多的时间。

2. 在“我的学习档案”活动中，每个同学打分的标准肯定是不一样的，老师应提醒同学进行纵向对比，即比较小学和中学的不同情况即可。

3. 在填写自己最擅长、最薄弱、最喜欢、最苦恼的学科时，老师可引导学生看一看，找一找，在这些学科之间是否有联系，既便于了解，也便于以后改进。

4. “我的学习风格”的小测试必须要求学生独立完成，否则易受其他同学的影响而产生不真实的结果。

5. 本课适合初中预备年级的学生。

[评析]

对刚进入中学学习的学生来说，的确会有一个不适应的过程。老师从该年级学生的特点出发，选择这个专题来对学生进行引导，很符合学生的特点和需求。

教师通过一系列活动，让学生先了解自己的现状，再了解自己的学习风格，最后通过制作或写座右铭的方式，给学生以鼓励和行动的激励，层层递进，步步提升，整个活动安排合适，是帮助学生尽快在熟知自己的前提下，逐渐适应中学学习生活行之有效的好方法。知己知彼，才能百战不殆，对刚进中学的学生也是如此，教师的导向是成功的，也是有效的。

课例二：看谁更聪明[1]

一、活动目的

1. 通过活动，对学生进行创造性思维的训练；

2. 通过游戏，培养学生的自信心，相信自己是最聪明的。

二、活动准备

1. 创造性思维训练题的准备及相关内容多媒体的制作；

2. 教具的准备：激光笔、手电筒、简易手工作品、砖头、报纸等。

三、活动过程

1. 导入

（1）幻灯展示“0”图形，让学生尽可能多地写出像什么。

（2）学生随意回答。

（3）教师归纳：

符号类：（数学）数字0、（语文）句号、（英语）英文字母O、（物理）温度符、（化学）氧元素符号、（音乐）休止符号等。

食品类：各种蛋、饼干、月饼、瓜果如西瓜、苹果、西红柿等。

体育用品类：各种球、呼啦圈、棋子、飞盘等。

工具类：钟表、锅碗、车轮、圆桌、镜片等。

器官类：鼻孔、眼珠、圆脸、肚脐眼等。

行星类：日、月、天空等。

徽章类：团徽、印章等

其　他：金鱼吐出的泡泡、硬币、地雷等。

………

以上活动告诉我们，同一种图案可有许多种不同的答案。今天，我们就

1. 上海市中小学心理辅导协会，《中小学心理辅导活动课教案集》征集稿，2006。

学习同一个问题可用不同种方法去思考、去解释的心理现象。

2. 活动：看谁最聪明

(1) 司马光砸缸救人的故事，人人皆知。(教师播放FLASH司马光砸缸)

你认为用石头砸缸是否最佳方法，有无不破缸或更简便的救人方法？请说一说（越多越好，限时3分钟）。

小组分享，大组交流：这方法，那方法，七嘴八舌谈妙法……

星星点灯，教师小结：视学生答案，教师归纳，师生筛选最佳方案。

(如多人合力推翻水缸，同伴去拉、用树枝救、扔绳子拉等)

(2) 常见的砖头（展示实物）除建房外还有何用途？（教师出示砖头以使直观化）

(越多越好，限时2分钟，小组讨论，一人记录。)

小组分享，大组交流：你说我说大家说，常见的砖头用途多……

星星点灯，教师小结：视学生答案，教师归纳，师生筛选最佳方案。

(搭水桥、做凳子、压纸、代替榔头、做枕头、可写字、可举重、可垫高、凶器……)

(3) 树上有5只小鸟，被猎人打中了1只，请问：树上还有几只鸟？（尽可能说出多种不同的答案。）

师生互动，成果共享：

- 一只也没有了。枪声一响，打中的那只掉了下来，没打中的鸟飞走了。
- 有1只，要是打中的那只正好跌在树枝上，树上也可能还有1只。
- 有2只也是可能的，要是打中的那只没有办法再飞走，另1只又是它的好朋友，它不忍心离开它受伤的朋友。
- 有3只是刚刚孵出的幼鸟，它们还不会飞，树上有3只也可能。
- 有4只，如果用的是无声手枪，除打中的一只落下树来，其他4只无动于衷。
- 有5只。被打中的那只正好卡在树枝上，其余4只因没受到无声手枪的干扰而无动于衷。

(4) 课外兴趣题（可做可不做，时间允许可课上做。）

比谁想得快，比谁想得多（每题限时1分钟）：

A. 写出由3个相同的字组成的常见字，如“众”。

(品、晶、森、淼、鑫、磊、矗、焱)

B. 写出“看”的单音同义词，如“视”(望、盯、见、眺、瞧、瞅、瞪、瞄、观、赏等)。

C. 给“日”加一笔，组成一个新字，如“目”。

(目、白、田、申、由、甲、旦、电、旧等)

D. 说出报纸的其他用途。

(写字、坐垫、台布、玻璃、枕头、引火、手工纸、做抹布等)

E.M 像什么?

(像火山口、驼峰、俯视像两个船头、侧看 W、映在湖里山的倒影、侧过来像展翅飞翔的海鸥、海上的波浪、人在游泳时的两臂、皇冠上的顶、鱼的嘴等。)

3. 教师总结

大家一定都会发现，刚才我们讨论的话题，尽管出现的题目或现象只有一个，但答案却往往有许多。大家充分发挥自己的聪明才智，多角度、多方位、多层次来思考，且只要言之有理，什么样的答案都有可以。其实这就是心理学上所说的同一个问题可以有无数种答案，可以让我们去思考、去解释，而绝不局限于它本身的答案。这种思维方式呈散射状况，故称发散性思维，也称创造性思维。(教师演示激光笔和手电筒光束的单一或发散状，以此说明思维的方式。)

今天的活动，老师看到了全班每一个同学都是最聪明的。其实，只要我们在平时多注重这方面的训练，遇到一个问题用多种方法去思考、去拓展，会使你的生活更有趣，也会使你变得更聪明。

四、建议与说明

1. 本课活动的设计，旨在使学生既能理解创造性思维概念的内涵，同时也了解自己创造性思维能力的大小。因此，老师在引导时要把握好，重要的是让学生从活动和游戏中体验和领会，而不要花太多的时间去讲授概念。

2. 每个人都具有思维能力发展的潜力，每个人都可以变得更聪明，这是本活动的落脚点，教师在引导学生参与活动时，要注意是否每个同学都在积极参与，尤其是那些不太活跃，或平时不声不响，或学生成绩不太理想的同学，老师要给予更多的关注和启发，让他们积极投入进来，鼓励他们大胆发表自己的意见，让他们在活动游戏中发现自己的潜能。千万不能让一些平时比较活跃、发言比较积极的同学独占鳌头，而打击了以上这部分同学的积极性，处理不好还会造成新的伤害。

3. 本课适合初中预备、初一年级的学生。

[评析]

从青少年的生理和心理特点来看，由于初中学生好奇心强，求知欲旺盛，在学习活动中常常表现出求新求奇的要求，他们较少保守思想，没有成年人那么多的思维定势，及时对他们进行训练和引导，有利于思维的发展。本课老师就是基于这样的出发点，从初中学生的兴趣和特点出发，较好地设计了这些活动，既能激发学生参与的兴趣和积极性，又能让学生在活动中获得成功的体验；既对学生进行了活跃思维的训练和培养，又让学生从中发现了自己的才能和潜力；既满足了初中学生好表现的欲望，又激发了他们努力探索的动机。因此，这样的设计、这样的活动，让学生在欢声笑语中、在活泼有趣中，发现了自己的潜能和聪明，增强了自信心，这是有效的，也是深受学生欢迎的。

这样的活动和训练，教师在实施过程中，很重要的一点就是要关注一些比较特殊的学生群体，如原先就比较自卑的、不善交流的、不活跃的，千万不要"好心办坏事"，不知不觉中造成对这些学生的伤害。

课例三：傲视群雄战考场[1]

一、活动目的

1. 引导学生在了解自己的基础上，掌握考试前、中、后要注意的事项；

2. 帮助学生学习正确应对考试，从容不迫上考场。

二、活动准备

1. 了解学生进入中学以来的学习考试情况以及发生在学生身上的真实案例；

2. 准备活动所需要的表格等，每个学生一份；

3. 让学生准备好足够多色彩的笔，以备使用。

三、活动过程

1. 我诉我心

请每个同学估算一下，在你的记忆中，你已经经历了多少次考试？

小学＿＿＿＿＿＿＿＿＿＿

初中＿＿＿＿＿＿＿＿＿＿

共计＿＿＿＿＿＿＿＿＿＿

不回忆不知道，一回忆不得了，原来我们都已经经历了这么多次考试！我们都是久经考场之人、身经百战的老战士，并拥有了丰富的考试经验，不是吗？

---

1. 杨治良、边玉芳，《中小学心理健康教育》（初中学生用书），华东师范大学出版社，2004。

请大家再回忆一下，在那么多次的考试中：

你觉得最春风得意的有____________次

考得焦头烂额的有________________次

每当一提起考试，你想到了什么（可以是一个具体的事物或人物，也可以是一种景象，或是一个具有象征意思的符号）？

我想到了____________________________

在小组内交流一下，看一看大多数同学内心对待考试的心情和态度如何。

2. **画一画：我的考试经历曲线图**

从小学到初中，我们已经历了很多次考试。你觉得，自己的成绩在班级里所处的位置如何，请在下面的图表里画出相应的点，并连成一条曲线，用不同的颜色代表不同的学科，如红色代表语文、蓝色代表数学、黄色代表英语、绿色代表体育、橙色代表音乐等（老师可根据所教学生学习的学科来定）。

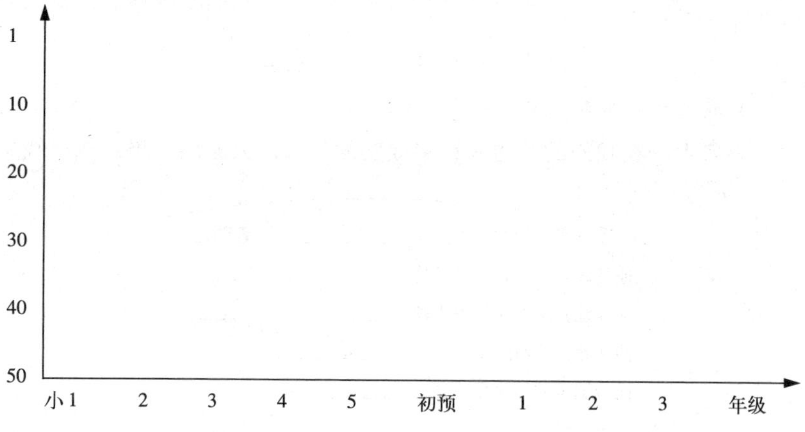

你喜欢这样的曲线吗？

你最喜欢哪一条？它是你得意的学科吗？

你最不喜欢哪一条？它是你苦恼的学科吗？

我的顶峰成绩是______，我达到顶峰是因为____________；

我的低谷成绩是______，我落到低谷是因为____________。

突然考得好或考砸对我们来说都是一种压力。事实上，他常常不代表你真实的学习水平，但反映的是你真实的心理素质。

请每个同学对自己各门学科的成绩任选3门做一个详尽的分析，画出如上的曲线图。

可见，我的拿手好戏是：____________________

我的薄弱环节是：____________________

3. 我的考试秘籍

请你想一想，你最为得意的"独门秘籍"是：____________________

请在小组内交流并给全班分享一下。

适合自己的独门秘籍就是你自身宝贵的财富。我们一起来讨论一下，并充实一下我们的秘籍宝库。

(1) 考试之前的准备：

作息定时，切忌……

均衡膳食，无须……

……

(2) 考试时：有的同学提出了以下几条，大家可讨论一下，你如何理解？你有否更好的经验？

宁神安心，快速浏览，从易着手，决不放弃。

4. 找一找：成功教练

事实上，在我们的身边有许多成功的教练，大家想一想，找一找。

我访问的是____________________老师。

他（她）最擅长的学科是____________________

他（她）考试前准备要领是____________________

他（她）答题的诀窍是____________________

保持镇定的妙法是____________________

……

老师不就是我们身边现成的成功教练吗？老师都是身经百战的考试高手，他们的考试经验十分值得我们借鉴，请你选择一个熟悉的老师，做个小小的采访，并完成以下的采访记录，我们下节课来交流分享。

花的绽放，包含了一年的努力酝酿。考试的结果，验证多日的艰辛与奋斗。正确认识自己，找到合适道路，希望就在前方。老师衷心祝愿大家，都能在考试中发挥自己的水平。

四、建议与说明

1. 让学生回忆曾经经历的考试，主要是帮助学生懂得，其实考试没有什么了不起，我们都已经历那么多了。教师一开始引导的重点应该放在这里，注意不要离题。

2. 在画考试经历的曲线时，不必把所有的学科都画出来，但究竟画多少，要建立在了解学生的基础上，根据学生的实际情况来定。

3. 学生画好曲线以后，老师可引导学生观看和分析，让学生发现学习成绩的好坏和自己对这门科目的喜好大有关系。一般来说，越是喜欢的，越是学得好；越是学得好，也就越喜欢，形成了一个良性循环，反之也是一样。要让学生努力培养自己学习上的良性循环。

4. 在讨论考试秘籍的时候，要让每个同学充分大胆地发表自己的意见和建议，形成一种群策群力、集思广益的气氛，让每个同学都能有所收获。

5. 本课适合初中任何一个年级的学生。

[评析]

考试紧张、焦虑一直是困惑学生的问题，而且有此困惑的学生越来越多，面越来越广，如何帮助学生走出测验、考试的困扰，也是学校心理健康教育中学习辅导的一个重要内容。本课的教师从一个既熟悉，又新颖的角度，对学生进行走出测验、考试焦虑的引导，内容很新，形式也很适合学生。

本活动的新颖之处在于，老师不是就事论事，就测验、考试焦虑而直接提供一些放松的方法和技巧，而是着重从学生的经历入手，从每个学生都已身经百战来进行引导，学生感到亲切而又实在。然后，老师又让每个学生对自己的情况做一个详细的分析，逐渐引导学生发现，考试并不神秘，也并不“恐怖”，其实它很平常。在此基础上，老师再引导学生进行一些考试前、考试中、考试后的具体方法行为的指导，恰到好处。这是一堂很好的学习关于走出考试紧张焦虑的辅导课，值得推广。

第三节　学会交往篇

课例一：朋友和友谊[1]

一、活动目的

1. 协助学生了解自己的交友状况；

2. 协助学生学习朋友相处的要诀，认识朋友和友谊。

二、活动准备

1. 了解学生在交友方面的现状、问题和困惑；

2. 学生自测“我受欢迎吗”，题目准备，每人一份；

3. 准备卡片，上面画好“人形火柴”，两两一组，分别代表朋友、父母、老师、异性同学、两个小孩等，以备让学生添画自己的位置。

4. 准备写有对学生摆放的不同“位置”的图形解释的多媒体。

三、活动过程

1. 热身游戏：哥俩好

同学两两相对，各自伸出自己的大拇指，利用大拇指的弯曲，向对方点头、问好；然后互相顶牛，以不被对方碰到为赢。一旦碰到即结束，再重新开始。

2. 活动：我诉我心

我们先来做一下自测题，看看我是否受欢迎。

我受欢迎吗？

请你在下列题目后的括号内选择是或否：

(1) 态度友好　　(是　　否)

(2) 态度冷漠　　(是　　否)

(3) 性情随和　　(是　　否)

(4) 挑衅好斗　　(是　　否)

(5) 有幽默感　　(是　　否)

(6) 令人扫兴　　(是　　否)

(7) 守信用　　(是　　否)

(8) 搬弄是非　　(是　　否)

1. 杨治良、边玉芳，《中小学心理健康教育》（初中学生用书），华东师范大学出版社，2004。

(9) 有责任心　　　　　　　　　　　　(是　　否)

(10) 过于以自我为中心，好自我表现　　(是　　否)

(11) 热情、愉快，愿意参与　　　　　　(是　　否)

(12) 不讲奉献，只为自己打算　　　　　(是　　否)

选择“是”为1分，选择“否”为0分。你的单数题得分高于双数题越多，你越受欢迎。

每个人都渴望朋友，渴望友谊。友谊是朋友间的友爱，友谊的特点是互相信任，喜欢在一起，尽可能给予对方，为对方喝彩；彼此坦诚，彼此关心，彼此激励。

有人说：一个人要先做你自己的朋友，别人才能做你的朋友。你是如何理解的呢？

学生即兴发言。教师简单反馈。

3. 游戏：我在哪个位置？

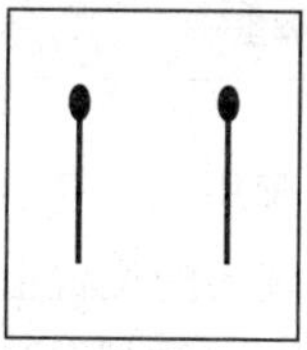

老师在黑板上画2根火柴棒，手中拿着另一根火柴棒。

(1) 如果2根火柴棒象征2个人，你会把自己放在什么位置呢？（可请愿意的学生到黑板上来演示，学生可能会问这两个人是谁，老师可告诉他，是两个一般的人。当然也可以直接让每个学生自己做。）根据学生的摆放，一一留下不同的图示。

(2) 老师可以用事先准备好的多媒体图示——展示每一种位置，并解说不同位置的象征意义。（但要注意，这只是一种象征游戏，不是真正的测验，但可以从中得到启示。）

老师对不同图示的解释：

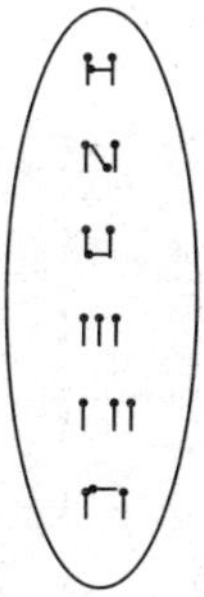

心胸开阔，人缘好，社交能力强；
客气有礼貌，比较坦诚，有点拘谨；
沉稳、内向、严肃、认真、略显消极；
热情好胜，正义感很强，容易得意忘形；
不喜欢与人交往，也不喜欢别人干涉，有些孤立；
占有欲、支配欲强，主动积极热情，容易产生自我中心。

请同学们注意这仅是一个象征性游戏，不是真正的测验，但我们可以从中得到启示。

请你想一想，你从这些图形中，得到的启示________________________。

（3）请学生进一步探索：如果这两个人是朋友、是父母、是老师、是异性同学、是两个小孩等，你的位置又在哪里？老师分发准备好的卡片（见下图），请每个同学填写，并在小组内分享、比较。

学生思考，并全班分享，用"我喜欢在________位置，因为我……"这样的句式来交流，老师也可统计不同位置的人数。

我的位置在哪里？ 如果这两个人是我的朋友、是父母、是老师、是异性同学、是两个小孩，我的位置分别在哪里？	我现在的位置：	我希望的位置：

老师引导：既然人人都不愿处在被人控制的位置上，那么，一个人想处在控制别人的位置上的结果将是什么样呢？

人与人相处，只要有两个人以上就产生位置（关系）的问题，最好的位置（关系）是平等的位置（关系）。

4. 活动：我的友谊花瓣

交友的要诀，就像是友谊花上的10片花瓣，你拥有的花瓣越多，你的友谊花朵就越美丽。你有多少花瓣、每一片花瓣有多大？

请在下列每一条上打分，最高5分，最低1分。

（1）主动开放——伸出你的友谊之手。（　）

（2）有礼貌——良好的礼貌由微小的牺牲组成。（　）

（3）不挖苦别人——多以言语和行动表示对别人的欣赏。（　）

（4）勇于认错——不肯说"对不起"是懦弱的表现。（　）

（5）留意自己的言行举止——粗鲁会伤害别人。（　）

（6）严守秘密——对得起别人对你的信任。（　）

（7）尊重别人——一个人如果感到不被尊重，会被深深激怒。（　）

（8）坦诚——没有人愿意和虚伪、骗子交朋友。（　）

（9）不开过分的玩笑——万一玩笑过头，马上当众道歉，以免带来误会。（　）

(10) 不要以自我为中心——坚持你的意见，同时接纳他人：“也许你是对的”。 ( )

小组分享：我的最大花瓣，我的最小花瓣________________。

5. 共同来讨论：和朋友保持友谊

(1) 朋友之间难免发生争执，下面哪些做法能够保持友谊？

□ 也许你是对的（也许是我错了）。

□ 明明是你错了，我不会听你的。

□ 让我们听听其他人的意见好不好？

□ 不用听别人的，你这是明知故犯。

□ 今天我情绪不好，让我们明天再商量，好吗？

□ 凭什么都要听你的？这次我就是不听你的！

(2) 今天的活动，给你感受最深的、启发最大的是什么？（用一句话表达。）

四、建议与说明

1. 初中学生都渴望友谊，在交往中，学生更愿意与自己志趣相近的同学交朋友，但有些同学会把友谊仅仅局限在两三个人的小圈子内，而不愿与更多同学交往。这样，不仅会使自己的交流机会大大减少，还会使自己的视野狭窄，生活内容单调。教师在引导过程中，要让学生知道在拥有几个好朋友的同时，还要与更多的同学交往，这样才会更有乐趣。

2. 学生做“我在哪个位置”的游戏时，教师要进行引导，要强调这是一个象征游戏，不是正式测验，重要的是我们能从中得到启示：只要有2个人以上，人与人之间就会产生位置（关系）问题。要把学生的注意力引导到对该游戏获得的启发上，而不要对游戏本身花太多的时间去研究。要引导学生感悟到，既然人人都渴望平等，不希望被别人控制，那么，我们在与人相处时，就要将自己放在与人平等的位置上。

3. 本活动开始进行的“哥俩好”的游戏，可以作为热身活动，活跃气氛导入，也可以将该游戏放到中间进行，即完成“我在哪个位置”活动以后做。但要注意做该游戏时，要让每个同学找平时交往比较少的同学一起做，以通过活动增进与不太熟悉的人的交往，并从该交往中感受到实际上要好的朋友也是从陌生开始的，关键要多多交往。

4. 本活动适合初中预备、初一年级的学生。

[评析]

对初中学生来说，朋友和友谊既是一个很熟悉的专题，又是一个老生常谈的话题。如何给这个非常熟悉的话题注入新意，让学生不但感兴趣，而且有收获，本活动的选材、设计就是一个很好的实例。

老师先让学生做一个简单的自测（这是中学生非常喜欢的形式之一），对自己有一个客观的了解；然后通过“我在哪个位置”的活动，协助学生检视自己在不同的人际关系中的位置，自己实际的位置和自己希望的位置之间有无距离。当然，两者差距越大，说明对自己的人际关系越不满意。这个活动能很感性、很直观地让学生了解自己的人际关系状况和满意度；最后通过“我的友谊花瓣”和“如何保持友谊”的讨论活动，从正面帮助学生了解朋友之间怎样相处才能增进友谊的要诀。整个过程，思路清晰，层层递进，步步深入，让学生在活动和游戏中了解了自己，认识了友谊，对学生在交往和友谊方面定会有很好的引导和促进作用。

课例二：你会倾听吗？[1]

一、活动目的

1. 通过游戏，让学生感悟到倾听是人际交往的秘诀之一，是人际沟通的能力之一；

2. 通过活动，培养学生善于倾听的行为技巧，增强人际交往的能力。

二、活动准备

1. 一段学生倾听他人（或老师）讲话的录像；

2. 收集一些学生中善于倾听和不会倾听的案例；

3. 游戏需要蒙眼用的眼罩、多个书包、小红旗、一只钟或表；

4. 全班学生分成四个大组，每个大组又分成2～3个小组。

三、活动过程

1. 热身游戏：信息导航船

你乘过信息导航船吗？我们的信息导航船马上要出发了。这艘船的行驶方向由所听到的周围传来的各种信息所决定。

要求：四大组各推荐一个同学做信息导航船的船长，各组再推荐一个同学做“信息指导员”。

一组组按顺序来做。先由暂不做游戏的小组拿6个书包不规则地放在地上，注意放置的位置要紧密，中间仅能容一个人曲折前进通过。然后，担任船长和信息指导员的同学上来。船长蒙上双眼，听着旁边四个信息指导员提

1. 吴增强，《初中生心理辅导指南》，上海科技教育出版社，2001。

示的信息前进。地上的书包代表暗礁，如果前进时碰上书包就算触礁沉船，另换一个船长继续。

四个被推荐的信息指导员给船长提示信息：一个以拍手次数作为往前走的步数的提示；一个专门发布“左”、“右”的信息口号；一个专门发布“前”、“后”的信息口号；还有一个站在终点的小红旗面前，当船长走完全程，并站到小红旗前时，提示船长“拿起小红旗”。

船长在最短的时间内，绕过6个书包，走完全程并拿到小红旗为赢。

游戏之后，船长、信息指导员、观众分别发表自己的感受和想法。

老师归纳：善于倾听，能给我们带来成功——导入今天的话题：你会倾听吗？

2. 游戏：听话听声，锣鼓听音。

请对你听到的几句话，做以下选择：

A. 行为要求　B. 信息要求　C. 评价要求　D. 理解要求

示范：请拿一杯水给我喝。(A)

老师有感情地朗读以下8句话：

(1) 我们一起去公园，好不好？(A)

(2) 你黑板擦得真干净。(C)

(3) 妈妈，我是考清华大学好还是考交通大学好？(B)

(4) 上完两节语文课，我头都发胀了。(D)

(5) 老师，我这道题不懂，你能不能讲一下？(A)

(6) 国庆节，你都干些什么？(B)

(7) 我的字写得怎么样，有进步吗？(C)

(8) 这次考试听说是很难的，我怕考不出。(D)

①____________ ②____________ ③____________ ④____________

⑤____________ ⑥____________ ⑦____________ ⑧____________

请学生根据刚才的“听话测试”，对自己做一个倾听能力的自我评价：全对的——很强；对6个以上——较强；对4个以上——中等；对4个以下——需锻炼。

我做对__________题，觉得自己倾听别人话的能力__________。

A. 很强　B. 较强　C. 中等　D. 需锻炼

3. 小组讨论：自我剖析——我平时在倾听方面存在的问题

如：自己听别人说话时爱打岔；

最好别人都能听自己讲话；

对不感兴趣的话题就会开小差；

……

老师在小组讨论的基础上，可让各组派代表交流。根据学生讨论的情况，老师可以播放事先准备好的关于倾听的录像。

4. 活动：做合格的倾听者

（1）讨论（小组、大组均可，看现场情况而定）：做一个合格倾听者的要求有哪些？

学生说，老师将其写在黑板上。

（2）角色扮演：每个小组推选两个同学上来表演，一个讲，一个听，然后大家点评。

（3）合格倾听者操练：在小组内进行，每个同学轮流扮演倾听者，其他成员点评。

教师小结：上帝分配给我们每个人两只耳朵，而只给我们一个嘴巴。你们说，那是为什么啊？!

四、建议与说明

1. 教师事先要收集一些日常生活中交谈的情景（最好是学生的），在学生讨论引导中，教师可以将这些内容播放或讲给学生听，指导学生多观察身边那些大家十分乐意与之交往的同学，并回顾自己谈话出现僵局的一些场面，从而理解倾听的重要。老师在此基础上，可以鼓励同学重新设计自己与人交往中的表现形象。

2. 本活动中贯穿了咨询心理学的理论和技巧，但不要出现这些理论，我们不是要培养学生去做心理咨询员，而是重在让学生去感受、实践和体验与人交往中倾听的重要，并落实到平时交往的过程中。

3. 教师要注意自身善于倾听的形象，要相信每个学生都能成为很好的倾听者，并让学生感受到教师对其的鼓励与尊重。

4. 本课适合初中年级的学生。

[评析]

人际交往的一个秘诀就是首先要做一个忠实的听众，这是赢得良好人际关系的一个重要条件。所谓倾听，不仅仅是听听而已，还要借助言语的引导，真正听出与你说话的人所讲述的事实、所体验的情感、所持有的观念等。但现在的学生，由于大多数是独生子女，平时又经常习惯于以自我为中心，他们喜欢别人都听他的，自己又不喜欢听别人的。这样，同学之间人与人交往也常常会产生矛盾和冲突。如何对学生进行引导，光靠讲大道理是无效的，而要让学生自己去体验、去感受。本课的教师就很好地设计了符合学生年龄特点的游戏和活动，让学生在游戏活动中，感受到倾听的重要，感受到倾听别人和被人倾听的愉悦。教师的设计不仅如此，还创造了机会，让学生去实践，学会初步感受如何才是合格的倾听。这样的活动、这样的体验，应该对学生有启发和帮助。

课例三：爱的天平[1]

一、活动目的

1. 感受父母对自己的付出，体会父母对自己的爱；

2. 促使学生思考如何对父母的爱给予回报。

二、活动准备

1. 在上本节课前，先上好“我和我家”的专题，让每个学生都画一画与父母在一起的温馨时刻；

2. 课前每人发 15 张纸条（长约 5 厘米，宽约 1.5 厘米，最好用铅画纸）；

3. 了解学生家庭情况，尤其要了解班内有无离异或单亲家庭的孩子；

4. “周日心动计划”练习纸和铅画纸、透明胶等。

三、活动过程

1. 温馨时刻之一

请同学们将上节课画的图拿出来展示，看一看，说一说。

引发学生回味家的美好感觉，体会家庭成员之间相互关爱的温暖，导入以下的话题。

2. 活动：画画天平

（1）每个同学回忆过去的一周内，自己为父母做过的5件事，父母为自己做过的 5 件事，分别将它们写在事先发的小纸条上。

（2）小组内交流讨论，并汇总同学们写的内容，将最有代表性的（或最让我们感动、最令父母感动）的 10 件事，用粗笔写在铅画纸上。

（3）全班交流，将各小组讨论的结果向全班展示（将铅画纸贴到黑板上），请各个同学任意选择黑板上 1 个小组写的内容，画到天平上。

1. 静安区教育局，《心理健康教育教案集》，2002。

我为父母做的事情

1.________
2.________
3.________
4.________
5.________

父母为我做的事情

1.________ 6.________
2.________ 7.________
3.________ 8.________
4.________ 9.________
5.________ 10.________

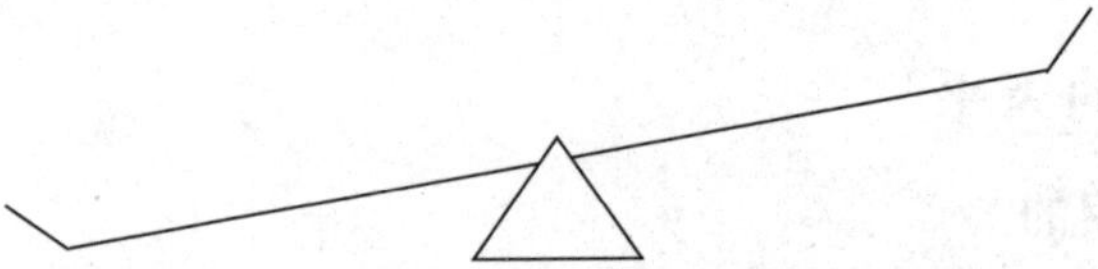

请同学们看一看我们画的天平，你们发现了什么（天平向一端重重地倾斜——父母为我做的事要比我为父母妈妈做的事多得多）？

形成这样倾斜天平的原因是什么呢？

同学即兴发言。

我们每一个人的成长都凝聚了父母尤其是母亲的心血，十几年来父母为我们做的事可以说是不计其数，又何止是现在我们看到的、以为已经很多的这些呢？父母年复一年、日复一日，不厌其烦地为我们付出，是什么力量支持着他们这样做呢？

的确，正如同学们说的那样，是爱。父母用爱在为我们无私服务，这架天平其实就是“爱的天平”。可是，现在它是倾斜的。如何改变一下，让天平平衡呢？

学生谈对天平倾斜现象的感受：我们为父母做得太少了。

老师给大家创造一个机会，请每位同学利用休息日当一回家，为爸爸妈妈服务一天，让爸爸妈妈享受一天。

3. 活动：周日行动计划

（1）请每个同学完成“周日行动计划”表。

情景：星期六晚上，妈妈“权力下放”，给了我100元钱，让我主持全家人周日的生活。这是我第一次当家，机会难得，所以，我想有效地利用这100元钱，为家人安排丰富多彩的一天。于是便有了如下的计划：

时间	参与者	活　动	支　出	安排原因（可写可不写）
6：30～7：00	我	为家人买早餐	8元	
……				
……				

提示：

① 安排的活动是受家人欢迎的；

② 不是所有的活动都需要花钱的，比如和父母在小区内打羽毛球等；

③ 不要忘记做家务劳动；

④ 如果钱有结余，不妨买件礼物送给爸爸妈妈，想想看他们会需要什么呢？

（2）全班分享，请一些同学介绍自己的“周日行动计划”。

（3）建议同学将自己的计划拿给父母看，征求他们的意见，有可能的话，希望父母能够给我们一次实施“计划”的机会。

有计划也需要有行动，关爱家人不仅是一种设想，更重要的是生活中的点滴付出。过去父母对我们关怀呵护备至，今后我们会怎样来做呢？……

4. 温馨时刻之二

（1）捕捉温馨瞬间，“拍”一张与家人在一起的幸福“照片”。

请同学们放飞想象的翅膀，设想一下十年后与父母在一起愉快生活的片段，捕捉一个画面将它“拍”下来：“那一天，那一刻，我和老爸、老妈……”

（2）将想象的情景画在铅画纸上，并赋予一些旁白说明（然后将上课开始时的画和这张画放在一起，看一看，想一想，你感到如何）。

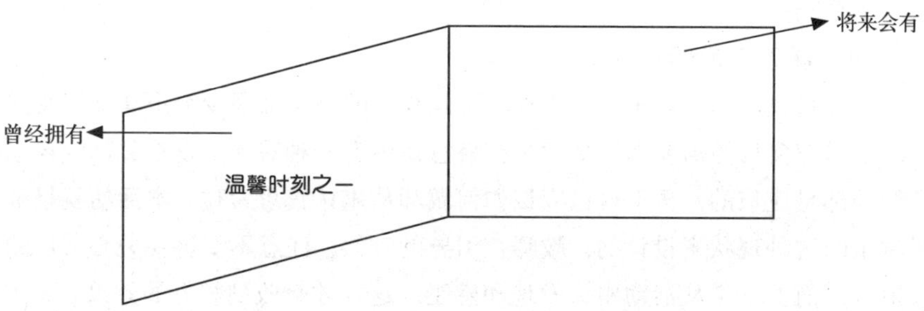

旁白之一：现在，我……
老爸……老妈……
我在家里……

旁白之二：十年后，我……
老爸……老妈……
我在家里……

5. 给大家的建议

今天的活动就要结束了，但我们的思考和付出刚刚开始。老师给大家一些问题，建议你们在平时或空闲的时候思考一下，你能否回答得出。

关于爸爸妈妈的“档案”：

爸爸、妈妈的生日？

爸爸、妈妈最喜欢的颜色？

爸爸、妈妈最喜欢的水果？

爸爸、妈妈最喜欢的运动？

爸爸、妈妈最喜欢吃的菜？

爸爸、妈妈的工作是什么？

爸爸、妈妈穿几号鞋？

你为爸爸、妈妈捶过背吗？

爸爸或妈妈生病时谁来照顾？

你和爸爸、妈妈每天交流的时间有多长？

你知道爸爸、妈妈对你最大的期望是什么吗？

你印象中爸爸、妈妈最难过的一件事是什么？

你什么时候、什么原因送过礼物给爸爸、妈妈？

……

要回答这些问题，困难吗？——不困难。其实我们能做得更好，只要平时注意留心，我们就能给予父母多一点关心，并将关心转化成具体的行为，我们是有这个能力，也有这个责任让爱的天平平衡，甚至能让它的倾斜颠倒过来，不是吗！

四、建议与说明

1. 父母关心、疼爱子女是天性，可是我们的孩子却很少会主动去了解父母，去体谅父母的需要。许多学生在潜意识中有一种观念，就是父母为自己所做的都是应该的，至于自己应该如何做却从未认真思考过。本活动就是针对学生的这种现状来设计的，教师在引导的时候，注意不要讲要关心父母的大道理，而要学生从活动中去发现和感受，这样才会收到较好的效果。

2. 本活动的重点在于激发学生对父母的感情，也就是说，这是一堂以情感人的课，教师的引导应该注重“激情”、“真情”和“煽情”，在表述中要有语音的起伏，那么效果会很好。许多学生在课堂结束后第一个反应就是：“今天我回家要为父母做些什么？”这无疑是对教学效果的一种肯定。

3. 要注意来自离异或单亲家庭的学生，事先教师对学生的情况要了解和熟悉，发现班级中有特殊家庭的学生，要对这些学生进行特别的关注和引导。

4.学生在温馨时刻画画时，可能会出现无法将想到的内容画下来的情况，此时，教师要给学生以鼓励，并告诉学生重要的是能表明心情和内容，对画的要求可以降低一些，毕竟时间和条件有限。

5. 本课适合初中学生。

[评析]

本活动的设计颇有新意。教师借助天平——这个大家都熟悉的道具，通过得到与付出的对比，使学生意识到父母的不易及自己的不足，激发学生对父母以及家庭的爱。在学生体会到父母爱的基础上，促使学生面对父母对自己付出这么重、这么多的现状，去思索自己该为父母做些什么，为家庭又该做些什么，让学生产生对父母的爱给予回馈的意识，让学生从中体会付出与给予，体会爱与被爱，体会接纳与感恩。教师的3个主要活动，层层递进，让学生在有趣的游戏和轻松的气氛中交流各自的想法；让学生在动手动脑中，深化了“爱父母”、“爱家庭”的情感。本课还有一个重要的特点和成功之处是，教师引导学生把从课堂上的认识到课堂外实践中去体验，延伸到对将来时刻的想象，启发学生将关爱父母的意识逐渐升华到对家庭的责任感上。

第四节　升学择业篇

课例一：三百六十行[1]

一、活动目的

1. 初步认识各类职业及其基本要求，了解职业选择的各种因素；

2. 明确职业准备与择业的关系，逐步树立自己的职业理想。

二、活动准备

1. 课前可布置给学生一个小任务，要求每个学生带着“你的职业是什么”、“你做哪些工作”等问题询问邻居或亲戚等，每个学生至少要收集2 ~ 3人的回答。

2. 准备几种主要职业的工作特点及基本要求；

3. 准备名人的职业及相关的故事若干；

1. 杨治良、边玉芳，《中小学心理健康教育》（初中学生用书），华东师范大学出版社，2004。

4.“家庭职业树”挂图和发给学生的画有“家庭职业树”图的纸（A4纸大小）。

三、活动过程

有一位哲学家说过：“选择职业就是选择你自己的未来。”每个人都关心自己的未来，那就必须关注职业选择这个问题，我们先来看看五花八门的职业吧！

1. 活动：职业万花筒

让我们一起来看看这段熟悉的情境：

早上起床，我一看闹钟，快七点了！我赶紧套上衣服，拿起桌上的牛奶和面包，走出家门。今天是星期六，公交车不挤，我找了个位子坐下，慢慢吃着早餐。下了车，我匆匆向路边的垃圾箱投去手上的包装袋，可惜“投篮”不准，落在了“篮”外。不管了，要赶时间，反正会有人来扫的！一进教室，胡老师已经在黑板上写下了许多题目，看来这个上午又是“题海大战”了！

（1）请你写出在这段情境中有关的职业；

（2）除了这些职业，你还知道哪些职业？

以上内容请在小组内完成，并派代表在全班交流。

2. 游戏：职业模仿秀

各小组讨论准备职业模仿秀。选择一种职业，可以是一个人表演，也可以多人表演，不能说话，尽量通过自己的肢体语言，模仿这种职业的相关动作，请其他同学来猜一猜，这是哪种职业。请该组的同学说出这种职业的特征，其他同学补充，教师板书。

的确，职业是五花八门、各种各样的，而且职业是各有特色、各有所长的。

3. 活动：息息相关

（1）每个同学写出：你认为哪些职业与你的生活关系最密切？

（2）小组内交流各自所写的内容；

（3）思考：在众多的职业中，你最喜欢哪些职业（选择三个职业）？
你希望将来从事什么职业？

（4）请完成下列选择：
影响到人们选择职业的因素很多，你喜欢的三个职业，是什么东西吸引了你？

① 工资高

② 福利好
③ 工作稳定
④ 工作环境好
⑤ 能充分发挥自己的才能
⑥ 能提供较好的受教育机会
⑦ 工作轻松
⑧ 有较高的社会地位
⑨ 符合自己的兴趣
⑩ 社会贡献大

最重要的因素是 （ ）（ ）

最不重要的因素是 （ ）（ ）

有人这么说，请你思考：

- 如果从事一个职业仅仅是为了生活、为了赚钱，一个人就不会投入其全部身心力量。这个职业充其量只能称为“生计”。
- 如果从事的职业能够符合自己的价值观、兴趣、需要和特长，同时又符合社会发展需要，一个人就会投入自己全部的智慧和精力，甚至不惜自我牺牲，这样的职业应该就是其生命成长与发展的过程。

4.“我的家庭职业树”

(1) 请每个同学在“我的家庭职业树”的树叶上，贴上你家人的职业，并想一想，这棵家庭职业树对你有什么意义？

(2) 教师在挂图上完成自己的“家庭职业树”；

(3) 同学们画好后，教师向同学们讲述职业的家庭特点及对自己职业选择的影响；

(4) 鼓励学生进行自我分析并全班分享。

5. 你知道下列名人的职业吗？

周恩来	张炳贵	林 肯	徐霞客	陈景润	侯宝林
鲁 班	徐悲鸿	贝多芬	贝 利	陶行知	爱迪生
徐 虎	时传祥	曹雪芹	达尔文		

你们还能说出更多名人的职业吗？

这些名人的职业对你有什么启示？

三百六十行，行行出状元。要成为状元，首先要选择适合自己的职业。

人不能没有梦想，更不能缺少行动！

把明天放在心中、握在手中、实现在奋斗中。你准备了吗？

（在音乐《我的未来不是梦》中结束。）

四、建议与说明

1. 本课开始的第一个活动，是全课的起始活动，旨在打开思路，聚焦问题，使“职业”与“我”、与“生活”建立联系。教师可通过学生的讨论和交流，着重引导学生认识和了解各行各业不同的职业及名称，特别是近年来出现的一些新兴职业。

2. “职业模仿秀”的游戏，主要是让学生通过自己的参与表达不同职业的特点，因此，教师要注意调动全体学生参与活动，模仿表演可以是个人的，更可以是多个人的，教师要根据班级学生的人数和情况而随机决定。要让全体同学都参与，或模仿，或补充说明职业的特点。

3. 在整个活动中，教师要注意让学生将职业与“我”（包括我的职业理想、我父母的职业等）紧密联系在一起，引导学生认识到职业与“我”未来的关系，为自己职业理想和职业选择做准备。

4. 教师对学生未来职业的选择不要进行太多的评价，而应引导学生说出自己选择职业背后的理由，并使学生对影响职业选择的各种因素有个比较全面的认识和理解。

5. 在讲名人的职业时，教师要促使学生反思，名人的职业与“成名”的关系，从而引导学生进入对未来学习、生活和职业向往和期待中，以积极、乐观的态度去迎接明天的一切!

6. 本课适合初中年级的学生。

[评析]

对初中学生进行择业选择的辅导，该选题很好。每一个人都向往美好、辉煌的人生。学校的学习是未来事业的准备，一份具体的职业才是个人发挥才华、服务社会的安身立命之所。因此，一个学生逐步培养起自己善于规划人生路途、善于选择恰当职业的能力，就成为事业成功的条件之一。而且社会环境和职业环境是在不断变迁的，帮助初中学生认识社会与职业，认识职业与“我”是非常必要的，也是非常重要的。本课的内容和目标指向初中生未来生活和职业选择，教师通过运用学生个人资料、他人经验和职业现状，引导学生认识职业、了解职业，并初步确立职业理想，充满信心地走向明天的生活，内容和目标的把握比较到位，设计符合初中年龄段学生的特点，并从学生熟悉的生活片段导入，帮助学生来了解职业，既亲切，又新颖；既形象，又能激发兴趣。总体来说，这是一堂很不错的择业辅导的心理辅导课。

课例二：知己知彼[1]

一、活动目的

1. 帮助学生了解人们在职业选择时通常会出现的几种类型；

2. 引导学生意识到，在选择职业时应该做一个理智的决定者。

二、活动准备

1. 了解学生对职业的了解情况以及学生的认识；

2. 准备供学生用的表格（每人一份）。

三、活动过程

1. 阅读分析导入课题

（1）请你阅读：

身边的事

小峰是重点中学的学生，他的成绩一向很好，可不知为什么，到了高三他的成绩怎么也提高不上去，尽管已经很用功了，可他的成绩仍然只是班里的中等水平。按他的成绩考上名牌大学的理想专业是不大可能的。可他的很多同学都会考上名牌大学，如果他不上名牌大学的话，多没面子呀。于是，他报考了一所名牌大学的园林专业。小峰真的考上了那所大学，可是，他并不开心，常常唉声叹气，因为他喜欢计算机，对园林设计丝毫不感兴趣。

（2）扪心自问

请你分析一下小峰当时报考时的心态及现在的处境，如果是你，你会怎么决定？

学生交流后教师简单小结：在选择职业时要考虑的两个因素：了解自己，了解职业。

教师导入课题：知己知彼

2. 讨论与引导

（1）你是否知道在职业选择时，人们通常会出现哪几种情况吗？

学生自由发言

（2）请看：资料库

1. 吴增强，《初中生心理辅导指南》，上海科技教育出版社，2001。

类型 / 个人 / 职业		个人	
		未知	已知
职业世界	未知	犹豫型	直觉型
	已知	顺从型	理智型

在做出职业选择时通常有以下四种决定者:

第一种，犹豫型。既不了解自己，也不了解所选职业的资料，常常无法决定，犹豫不决。

第二种，直觉型。只了解自己的情况，不了解职业的情况，凭着自己的兴趣做决定。

第三种，顺从型。只了解职业的情况，对自己的兴趣、爱好、特长知之甚少，顺其自然。

第四种，理智型。既了解自己又了解职业的情况，理智地选择自己的职业。

(3) 讨论: 故事中的小峰属于哪种类型的决定者呢?

我们平时生活中有没有听到或看到类似的例子呢?

所以，知己知彼，就是在选择职业时既要了解自己个人的情况，又要了解职业的情况，要做一个理智的决定者。

3. 主题活动：知己知彼，百战不殆

(1) 请每个同学完成一份关于自己和未来职业的详细说明书（见下图）。

(2) 小组内交流自己的未来职业计划书。

(3) 全班交流分享，请愿意的同学展示自己的未来职业计划书（最好用实物投影仪）展示。

我们需要知己知彼，我们要做一个理智的决定者。但是，如何实现还有待于我们每个人的努力。而且，今天我们了解的仅仅是个人与职业两方面的情况，其实还有社会的需要问题，这也有待于以后我们共同来探讨。

四、建议与说明

1. “知己知彼”只讨论了个人与职业世界两个方面，其中社会的需求还

我的个人资料		
未来理想的职业	职业一	
	职业二	
	职业三	
我的启示:		

未设计，希望老师在帮助学生了解职业的同时，要提醒学生还要了解社会，了解社会对职业的需求变化，了解社会对个人的要求。在个人与职业进行合理匹配时，强调个人对社会的需求以及个人贡献于社会的合理统一，是一个十分重要的问题，必须引起重视和思考。

2. 本活动强调了职业选择时做决定的状态，提出做一个理智的决定者。而如何当一个理智的决定者，如何将做决定的动力化为一种学习的内驱力，不断完善个人以达到职业的要求，则是很重要的，教师在最后小结时可以将此问题提出来让学生思考，有可能的话，还可以就此话题组织专题讨论。

3. 主题活动“知己知彼，百战不殆”中的“我的个人资料”一栏，主要填自己的兴趣、特长、理想的发展方向、最想做的事、最大的愿望等。“职业一、职业二、职业三”等栏目分别填写学生自己最理想的几个职业名称、各职业的特点、工作形式及将来可能为你提供的发展机会。

4. 本课适合初中二、三年级的学生。

[评析]

每个学生在面临职业选择时，由于个人价值、兴趣、个性等的不同以及对职业世界的了解、已有的职业资料的不同，会做出不同的选择，所以，了解自己和了解职业是进行职业选择的两个重要因素。教师通过活动、讨论和互动，帮助学生对这两个方面情况进行了解，以了解程度来分析决定者的类型，让学生初步了解和接触一些这方面的知识，有助于学生将来在知己知彼的情况下做出合理的选择。本课中教师的设计着重于帮助学生了解自己的特点，了解职业的特点对个人的要求，并懂得在个人和职业之间要合理的匹配，做出明智的选择才是重要的。对于初中学生来说，这样的生涯职业指导还是比较符合学生的年龄特点和接受水平的。

本课不足之处是内容似乎单薄一些，素材不够丰富，活动形式也比较单一。若能多了解一些学生的情况、需求或困惑，多收集一些学生的素材，有针对性地组织一些活动，这样的引导将会更吸引人，内容也会更丰富，当然，效果亦一定会更佳。

第八章

高中生心理健康教育课例与评析

根据高中生的年龄特点，本章按照学习辅导、人格辅导（包括探索自我、情绪辅导、人际交往、异性交往）、生涯辅导三个模块选取相关教案，供读者参考。

第一节　学习辅导篇

课例一：学习自我诊断[1]

一、活动目的

1. 使学生初步了解自己的学业自我认识或自我评价（对不同学习科目的态度和能力估计）及其对自己学习成绩的直接和间接影响；

2. 在此基础上，调整学生在学习方面的自我认识，积极寻找学习成败的原因，促进他们逐步建立积极主动的学习心态。

二、活动准备

1. 大体了解班上学生成绩的分布，分层抽取几个学生，了解他们对自己学习能力的评价，以便增加辅导课的针对性。

2. 根据学生开课的情况，合理调整或选择表格中调查的内容。

三、活动过程

1. 给自己画张像（表格调查）：先向学生介绍调查表格的填写方法，然后要求学生根据自己的实际情况填写表格。

教师：每个人不但对外部世界、对他人有着这样或那样的看法，而且对自己的各个方面也存在着不同的认识。那么，你是怎么认识自己的各科学习呢？请你首先给自己画张像。

---

1. 吴增强，《高中生心理辅导指南》，上海科技教育出版社，2001。

(1) 对自己学习潜能的评价

你认为自己的各科学习潜能如何，请在下表各个空白处给自己打分：①表示潜能很低；②表示潜能较低；③表示潜能一般；④表示潜能较高；⑤表示潜能很高。

语文	数学	外语	物理	化学

(2) 对自己学习兴趣的评价

你认为自己对各科的学习兴趣如何，请在下表各个空白处给自己打分：①表示兴趣很低；②表示兴趣较低；③表示兴趣一般；④表示兴趣较高；⑤表示兴趣很高。

语文	数学	外语	物理	化学

(3) 对自己学习努力程度的评价

你认为自己在各科中的努力程度如何，请在下表各个空白处给自己打分：①表示很不努力；②表示不太努力；③表示一般；④表示比较努力；⑤表示非常努力。

语文	数学	外语	物理	化学

(4) 各科的学习成绩水平

和全班同学各科学习成绩相比，你的成绩处于什么样的水平：①表示很差；②表示比较差；③表示中等水平；④表示比较好；⑤表示很好。

语文	数学	外语	物理	化学

教师：对自己各科学习画完像以后，请大家对自己的“画像”进行综合和分析，能不能发现以前自己没有注意到的现象或规律？

2. 自我画像与学习成绩

教师：通过上面的几个表格，大家可以发现，自我评价对自己的学习可以产生很大的影响。下面读一段心理学家的话：

学习中的"自我验证效应"

如果你觉得自己在哪一科目上能力比较欠缺，没有这方面的天分，就会逐渐对自己这一领域的学习失去信心，从而慢慢降低了学习的兴趣。信心和兴趣失去以后，努力的程度也就降低。例如，"反正我的数学能力本身就很差，再怎么努力也赶不上其他数学比较好的同学，还不如抽出更多的时间来学习语文和外语。"这样，就不会从学习计划的制定、时间的安排、学习方法的尝试等方面来提高学习成绩。时间一长，成绩就不会有多大的长进，还可能更加糟糕。成绩不好，又会进一步验证和强化自己原先对自己学习能力的认识和评价，从而形成消极被动的恶性循环。反之，如果具有积极的学业自我概念，认为自己在某科目上具有一定的潜能，就会更加自信，学习的兴趣也比较高，这样就会更加努力，更加勤奋，主动摸索有效的学习方法和技巧，随着时间的推移，学习成绩就会更加提高。这样就会更加相信自己的能力，产生良性循环。这就是我们学习中的"自我验证效应"。

3. 大家来诊断（案例讨论）

怎么帮助小张

小张在小学和初中的时候，虽然学习不是十分紧张，但在班级中一直名列前茅，从来没有跌入中等水平的行列中。但是，自从上了高中以后，越来越感到学习紧张起来，他甚至坚决地停止了自己的业余兴趣和爱好，几乎把自己所有可以利用的时间和精力都用在了学习上。但是，一段时间以来，他仍然感到作业并不轻松，上课表现似乎也没有其他同学好，小测验的成绩也落入了中等水平，甚至有一门课的成绩跌到了班级中下水平。小张最初不明白，自己付出了许多，为什么不能达到自己的期望。他感到压力很大，对自己的学习能力开始产生怀疑，对自己辛勤努力得不到应有的回报感到非常沮丧，学习的兴趣和动力也开始下降。他不知道下一步应该怎么办。

请你根据自己的思考和经验，帮助小张分析一下，进入高中以后，为什么他的成绩会落入了中等水平？可能的原因有哪些？下一步他该采取什么措施？

4. 学会学习成败归因

教师：当我们取得比较好的学习成绩或对自己的学习表现不满意的时候，不同的人会从不同的方面寻找原因，如"我这次考试为什么会取得这么好的成绩？可能是碰巧了吧，也可能是我最后的复习内容正好是考试的重点。""我的数学怎么总是考不过其他人？可能是因为我在数学方面能力比较低吧。"这就是学习中的归因心理。

小资料：归因理论

一般来说，人们往往从学习能力、努力程度、学习任务的难度和偶尔的运气等四个方面，来解释自己学习成功或失败的原因。请看下表：

数学考试成败的原因：

成 / 败	原因	例子
成功	能力	我擅长数学
	努力	我复习得很充分
	考试难度	这次考试太容易了
	运气	这次考得好，太运气了
失败	能力	我不擅长数学
	努力	我准备得不充分
	考试难度	这次考试太难了，没有人考得好
	运气	这次我很不走运

在学习活动中，不同的归因对学习者的心理有不同的影响。对他们以后的学习也会产生不同的后果。

从内外归因的角度来看，当一个人将成功归因于自己的能力和努力等内部因素时，会感到骄傲、满意和自信，以后会加倍努力；而当他将成功归因于学习任务容易和运气好等外部因素时，自我满意感比较少。如果一个人把失败归因于缺少能力或努力，会产生羞愧和内疚；如果将失败归因于任务太难或运气不好，羞愧和内疚感就比较少。

教师：在学习活动中，不同的归因心理对自己以后的学习容易产生不同的后果。请同学们根据自己的经验，在下列空白处填写不同归因对自己心理产生的影响以及对自己以后学习的影响。

考试成功的时候：

因为自己的学习能力比较强。________________

因为自己比较刻苦努力。________________

因为这次考试的试题比较简单。________________

因为这次考试运气比较好。________________

考试失败的时候：

因为自己学习能力比较低。________________

因为自己学习不努力。________________

因为这次考试的试题比较难。________________

因为这次考试运气不好。

教师：大家从上面可以发现，在学习成功和失败的时候，不同归因对自己的心理具有不同的影响，对自己以后的学习活动也具有重要的影响。那么，在以后自己学习成功或出现挫折的时候，你应该怎样进行归因呢？

5. 做自己的主人

教师：从上面的活动中我们可以发现，学习中的归因心理对自己学习的自我评价具有重要的影响。除了这种内部原因以外，另外也可能有其他因素的影响。学习中消极的自我认识可能和考试的失败、作业中的困难、教师的批评、家长的斥责、同学的奚落等密切相关，积极的自我认识可能和较高的学习成绩、教师的表扬、家长的鼓励、同伴的羡慕等有紧密的关系。但一个人无论以前的表现如何，无论外界怎样看待自己，自己对自己未来拥有积极的心态却是非常重要的。下面我们讲一个小故事：

小故事：塞尔玛

塞尔玛陪伴丈夫驻扎在一个沙漠陆军基地里。她丈夫奉命到沙漠里去演习。她一个人留在部队的小铁皮房子里，天气异常炎热，没有人可以谈天。只有墨西哥人和印第安人，但他们不能讲英语。她非常难过，就写信给父母，说要丢开一切回家去。她父亲的回信只有两行字，但就是这两行字却永远留在了她的心中，完全改变了她的生活：

两个人从牢中的铁窗望出去，

一个看到了泥土，一个却看到了星星。

教师：同学们，你们从这个故事里得到些什么启发？…… 成功者遇到困难，仍然是积极的心态，用“我要！我能！我可以”、“一定有办法”等积极的信念和想法鼓励自己，于是能够积极主动地去采取行动，不断前进，直到最后成功。我们在开始完成一项任务时的心态，决定了最后有多大程度的成功，这往往比其他因素更加重要。学习也是这样。

四、建议与说明

1. 表格中所选的学习科目的数量和具体内容，可以根据学校或班级的具体情况而定；

2. 对自己学习成绩进行评价的时候，可以和现在班级的学习成绩分布进行比较。如果学生还不清楚，也可以根据以前班级的成绩分布进行评价；

3. 在讲述自我验证效应的良性循环和恶性循环时，可以结合具体例子，用图的形式把不同学业“自我”的不同影响机制表现出来。

4. 在讲述影响学生学习自我评价的原因时，要重点讲授归因心理，并且要紧密结合学生平时或考试后的实际想法。一般来说,将成功归因于能力和努力,能够产生积极体验,而将失败归因于能力却会使人自卑,要引导这些学生将失败归因于努力。

5. 可以让学生设想上述故事中的塞尔玛后来怎么样了，如果是你自己，你会怎么办?

[评析]

本活动主要是帮助学生建立积极的学业自我概念。学生的自我概念一般可以分为学业自我概念和非学业自我概念，学业自我概念可以分为语文、数学、自然、美术等各学科的自我概念，非学业自我概念可以分为社会自我概念（同伴、重要他人等）、情感自我概念（特定情绪状态）、身体自我概念（生理能力、生理外貌）。许多研究表明，学业自我概念与学生成绩之间具有更加紧密的关系，对自己的学业学习具有积极良好的态度和认识，能够大大促进学习成绩的提高，而消极被动的学业自我概念会严重影响学习成绩的提高。

高中的学生经过多年的学习生活，无论是对自己整体的学习能力，还是对各科的学习表现都有了一定的认识，积累了丰富的经验，经历了各种的体验，并在此基础上形成了一定的态度倾向。一般来说，随着整个自我的发展和学习活动的丰富，每个高中学生都形成了对自己学习的主观认识，也就是学业自我概念。但很多学生的学业自我概念具有消极被动的特点，这严重抑制了他们的主动学习行为，阻碍了学习成绩的提高。因此，要帮助学生认识到不良的学业自我认识的危害，分析它产生的原因。本活动设计具有比较有力的理论支持，也能够针对高中生的实际。

在活动形式上采用自我检测、阅读材料和小组交流分享等，自我检测可以增强自我监控的能力，增加活动中阅读材料的成分比较符合高中生的年龄特点。

本活动存在的不足是：形式上比较刻板，让学生大段填写，讲解基本概念，学科传授的痕迹比较重，在活动形式的生动性、趣味性方面还可以有不少改进的余地。

课例二：应对考试[1]

一、活动目的

1. 帮助学生了解自己在考试前和考试过程中的不良心理和行为问题。

2. 使学生从平时积累、总体复习、临场考试、适应考试发展趋势等几个方面掌握应对考试的方法。

二、活动准备

教师在上课以前，通过请教各科的教师和翻阅近年来高考试卷，了解未来考试的趋势及其对学生学习提出的要求和挑战，以便使本课上得更加适用、有效。

三、活动过程

1. 进行考试困扰诊断测验，让学生了解自己的考试动机与效果、应试作答技巧、考前身心健康状况以及考试心理的控制能力。教师可以根据问卷中的内容，进行有针对性的辅导。

心理自测：考试行为诊断

下面这个测验是为了了解中学生考试行为困扰的一些问题。对于测验中描述的每种行为，如果你经常有这种情况，就在括号后填 A；如果偶尔有这种情况，就填 B；如果很少有这种情况，就填 C。

测验 1：你的考试动机与效果协调吗？

① 你对考试成功的期望非常强烈，但考试成绩却适得其反。 （ ）

② 你认为考试带有很大的偶然性因素，所以，你对考试抱着无所谓、碰运气的态度。 （ ）

③ 在重大的考试中，你总觉得自己的能力水平没能在考试过程中发挥出来。 （ ）

④ 对不感兴趣的科目，尽管你做过很大的努力，但考试成绩总是不理想。 （ ）

⑤ 考试失败的原因与家里人对你的压力太大有关。 （ ）

⑥ 心想考试不能输给某位同学，可是实际考试你总是不如他。 （ ）

⑦ 考前给家里人做过承诺的考试，你经常遇到失败。 （ ）

⑧ 你经常在重大考试中辜负了你心中某些重要人物对你的期望。（ ）

⑨ 你认为自己的能力无法再提高，因此再努力也是枉费心机。 （ ）

1. 吴增强，《高中生心理辅导指南》，上海科技教育出版社，2001。

⑩ 过去常因为考试失败而遭到家长或老师的无情责骂。（ ）

测验 2：你的应试作答技巧性高吗？

① 你是不是经常忘记在考卷上写上姓名、学号或准考证号码。（ ）

② 你是不是认为对于关键性考试，考场如战场，分秒必争，把时间花在浏览试卷与时间分配上很不值得。（ ）

③ 你是不是经常看错题目的要求，做了半天，最后还得返工。（ ）

④ 你是否一翻开试卷就匆匆作答，竟然忘了考试的说明或监考老师的提醒。（ ）

⑤ 你有没有因为时间分配不好而把考卷后面对你来说比较容易的一些题目给耽误了。（ ）

⑥ 在考试中，你有没有一遇到自己没有见过或没复习透的题目就感到慌张，担心自己考试砸锅。（ ）

⑦ 你是不是经常认为考试作答按试题顺序进行比先易后难的答题策略更为稳妥。（ ）

⑧ 你有没有因粗心大意做错本来很简单的问题而失分。（ ）

⑨ 你有没有忽略卷首的作答指导或事先提供的有关已知条件，而没有得到应该得到的分数。（ ）

⑩ 试题做完后如果有剩余时间，你是不是反复核对，宁可等到考试时间结束后才交卷。（ ）

测验 3：你考前的身心健康情况如何？

① 考试前几天你失眠程度非常严重。（ ）

② 复习考试阶段你因食欲不佳，引起营养不良。（ ）

③ 你有没有因为生活与交际上的困扰而影响考试的情绪。（ ）

④ 你有没有在重大考试的前夕，心里就一直想着：要是这次考试再失败，那么一切都完了。（ ）

⑤ 每次考试期间，身上经常莫名其妙地不舒服。（ ）

⑥ 你是不是经常认为，如果考试失败，那是再丢人不过的事情。（ ）

⑦ 每当复习与考试期间，你有没有经常发现一些慢性疾病复发。（ ）

⑧ 你有没有在重大考试或比赛前认为，要是失败了，就会极大影响异性朋友对你的看法。（ ）

⑨ 你有没有担心考试成绩会输给某一位同学。（ ）

⑩ 你有没有认为自己不是读书的料，更不是考试的料。（　）

测验4：你的考试心理控制能力如何？

① 你有没有在考前注意稳定情绪，消除不必要的顾虑。（　）

② 你是不是经常安慰自己、相信自己，从容应考。（　）

③ 你是不是经常以较坏的打算去争取最好的发挥。（　）

④ 你是不是经常认为，只要自己尽了最大努力，即使考试成绩很不理想，也没有任何怨言。（　）

⑤ 在考试开始的时候，你是否做到尽量放松，避免消极的自我暗示。（　）

⑥ 你有没有从过去的考试失败中吸取教训，不断总结经验。（　）

⑦ 你有没有经常在班会上或更大的集会上发表演讲。（　）

⑧ 你有没有经常参加学校或班级举办的比赛活动。（　）

⑨ 你能不能经常在紧张的气氛下放松肌肉与神经。（　）

⑩ 你是不是常以愉快舒畅的心情去参加考试。（　）

评分与解释：

测验1、2、3，凡是答“经常有”（A）的，记1分；凡是答“偶尔有”（B）的记0分；凡是答“很少有”（C）的记-1分；

测验4，凡是答“经常有”（A）的记-1分；凡是答“偶尔有”（B）的记0分；凡是答“很少有”（C）的记1分。

在测验1上得高分的学生，表明其考试动机和效果之间不太协调，考试成绩常常达不到自己的要求，总是感觉到自己的能力没在考试中充分发挥出来。

在测验2上得高分的学生，表明其考试的应答技巧有欠缺，得分越高，欠缺越大。

在测验3上得高分的学生，表明他们在考前和考试的过程中，身体和心理状态不好，需要及时调整。

在测验4上得高分的学生，表明其在平时不重视心理素质的锻炼，在考试前的心理准备不够充分，在考试的过程中缺乏有效的心理控制能力。

2. 应考策略学习

教师：我们的学校生活常常与考试为伴，不要把应试与素质教育对立，应试能力是人的素质的一个部分。下面读一段小资料，请大家体会一下：

积极应考四法宝

第一，学会积累。

随着高考专业化和科学化的加强，考试题目在考察学生基本知识和基本技能的基础上，逐渐注重考察学生的能力和素质，注重考察书本知识和实际生活的结合，这些能力和素质不是靠一段时间的复习和突击来形成的，而要靠长期的学习积累。具体来说，我们在日常知识和能力的积累中要特别注重以下几个方面:

(1) 注重学科内不同知识点、不同单元以及整个学科内部的联系，注重学科与学科的联系，不断形成自己完整的知识结构，这样才能解决综合性问题。

(2) 注重书本知识技能和实际生活的联系，学会用学过的知识和技能认识、分析和解决实际生活中的问题。

(3) 不但注重接受知识的已有成果，而且要注重知识的产生过程，学会如何探索知识、获得知识，学会解决没有现成答案的问题，注重开发自己的创造性。

(4) 不但学会从书本中学习，而且要学会通过社会其他媒体来了解社会发展的动态和热点，学会用自己的观点和方法来认识、分析和解决社会中的问题。

第二，学会复习。

(1) 要根据考试的安排来恰当地分配各科的复习时间。自己比较有优势的科目可以少花时间，自己劣势的科目可以多花时间。需要背诵记忆的科目可以安排更加靠近考试的时间复习，最好到了考试那天，正好是记忆内容最清晰的时间。

(2) 可以根据复习的科目和时间，采用多样化的复习方式，如语文、外语、政治等记忆类科目和数学、物理、化学等理解练习类科目交叉进行。记忆方式可以采取朗读、默记、听录音、互相问答、尝试回忆等多种方式。

(3) 各科复习最好对照课堂笔记进行，这样可以迅速地把握学科内容的主要脉络和知识点，也可以进一步复习教材中没有、但老师反复强调或自己总结的内容和要点。

(4) 既要全面复习，又要突出重点，杜绝猜题估题。全面复习可以帮助整理学科整体知识，有助于解决综合性问题；突出重点可以节省时间；猜题押题是考试复习的“大忌”，出题比较科学的考试是不会使猜题押题的人冒险获得好成绩的。

第三，学会考试。

(1) 许多同学在接近考试的时候，废寝忘食地拼命用功。有些同学由于平时学习比较认真，考试复习也比较有计划，完全用不着比平时占用更多的时间，但看到其他同学都在加倍用功，结果也受到“感染”，牺牲了必要的睡眠和休息，结果在考试的时候很容易造成大脑疲劳、情绪不稳定，影响正常的发挥。所以，如果实在时间紧张，宁可在考试以前的一段时间里加倍用功，也不要在考试那几天开夜车。考试的关键几天，要保证充足的睡眠，保持良好的身心状态。

(2) 考试的时候要保持适当的求胜动机。如果求胜动机太强烈，容易造成大脑和情绪的过度兴奋和紧张，影响知识的回忆和思维的灵活性，尤其是在遇到某些困难和挫折的时候，更容易造成紧张情绪，而这种紧张情绪又进一步影响下一题的回答，从而造成恶性循环。有时候，考试时“无为而无不为”的心态反而有利于发挥。

(3) 考试试卷发下来以后，不要马上急急忙忙地做题目，而是要注意迅速浏览整个试卷，明确试卷有几页、试题量怎么样、试题的类型有哪些、分数分布如何、考试时间是多少等。这样就可以确定时间的分配，做到心中有数，也可以起到稳定情绪的作用。

(4) 开始做每一种类型的题目时，要仔细阅读试题的说明，严格按照试题要求去做，防止答非所问，“下笔千言，离题万里”。

(5) 在解答每一道题目时，要仔细阅读分析题目的所有条件和要求，然后再做。有些同学为了节省时间，看题匆匆忙忙，然后贸然动笔，结果由于少看了某个条件或误解了题目的要求，反而浪费了不少时间。

(6) 在考试的过程中，会遇到这种现象：平时非常熟悉、记忆非常清楚的知识，由于情绪比较紧张等因素，突然记不起来了，有一种“到了嘴边，就是说不出来”的感觉，这时往往容易更加紧张，更加回忆不起来。最好的办法是暂时转移注意力，先做其他试题，等情绪放松或做完了其他题目后，往往会自然记起来。

(7) 在考试时遇到题目后，会反复考虑使用某种解题思路或方法，就是跳不出原来的解题思路，结果不但造成时间的浪费，还影响了自己的情绪。这往往是心理定势造成的结果，就是遇到某些题目，老是有一种“先入为主”的看法。这时的最好办法，也是暂时不做这个题目，先做其他题目，等原来的心理定势解除以后，再回过来解决这个问题。

第四，适应考试。

随着高考改革的不断拓宽和加深，考试的内容和形式也出现了很大的变化，我们原先的那种只注重书本知识的重复记忆和题海式训练的学习方式将会越来越不能适应未来高考的变化。因此，为了在将来的考试中能够取得满意的结果，我们必须时刻了解考试的变化趋势。从现在的发展趋势来看，主要有以下几个方面:

（1）注重考查综合能力，包括学科内的综合能力、学科之间的综合能力、利用综合知识解决问题的能力等;

（2）注重考查应用能力，注重书本知识和实际生活的结合，主要考查应用已有的知识分析、解决实际生产和生活中问题的能力;

（3）注重从国际、国内现实社会生活中的热点问题和现象中选择题目的内容，要求考生提出观点或看法。

（4）注重考查考生探索知识和解决问题的能力，不仅考查考生知识的运用，而且要考查考生认识问题、制定计划、分析资料、提出假设、评价结论、大胆创新等能力。

3.请几位学习比较优秀的学生或“考试高手”谈谈自己在考试来临以前的复习方法和技巧，然后请其他学生补充讨论，最后教师进行总结。

四、建议与说明

1.在“学会考试”这一部分辅导时，既要重视考试前的复习方法和考试中的技巧，也要注意强调平时知识和能力的积累。只靠考试前短期的“突击”和“热身”，可能在平时的小考中可以取得不错的成绩，但在日后的大考或高考中越来越不能奏效。

2.不同的科目，可能复习和考试的方法、技巧不一样。在介绍总的方法以后，可以结合不同的科目分别讨论。

3.如果时间允许，也可以讨论平时考试后应该如何调节自己的心态，吸取经验教训，作为平时学习和以后考试的借鉴。

4.虽然阅读的小资料比较长，可以分段讨论分享，并结合班级同学实际情况（即哪些同学在这四项或者某项有优势），便于大家学习。

［评析］

本活动主要为两个模块，一个是考试心理自我评估，另一个是应考策略，对于帮助学生积极应对考试有指导意义，也比较有操作性。但是活动形式比较单调，如应考的四个策略，让学生在课堂里大段阅读，与课例一有同样的问题，即知识传授痕迹太浓，难以体现心理辅导活动的特点。如何围绕四个策略，设计相应的活动（如案例讨论、心理剧表演等），这样可能效果会更好些。

第二节　人格辅导篇

课例一：理想“我”与现实“我”[1]

一、活动目的

帮助学生认识现实“我”，关注理想“我”，努力缩短现实与理想之间的差距。

二、活动准备

1. 将20个“我是……的 人”句子印在纸上（1张／人）。

2. 玻璃胶；每个学生准备一张漂亮的信纸。

三、活动过程

1. 教师引言

在古希腊德尔斐的一个古神庙前竖着一块石碑，碑上镌刻着一句话“认识你自己”，据说是象征着最高智慧的“阿波罗神谕”。我们可以联想到“人贵有自知之明”、“知人者智，自知者明”等名言；想起“吾当终日三省吾身”、“知己知彼，百战不殆”等警句。这些名言警句时刻在提醒我们，要想成功，必须首先认识自己。

2. 趣味测试

我是谁？

请你根据自己的实际情况，很快地完成20个句子。这些句子都是以“我是……的人”为结构的，请你填上中间的部分。

（1）我是 -- 的人；

（2）我是 -- 的人；

（3）我是 -- 的人；

1. 吴增强，《高中生心理辅导指南》，上海科技教育出版社，2001。

(4) 我是 -- 的人；
(5) 我是 -- 的人；
(6) 我是 -- 的人；
(7) 我是 -- 的人；
(8) 我是 -- 的人；
(9) 我是 -- 的人；
(10) 我是 -- 的人；
(11) 我是 -- 的人；
(12) 我是 -- 的人；
(13) 我是 -- 的人；
(14) 我是 -- 的人；
(15) 我是 -- 的人；
(16) 我是 -- 的人；
(17) 我是 -- 的人；
(18) 我是 -- 的人；
(19) 我是 -- 的人；
(20) 我是 -- 的人。

请同学仔细分析上面的20句，依据下列的提示给予归类（只填序号）。

(1) 表面性的句子有（例如：我是在高一读书的人）______。

能反映内心世界的句子有（例如：我是一个外表冷酷、但内心似火的人）______。

(2) 正面的评价有（例如：我是个很优秀的人）______。

消极的评价有（例如：我是个孤独、忧郁的人）______。

(3) 自己眼中的“我”有______。

别人眼中的“我”有______。

教师：有的同学一定觉得写满20条太难了，这完全可以理解。拿起一面镜子，揽镜一照，你马上会说：镜中是我。这是最简单的“自己”。但是，要从思想上、精神上认识自我真的不容易。

在上面的自我剖析中，抛开上天早已为我们决定好的外貌、身高等你所无能为力的现实，一定还有一些特点是你所不满意，并希望不断完善的吧！其实，对“现状”的不满正是我们不断完善自我的不竭动力。找出它，你就有了努力的方向！

许多年后的你一定比现在更出色、更完美。你能想得出吗？

3. 寻找理想中的我

教师：闭上眼睛，想一想理想中的你是什么样的，然后记录下来。

	理想我
1. 外表	1. 2. 3.
2. 能力	1. 2. 3.
3. 性格特征	1. 2. 3.
4. 其他	

（提示：为了更好地让学生进入状态，教师可以准备一段音乐，并配上相应的指导语。让学生穿越时光隧道，从外貌、能力、性格特征等方面构建"理想我"。）

教师：或许有的同学发现，理想中的我比现实中的我相差太远了。其实，不管怎样，只要你是一个珍惜生活、热爱学习、尽自己的力量去追求智慧和知识的人，我们都应该从情感和理智上去热爱自己。

一个热爱自己的人，才可能对自己有信心。在你的眼里，世上最好的最美的人就应该是你自己，因为只有你自己才是你真正能把握的，只有你才有权利支配自己去领略四季的风采和人生的艰辛与幸福。只要你心中向往着更出色的你，一定会活出更精彩的人生。

4. 后续练习

采取适当的方法，问问自己："我是谁？"只有在这个问题上做出正确的回答，才能不断取得成功。例如：提问法。认识自我最好的方法是内省和反思。内省和反思时可以问自己：我的长处是什么？我最善于做什么？目前为止，我取得的最大成就是什么？哪方面的才能发挥了重要作用？我还有哪些不是最好的，怎样才能更好地完善自我？等等。

实验法　为了认识自己到底有什么才能，不妨对有兴趣的工作做一些尝试，看看能否得到预期的结果。如果自己确实尽到了最大的努力而又收效甚微，那么证明你这方面的才能的确有限。

比较法　“不怕不识货，就怕货比货”。在比较中找到你的最佳才能吧!

剥笋法　有的人对自己的真正长处并不清楚，可以根据自己的爱好、兴趣去做某一方面的工作，并在工作中朝某一方面深钻，逐渐发现自己的真正长处是什么。

心理测量法　心理测量就是根据一定的法则用数字对人的行为加以确定，这不失为一个有效的方法。

求教别人　俗话说：“智者请教他人，傻人只靠自己。”求教别人来认识自己，不失为一种较好的方法。

四、建议与说明

在理想“我”的构建中，可能会有部分同学过分关注自我的外表。教师可以给予引导。自我意识应该更加关注自己的内心世界、心灵的成长，这样自我意识才更深刻、更丰富。

[评析]

“我是谁”，这是中学生常常扪心自问的问题。按照埃里克森的心理社会发展理论，青少年时期最大的危机和挑战是自我认同与角色混乱的冲突。他指出，同一性的形成是青少年人格成熟的重要标志，如果青少年学生在这一时期同一性没有确立，就会在成长的道路上自我迷离、停滞不前，陷于角色混乱状态。本活动通过对“我是谁”、理想“我”与现实“我”的自我反思，增进学生的自我认同感，是很有意义的辅导活动。

整个活动设计比较简洁，操作性较强，也为执教老师留下了创造的空间。当然，由于需要学生直觉回答的问题比较多，活动过程中会有许多生成性的问题，需要教师发挥教育机智，同时也为如何发挥学生群体的教育资源，形成集体共识，留下了活动设计的余地。

本活动存在的不足和可以改进之处是：第一，缺少课前对学生自我意识状况的了解，这可能使教师在活动实施时，会有心中无底的感觉；第二，在理想“我”的探讨活动中，对于外在自我和内在自我的和谐一致上强调得不够，这里可以给学生以价值引导；第三，活动形式也可以丰富些。

课例二：偶像大比拼

一、活动目的

1. 引导学生发现偶像身上的闪光点，用他们的成就和事迹来鞭策自己，在学习道路上取得长足的进步；

2. 理性地看待“一夜成名”的现象，正确认识成功的必然性与偶然性；

3. 通过评选成功形象，帮助学生看到自己的才能。

二、活动准备

请同学们事先收集整理自己偶像的相关资料，以便课上交流。

三、活动过程

热身游戏“粉丝大盘点”

1. 游戏要求：请说出下列偶像粉丝团的名称。

2. 游戏规则：学生以小组为单位，进行抢答，答对1题加10分，答错1题倒扣10分，最终分值最高的一组获胜。

3. 游戏内容

	题目	答案
超女	谭维维	维生素
	REBORN	冰棒
	唐笑	蜜糖
	厉娜	雪梨
	许飞	飞碟
好男儿	蒲巴甲	甲壳虫
	宋晓波	菠菜
	吴建飞	鼠迷
	巫迪文	笛子
	马天宇	羽毛

主题活动一　“我们的偶像”

引导语　2005年夏天，中国亿万电视观众的生活因“超级女声”而变得热闹和精彩，这个大众娱乐节目神话般的崛起引发了之后一波“平民选美”热潮。继2005年“超女”之后，2006版“超女”、“我型我show”、“加油、好男儿”等纷纷摆开阵势，连续轰炸。层层选拔，胜出的选手越来越少；相反；各路粉丝团成员却越聚越多，由此所掀起的“追星狂潮”，我们也多少有所耳闻。

刚才的游戏，可能同学们都觉得很简单。这说明大家对这些选秀活动并不陌生；对这些“新鲜出炉”的偶像也较熟悉，或许有同学恰恰就是某位偶像的粉丝。

不可否认，这样的选秀活动对我们青少年有着很大的吸引力。特别是这些经历“过五关、斩六将”的残酷比赛，最终胜出的偶像们，肯定具备了某些特质，让那么多观众心甘情愿做她们的铁杆“粉丝”。

今天，就让我们从“偶像”谈起，老师想请同学们推荐自己的偶像，让我们来看看你的偶像有多少。

1. 活动要求

介绍偶像基本信息（包括姓名、性别、学历、特长等）；

列举偶像的优点；

讲述偶像成名道路或奋斗经历；

从偶像身上得到的最大收获是什么；

找找我与偶像的相似处。

2. 教师归纳

不管是一步一个台阶，慢慢走向成功，还是一夜成名，她们的成功都有其偶然性；例如，平民选秀，李宇春、张靓颖、周笔畅的成名神话，是建立在数万倍于其他女孩破碎的梦想之上的，可以毫不夸张地说，选秀“中奖率”比中彩票还要低。

但是，这些偶像的成功背后又有必然性。无论是娱乐偶像还是社会名人、不凡的平凡人，任何人的成功都离不开其个人的努力，辛勤耕耘。

有人说师洋变态，没本事，就靠搞怪出位。但是，整个《我型我show》中，有谁能像他那样，坚持每场做好功课，精心准备道具，排情景剧，他不掩饰自己渴望成功，同时他也为了目标辛勤耕耘。正是这份“用心”感动了观众，使他成为“人气王”。

其实，偶像台前一分钟，往往是有台下废寝忘食，没日没夜的指导、学习、彩排作为基础的。

真正应验了一句话：“台上一分钟、台下十年功。”

成功并非那么容易。

主题活动二 “班有好学生”选秀活动

1. 游戏规则

(1) 班级学生自我推荐，参加“海选”，才艺展示3分钟。

(2) 由大众评审团（老师和班委）决定进入正式比赛的人选。

(3) 进行N-N（1-2）赛制的选秀环节（N人数，“1-2”选择根据每班参赛具体人数决定）。除参赛选手外，其他同学均有投票权，每人每场限投5张票。票数最低的两位选手进行PK。

(4) 选手PK结果，由其他晋级选手投票决定。

(5) 最终决出3强，根据全班同学投票结果决出第一、二、三名次。

2. 游戏分享

选秀活动中，你有什么感受和启示？

主题活动三 “收获栏”

请同学们4～6人一组，分享活动感受，归纳出“成功的秘籍”有哪些，然后班级一起分享小组讨论结果。最后，老师归纳补充。成功的秘籍：

(1) 信心；

(2) 恒心；

(3) 认真的态度。人生有不确定性。对于明天将面对什么样的挑战，又有什么样的机遇，我们不得而知，唯有把眼前的每件事认真做好。

(4) 积极的心态。竞争是激烈和残酷的，要以阳光的心态面对失败，总结经验教训，为下次启航做好准备。

(5) 自身素质，修养和才智的培养。

(6) 有团队合作意识。

……

四、建议与说明

1. 偶像可以是娱乐圈中的纯偶像，也可以是社会名人、具有非凡气质和影响力的平凡人或身边的人。

活动过程中，教师注意适当引导，归纳，让同学们总结每个偶像成名的必然性和偶然性因素有哪些。

2. 主题活动二，班级选秀活动，要注意发动每个学生去展示自己的才华，教师要以多元智能的思想引导学生进行评价。

【评析】

平民选秀成就了平凡人的梦想，同时也掀起了“追星狂潮”。而追星的主要人群就是一群心智尚未成熟的中学生。谁都不能否认偶像对年轻人的吸引力，他们将自己的梦想和理想投射到了这些偶像的身上，他们通过决定别人命运的方式完成了对自己命运的一次虚拟掌握，所以他们疯狂。

这节课老师借助社会热点，与学生探讨偶像的作用，进而分析成功的条件。引导学生挖掘自身的资源，鼓励学生构建自己的成功形象，以此激励自己更加努力地面对今天的生活，面对未来的挑战，追求卓越的自我。

显而易见，这样的设计，通过引导学生理性分析思考，从而减少偶像的负面影响，远比简单地斥责和棒杀来得更明智和更有效。

课例三：萌动的青春情[1]

一、活动目的

1. 引导学生健康恰当的异性交往心态。

2. 帮助学生树立恰当的异性交往原则和方法，并用以指导自己的异性交往行为。

二、活动准备

1. 准备心理剧表演：“收到烫手的来信”、“肖明怎么办”。

2. 了解班级学生中异性交往状况。

三、活动过程

1. 阅读材料

《同龄人的生活》，引导学生健康恰当的异性交往心态。

同龄人的生活

我们班主任在高一下学期进行了一项令人“震惊”的改革：让男生女生交错坐，即两人一组，前后左右都是异性。而且我们学校开展讨论式教学，上课会安排很多讨论。这样四人一组，两男两女在一起讨论，为异性交往创造了机会。这一措施在推出时曾让其他老师捏了把汗，担心我们班主任自寻烦恼。不料，最后的效果却出奇得好。一方面，异性间有天然的微妙吸引力，令同学关系十分融洽亲密；另一方面，自由开放的异性交往空间令异性交往变成是自然的事情。在交往中，大家反而并没有感到什么同性异性，反而淡化了异性色彩。交往就是交往（而不是同性同学、异性同学），同

1. 吴增强，《高中生心理辅导指南》，上海科技教育出版社，2001。

学就是同学（而不是男同学、女同学）。由于良好团结的班级气氛，我们班还拿到了市级的先进集体称号。

2. “心情驿站”

交流同学们在异性交往中遇到的问题，为探寻异性交往的恰当的方法和原则建立了一定的感性认识基础。

教师：看了以上的例子，不知你有何感想，在你异性交往的经历中，是否也是如此的愉悦呢？男女交往方式是有差异的，可能你也遇到过一些问题，不妨和同学们谈谈——“我的异性交往困惑”。

（1）每人在纸条上写出“我的异性交往困惑”，不要让其他同学看到内容。

（2）写完后将纸条折好，由老师统一收入“秘密匣”。

（3）每组从秘密匣中抽取和本组人数相等的数个“秘密”，经本组同学共同讨论得出解决方案，并将方案在班级中交流。

3. 心理剧表演

（1）请同学表演心理剧：“收到烫手的来信”，“肖明怎么办”。

收到烫手的来信

前两天，有个男生悄悄地写了封“情书”给我，我很难为情，又不知该怎么处理这件麻烦事，能帮帮我吗？

——无奈的女孩

教师：对于这封来信的处理，以下几种做法你们赞成哪一种？

- 如果是我，就把那封信偷偷放回他的课桌，然后附上一张字条：“还是像原来一样相处更好吧！”
- 我会好几个月不理睬他，不主动和他说话，让他自己明白。为了不影响他的自尊心，我不会让他在同学们面前下不来台。
- 你可以装糊涂，直截了当地走到他面前，将信还给他，笑着说：“今天是愚人节吗？谢谢你的玩笑。”
- 不妨试一试进一步交往，学业相互共勉，真情有所保留，顺其自然，待日后决定。
- 有些女生碰到这种事情会很得意，大肆宣传。如此一来，那个并没有恶意的男生会成为大伙儿的笑柄，自尊心严重受挫。切记，此计万万使不得。

肖明怎么办

有一天刚上晚自修课，一个同学神秘兮兮地对肖明说："喂，有一个女生找你，是女朋友吧？""别乱说，"肖明一边否认一边冲出教室。一个女生正站在教室外，着一身素雅的连衣裙，肖明没见过她，可那女孩递上一只精制的礼品盒，上面写着"生日快乐，琪琪 。"噢！原来是她，这是三年前肖明结识的外校网友，他们从来没见过面。只是通过网络传递友情。琪琪说："今天下午没课，想着明天是你的生日，就这样跑来了。"二人交谈着，教室的窗口上不时冒出好奇的脸蛋，弄得他们都很尴尬，终于，肖明说……

（2）小组中交流看法和观点，在班级中展开讨论。

（3）在老师的引导下，得出较好的解决方案，得出异性交往的原则和方法。

4.教师归纳同学们讨论的意见，并提供两篇课后阅读材料，帮助学生领悟。

阅读材料一：健康的异性交往

男女生的交往不仅是正常的，而且是必要的，有益于青少年身心健康成长。

心理学的研究和实际观察发现：青春期交往范围广泛，既有同性知己，又有异性朋友的人，比那些少有朋友，或只有同性朋友的人的个性发展更完善，情绪波动小，情感丰富，自制力较强，心理健康水平较高，容易形成积极乐观、开朗豁达的性格。拘谨、畏缩，妨碍了青少年男女之间的交往；过分热情、随便，又显得轻浮、不庄重，同样是不可取的。

那么，怎样才是正确的异性交往呢？

首先，注意交往方式。青少年男女以集体交往为宜。课堂上的讨论发言、课后的议论说笑、课外的游戏活动等，为大家创造了异性交往的机会。使一些性格内向、不善交际的同学，免除了独自面对异性的羞涩和困窘；一些喜欢交际的同学，满足了与人交往的需要。每个人都融入了浓浓的集体气氛中。在集体中的异性交往，每人所面对的是一群异性同学，他们各有所长，或幽默健谈，或聪明善良，或乐观大度，或稳重干练…… 使我们在吸收众人优点的同时，开阔了眼界和心胸，避免了只盯住某一位异性而发展"一对一"的恋爱关系。集体交往，家长放心，老师支持。集体交往的形式各种各样，如兴趣小组、科技小组、学习小组等。集体活动也是丰富多彩的，如娱乐、游戏、竞赛、旅行、小发明、小制作等。

其次，要把握交往的尺度。对方约你一同参加某项活动，如听音乐、看电影、观画展、逛书市，这是正常的、公开场合的两性交往，完全可以大大方方地赴约。女孩子应端庄、坦荡、不使对方产生误解和非分之想；男孩子要沉稳、庄重、尊重对方。假如两人互有好感，相处愉快，约会的次数会增多，每次约会的时间会延长，直到两人难分难舍，恨不得每时每刻都和对方在一起。这时一定要注意适可而止，不能占用对方太多的时间，不能因为两人的约会，使一方或双方无法集中精力学习，无暇与家人、同学、亲友相聚。必须有所节制，减少单独在一起的次数、时间，见面时多谈谈学习上的事情，使双方的感情降温。为防患于未然，对于抱着谈情说爱为目的的约会，最好婉言谢绝，让对方明白你的心思，放弃对你的追求。但要注意方式方法，不可伤害对方的自尊心。对于纠缠不休，甚至威逼恐吓的人，就要请家长、老师、同学、朋友们帮助处理了。只要把握与异性交往的尺度，诚恳对人，热情大方，自尊自重，便能处理好与异性的关系，以自身良好的修养和人品赢得异性的尊重和友情。

阅读材料二：孩子，我想和你说说早恋

曾经听到一位母亲用色彩对孩子形容早恋：人到中年，过着平静而忙碌的日子，似乎好久都没有仔细地谈及爱情了。而今，眼中的爱情已不再是年轻时的炽热和情绪化的大起大落，更多的是爱的意义，爱的责任。

生活是多彩的，每一个人都有爱与被爱的权利。青春期的孩子，仿佛含苞欲放的花朵，美丽而稚嫩。或许你们期待着爱的滋润，但这份爱对于你们而言，可能是甘甜雨露，也可能是暴雨狂风。是不是都能经受住这种考验？

我说，不一定！我不敢，也不曾说，自己真正了解你们心中的爱情。但我要告诉你们：爱是有不同程度的。就像我们游泳，有蘑菇池、浅水池、深水池。不同的人根据自己的情况，选择是不一样的。只有拿到了深水证，才有资格到深水区畅游。

孩子，请扪心自问，在爱情的长河中，你有深水证吗？你可以控制水深、水浅吗？若是不顾一切地游向深处，就算给你个救生圈，你能安全上岸吗？你们稚嫩的肩膀，真的能像大人一样承受爱的重量吗？

无需回答，想想再做，好吗？

孩子，让我们一起走进爱的殿堂，看看你们的这道画廊：

淡粉色——你可曾想过为什么而爱他／她？是因为他外表很酷，或是她长得秀美？是因为他打篮球的技术高超，或是她能歌善舞？是因为他成绩优秀，或是她聪明伶俐？是因为他的幽默，或是她的善良？是因为被他／她的爱而感动了？

随着岁月的流逝，无论是哪一种，都会有所改变。因为你们还小，性格、意识都没有定型。你们渐渐长大了，或许不会再喜欢外表很酷、善打篮球的他，而觉得内涵更重要。感情渐渐淡了，自然要分手，对自己，对他，不是一种伤害吗？不要假装潇洒地抛出"不在乎天长地久，只在乎曾经拥有"来安慰自己。

淡紫色——你可曾想过这份爱是不是浮在表面上的？你们有心与心的真正相融吗？如果你们只是在一起玩，只能说你们是玩伴，而谈不上是爱人，有一天，长大的你不会总是在玩，不会和只能陪你玩的人相伴同行，也就不会让你们的爱长久。若想此情不变，两个人最好有共同的生活目标。志同道合，方能此情不渝。生活态度要相同，才能携手同行。否则，一个进步，一个原地不动，甚至倒退，又怎能相依相伴呢？眼前的甜蜜又如何能够代替这一切呢？

淡绿色——你可曾想过爱情不是你生命中的一切？生活是多方位的，你不是为了爱情而活着。你还有很多的事要做，难道为了经营你们的爱情，而放弃斗志吗？这是非常不理智的！因情废止，将令人遗憾终生！因为你们还小，所以很难同时驾驭这两方面。影响学习，影响前途，对你们不是一种伤害吗？

孩子，你们发现了吗？在你们这道爱的画廊中，所有的色彩，都是淡淡的，都是朦朦胧胧的！

我承认它的存在，它的纯美。其实，大人和你们一样喜欢浪漫，追求爱情。但你们知道吗？浪漫是一件缥缈的事。朦胧地望，远远地看，它永远都很美；或许走近了，倒觉得失去了。

青春期的你们。何不将最浪漫的事，好好收藏。

四、建议与说明

如果班级中有类似于心理剧的例子的同学，在课堂中应给予较多的留意和关心，避免有伤害。

[评析]

如何进行异性交往是高中学生成长中的一个重要课题。心理学的研究和实际观察发现：青春期交往范围广泛，既有同性知己，又有异性朋友的人，比那些少有朋友或只有同性朋友的人，个性发展更完善，情绪波动小，情感丰富，自制力较强，心理健康水平较高，容易形成积极乐观、开朗豁达的性格。拘谨、畏缩，妨碍青少年男女之间的交往；过分热情、随便，又显得轻浮、不庄重，同样是不可取的。

现在有这样一句顺口溜："小学生一队一队，初中生一堆一堆，高中生一对一对"。某年的情人节，某中学高二的一个班里男生送女生的玫瑰花艳丽得晃老师的眼。"玫瑰花"开到了校园，学生、老师、家长对此各有各说，校园毕竟不适合玫瑰盛开，中学生毕竟不适合谈情说爱。究竟什么才是"早恋"问题的治本之方呢？答案是：教育，道德教育和情感教育。一个高中生写道："每个时期都应有每个时期的事情，倘若提前做了后一个时期的事情，你便失去了前一个时期。"但并不是"早恋"中的中学生都能明白这个道理。本活动针对上述问题而设计，对学生的成长很有意义。

本活动对于高中生异性交往问题分为两部分来处理，先从阅读材料《同龄人的生活》，讨论异性交往的有益之处，而后通过心理剧的角色扮演帮助处理同学们在异性交往中的困惑。活动内容贴近学生的实际生活，活动形式多样。

本活动可以改进之处是：两个心理剧的角色扮演还可以细化。例如，可以对几种不同的处理方式进行角色扮演，可能会给学生更多的体验和感悟。最后的阅读材料内容都不错，布置课后阅读，还可以作为下次活动讨论分享的内容。

课例四：矫正你的"眼镜"——用合理想法调节情绪

一、活动目的

1. 使学生了解合理情绪治疗的基本原理。

2. 帮助学生通过自我分析，转变非合理性观念，从而调整情绪。

二、活动准备

阅读材料，用多媒体制作合理情绪治疗的基本原理框图，帮助学生理解。

三、活动过程

1. 教师引入　我们每个人都会有快乐的时候，也会有苦恼的时候。今天，我们探讨的问题是怎么用合理的方法让自己克服苦恼而拥有快乐。先请听听一个同学的烦恼：

少年独白

自从上了高中以后，我就没有了周末，几乎所有的周末都以做作业、看参考书度过，其实我也不想这么过日子，只是学校的压力真的很重，同学之间都在“明争暗斗”，表面上，大家都喜欢玩，背地里每个人都在努力学习，生怕在学习上被别人超过或被落下，希望在班级里有一个更好的排名。

我觉得自己真的好累，多想回到无忧无虑的童年啊!有时扪心自问：“我快乐吗?快乐是什么?自从进人高中以来，我感到的只有压力，我有多久没有感受到快乐了?快乐到底是什么东西?整天扑在学习上，时常告诫自己必须保持前三名的地位，这就是我最大的快乐吗?我已经做到这些了，可我为什么还一直这么烦恼呢?

教师：为什么这个学生总是不快乐呢？（组织学生讨论）

2. 阅读“心理博士信箱”　重点讲解理性情绪疗法的基本原理（见第三章第二节）。可以以一个简单的例子为突破口。如有半杯水，一个人想：唉，真可怜，只有半杯水；另一个人却想：啊，太好了，还有半杯水。于是前者望着半杯水伤心不已，而后者却高兴地一饮而尽。

心理博士信箱

快乐是达到自己所盼望的目的后发生的一种心理上的愉悦和舒适感。它是个体的一种主观心态的反映。在客观世界中，并不包含快乐或不快乐，它只是一种存在，无论主观上你是高兴还是悲伤，它都不会有任何的变化。但是，为什么我们常常会发现不同的人面对同一事件会产生截然不同的情绪体验呢?

心理学家艾里斯经过研究，提出了一个著名的ABC合理情绪模式。这里的A是指诱发性事件（Activating events）；B是指个体在遇到诱发事件之后相应而生的信念（Beliefs），即他对这一事件的看法、解释和评价；C是指在特定情景下，个体的情绪及行为的结果（Consequences）。通常，人们会认为人的情绪及行为反应是直接由诱发性事件A引起的，即是A引起了C，但艾里斯不这样看。他认为，诱发性事件A只是引起情绪及行为反应的间接原因；而B是人们对诱发性事件所持的信念、看法、解释，这才是引起人的情绪及行为反应的更直接的起因。

例如，“少年独白”中那个学生，他为什么整天感到压力重重，无快乐可言，最主要的是他的信念影响着自身的情绪，你有没有注意到他独白中的一句话，“我时常告诫自己必须保持前三名的地位”。他认为，人不可以有失败，不然一切就完了。他的生活目的完全单一化了，仅仅只为了名次与分数。当然，我们不排除学生以学业为重，但一个人整天顶着名次的帽子，那又如何去体验其他的快乐。更何况“人有失手，马有失蹄”的时候，这种自我设陷的想法，除了带来更大的压力外，还能带来什么。为什么不尝试着将这种不合理的信念改写一下呢？

步骤：我必须始终保持前三名

↓

我能够保持前三名

↓

我可以保持前三名

↓

我只要尽力而为去争取前三名

这种只许成功不许失败的想法，只能使我们缩手缩脚，不能打开自己的心灵去真正享受在努力过程中所带来的快乐。所以，凡事只要尽力去做就可以了，成功与否是附带产生的，不是我们主要的目标。同学们不要完全以分数来制定自己好坏的标准，考不好就自认没有价值，很自卑。在学习过程中，有获得就是最好的，若考不好，也是一种经验的获得，自己多懂了些，知道错在哪儿，不也是一种成长吗？世界上并非考高分的人才算是有价值的人，更何况现在求学之路的选择余地越来越宽，只要你肯努力，都能最终实现自我的价值。

3. 自我体验，小组讨论分享

（1）最近有哪些不开心的事发生，当时你的想法是什么，请填入空格内。

	A（诱发性事件）	B（信念）	C（情绪及行为）
学生甲	被朋友嘲笑，被老师指责。	“每个人都应该爱我，并且同意我所做的一切，否则我就受不了。”	抑郁消沉、焦虑、失望、受伤害。
学生乙	虽然成绩不错，但却拙于辞令，不善于与人交际。	“我应该是全能的，应该蛮有成就，否则我就是一个没有用的人，毫无价值。”	自贬、自卑、自怜、孤立自己。
学生丙	在自己年幼时，父亲离家，下落不明，母亲再嫁，自己一个人寄居亲戚家中。	我应该像其他人一样有个幸福美满的家庭，父母疼爱我，小心照顾我，然后我才可以好好地生活成长，但如今背着一个破碎的家庭，没有人可以依靠，一切也就完了。	无助、消极、愤怒、自怨自艾、放弃自己。

<table>
<tr><td colspan="2">利弊分析表
我想要改变的态度或信念：________________</td></tr>
<tr><td>我相信它的益处</td><td>我相信它的害处</td></tr>
<tr><td></td><td></td></tr>
<tr><td colspan="2">改变后的态度或信念：________________</td></tr>
</table>

（2）这些想法合理吗?如果不合理，请根据利弊表开展自我辩论，或者邀请同伴帮助自己共同辩论。

4. 教师小结

进一步强化学生认识到快乐不快乐，其实是自我选择的结果。请学生课后阅读“非常故事”——选择人生。

选择人生

雨湘 译

杰利是个不同寻常的人。他的心情总是很好，而且对事物总是有正面的看法。当问他近况如何时，他会答：“我快乐无比。”

他是个饭店经理，却是个特别的经理。因为他换过几个饭店，而有几个饭店服务生都跟着他跳槽。他天生就是个鼓舞者。如果哪个雇员心情不好，杰利就会告诉他怎样去看事物的正面。

这样的生活态度实在让我好奇。终于有一天我对杰利说，这很难办到!一个人不可能总是看事情的正面。“你是怎样做到的?”我问道。

杰利答道：“每天早上我一醒来就对自己说，杰利，你今天有两种选择。你可以选择成为一个受害者，也可以选择从中学些东西。我选择从中学习。”

“每次有人跑到我面前诉苦抱怨，我可以选择成为一个受害者，也可以选择指出事情的正面。我选择后者。”

“是!对!可是没那么容易吧。”我立刻声明。

“就是有那么容易。”杰利答道，“人生就是选择。当你把无聊的东西都废除后，每一个处境就是面临一个选择。你选择如何去面对各种处境。你选择别人的态度如何影响你的情绪。你选择心情舒畅还是糟糕透顶。归根结底：你自己选择如何面对人生。”

我受到杰利一番肺腑之言的影响。没有多久，我就离开了饭店去开创自己的事业。

几年后，我听说杰利出事了：有一天早上，他忘记了关后门，被三个持枪的强盗拦住了，强盗对他开了枪。

幸运的是，杰利被发现较早，送进了急诊室。经过18小时的抢救和几个星期的精心照料，杰利出院了，只是仍有小部分弹片留在他的体内。

事情发生后6个月，我见到了杰利。我问他近况如何，他答道："我快乐无比。想不想看我的伤疤?"

我趋身去看了他的伤疤，又问他："当强盗来时，你想些什么?"

"第一件在我脑海中浮现的事是：我应该关后门。"

杰利继续说："医护人员都很好。他们不断告诉我，我会好的。但当他们把我推进急诊室后，我看到他们脸上的表情，从他们的眼中，我读到了：'他是个死人。'我知道我需要采取一些行动了。"

"你采取了什么行动?"我赶紧问。

"有个身强力壮的护士大声问我问题。她问我有没有什么东西过敏。我马上答，有的。这时，所有的医生、护士都停下来等着我说下去。我深深地吸了一口气，然后大声吼道：'子弹!'在一片大笑声中，我又说道：'我选择活下来，请把我当活人来医，而不是死人。'"

杰利活了下来，从他那里，我学到了：生活充满了选择，而生活的态度，就是一切。

——摘自《海外星云》

四、建议与说明

1.学生在小组讨论中提出的一些想法可能比较零乱，教师可以运用理论分析中提供的一些非理性想法进行归纳，提醒学生，在面对其他问题时，也要注意这些长期形成的非理性观念对自我的影响。

2.学生一般都能分辨理性观念与非理性观念，但关键是在现实生活中却很容易受一些非理性观念的影响，因此为了加深学生的理解，可以把此课分为2至3课时进行，把每一个非理性观念在现实生活中的实例展开剖析，真正达到矫正的目的。

[评析]

人的情绪和行为常常受到自己思想的控制。心理学家班杜拉有句名言，他说"人们只有怎样思想才会怎样行动"。青少年时期是情绪比较容易冲动的阶段，尤其是遇到困难与挫折的时候，情绪容易大起大落。如何运用心理辅导的理论与技术帮助学生调节情绪是一个很有意义的辅导活动。

本活动设计线索比较清晰，先从一个同学的“独白”开始，引入主题，然后通过阅读“心理博士信箱”的材料和小组讨论，理解理性情绪法的基本原理，联系自我实际加以分析、体验。虽然，帮助学生运用理性情绪法的原理来调整自己情绪，心理辅导的技术成分比较高，需要讲解的内容比较多；但是本活动尚能够深入浅出地进行操作化的设计。最后部分的阅读材料“选择人生”富有感染力，颇有教育意义。

本活动存在不足和有待改进之处是：仅仅让学生认识到非理性信念还不够，还要在帮助学生如何建立理性信念方面多设计些方法，如利用“换位思考”建立理性信念，多些练习和示范。

课例五：E网情深

一、活动目的

1. 准备辩论的过程是让青少年自己寻找有关网络基本知识、网络发展、网络使用利与弊、网络过度使用的危害以及网络过度使用的特征的一个过程；

2. 辩论的过程是澄清态度的过程，也是自我教育的过程。

二、活动准备

1. 准备“一辩”、“二辩”、“三辩”、“四辩”的标识卡两套和“主席”的标识卡一套，计时器两个。

2. 黑板上（或用多媒体课件）事先写好辩题，并邀请好评委，也可组织其他的学生一起来观战，也可把这项活动作为学校的活动之一，但参与辩论的一定要是本团体的成员。

三、活动过程

1. 教师交待辩论赛的由来：教师可结合本校学生的情况，引出辩论的话题（3分钟）。

2. 辩论过程（30分钟）。

3. 评委的讲评（7分钟）。评委的讲评可根据学生辩论的实际情况，但其中必须要包含以下的一些要点：

（1）辩论的目的不在于谁输谁赢，而是让大家一起来讨论什么样的网络使用行为才是最合理的。

（2）为了准备今天的辩论赛，相信双方同学都极大地发挥网络的功能。

（3）网络使用时间也许是网络过度使用倾向的一个标志，但更实质的标志应该是你在使用网络还是你被网络使用。

（4）所以，我们最终的目标不是通过辩论赛来锻炼我们的嘴皮子，而是今天的辩论内容是否能成为你今后行为的指南。

（5）可以把这句话印好了送给学生：

“做个有节制的上网者——不要因上网而荒废学业；做个理智的上网者——不被网络牵着鼻子走；做个文明的上网者——不发表和传播错误的言论。”

——一个中学生

（《E路伴你行》，复旦大学出版社）

4. 评委宣布辩论赛的结果和最佳辩手（2分钟）。

有关网络的利与弊，学生的论据可能会有以下几个方面：

网络使用利大于弊	网络使用弊大于利
1. 可以实现全球资源共享，开阔我们的视野	1. 网上有不健康的内容，有信息污染
2. 扩大了交友的范围，可以和全世界的朋友交往	2. 网络上的友情也是虚拟的
3. 借助网络游戏可以宣泄过重的学习压力	3. 网络游戏往往充满了暴力和色情，对青少年的道德产生影响
4. 在网络上聊天费用比电话费低	4. 青少年容易为网络上的美好假象所蒙蔽
5. 使用网络是现代社会的标志	5. 网络的不安全性
6. 利用博客或者BBS，可以发表自己的观点	6. 网络游戏的刺激性容易使青少年上瘾
7. 网络上的交流避免了人际交往中的摩擦	
8. 网络上的交往相对更轻松和自由，对比较内向的同学是有利的	

四、建议与说明

辩论赛是学生自我教育和自我学习的一种很好的形式，但要注意事先的准备工作。同时，一定要注意，如何调动除辩手以外其他学生的积极性。

[评析]

网络作为一种现象的出现，一定是有它存在的必然性的，对于中学生来说，网络是不可回避的东西，无论你喜不喜欢，它都要注定成为中学生学习生活中不可或缺的东西，所以，本次活动的关键是希望学生能合理使用网络而不是不用或过度使用网络。通过辩论赛这样一种形式，希望能引导学生反省网络给我们带来的种种好处和不利的地方，由学生自己来总结网络的积极和消极，并能在网络的使用过程中，学会使用网络而不是被网络使用。

活动设计内容虽然比较短小，但是主题突出，让学生们通过价值问题的讨论，认识网络的利与弊，是一个好方法。

课例六：我们是E家人

一、活动目的

1. 通过活动，增进家庭成员之间彼此的了解与信任，探索家庭关系的模式；

2. 提高家庭成员的网络知识和应用能力；

3. 规范网络使用过度者的上网行为，提高其自制能力。

二、活动准备

A4纸若干张；

就上网过度问题，录音采访部分家长；

可以请部分家长旁听，并参加“上网契约”活动。

三、活动过程

活动一　思维大碰撞（15分钟）

1. 发给每人一张A4纸，请每个学生完成下列问题：

写出自己必须上网的10个理由。

如果你的生活中没有了网络将会发生什么？

家里人反对我上网的理由有哪些？

如果过度上网会造成哪些不利的后果？

2. 等大家写好后，将全体学生分成四组，小组讨论交流，总结出本组最终的讨论结果。

3. 老师一边巡视，一边指导。

4. 集体交流，要求每个学生比较自己与别人想法的异同。

本活动有利于学生换位思维，站在家人的角度来思考过度上网的问题。同时，启发学生认识到网络只是我们生活的一部分内容，并不是生活的全部。同学之间的讨论与交流，可以加深同学们对家长反对自己过度上网的理解。

活动二　小品：电脑风波（15 分钟）

1. 介绍剧情

王刚的爸爸是个电脑盲，最近为了儿子的学习，他还是拿出平时省吃俭用攒下的钱买了台电脑，并且接上了网线。王刚从此便迷上了网络游戏，每天放学回到家就把房门一关，与网友大战起来。白天上课时也无精打采，作业经常抄袭别人的。时间过去了一个学期，王刚的爸爸发现儿子的成绩册上"大红灯笼高高挂"，顿时气得火冒三丈，把电脑也锁了起来。于是，一场激烈的家庭战争开始了……正当家庭矛盾不可调节时，王刚的班主任老师前来家访，对他们父子进行了调节和指导。

2. 角色扮演

先请两名同学分别扮演王刚父子，要体现出父亲焦急、愤怒的心情和儿子的不争气。老师的扮演者可以由真正的老师来扮演，课前做好这方面的准备。

3. 听录音

让大家倾听家长对自己孩子克服网瘾的期望，动之以情。

活动三　制定上网契约（10 分钟）

家庭公约要建立在尊重、真诚、平等、信任的基础上，目的是为了营造轻松、和谐的家庭氛围，使网络使用过度者能够在有序、有度的条件下上网。回到家后主动找到你的爸爸妈妈，按照下面的格式与他们签一份契约，将自己每周的上网时间和次数，在与父母协商一致的情况下加以规定。

上　网　契　约

亲爱的爸爸妈妈，为了保证今后更加科学地、有计划地上网，我与你们签这份上网契约，希望你们监督我上网行为。内容如下：

1. 每天上网不超过 × × 分钟，并且在完成当天的所有家庭作业之后；
2. 双休日上网时间可以适当延长，但是不超过 × × 分钟；
3. 每次上网都要征得父母的同意，最好有父母陪同；
4. 绝对不到营业性网吧上网。
5.……

立契约人：

父母签字：

年　　月　　日

四、建议与说明

在这个活动过程中，教师一定要关注是否有学生出现阻抗的情绪，如果有学生表现得很阻抗，注意不要马上逼着他（她）加入游戏或表态，在接下来的活动中，可以慢慢观察他（她）。但同时要调整好全体学生和个别学生的关系，不要因为一个学生的情绪影响了其他学生的情绪。

[评析]

网络使用过度的形成，与当事人所受的家庭教育模式、成员之间的相处态度分不开。换句话说，它们可能是家庭功能失调的表现。因此，我们通过修正、调整家庭成员之间的关系，在家庭成员的共同努力下，改变网络使用过度现象的家庭动力机制，从而能够达到网络使用过度者行为改变的效果。如何利用家庭教育的资源，帮助学生合理使用网络，是很有意义的辅导活动主题。活动形式也比较多样，让家长参与活动，能够形成积极的亲子互动。

第三节　生涯辅导篇

课例一：彩绘生命的蓝图——职业与角色

一、活动目的

1.通过了解职业发展阶段划分的观点，了解一个人的职业生涯是发展的，在人一生的各个阶段，有不同的职业发展目标和任务。

2. 通过对“一生生涯彩虹图”的了解和相关问题的讨论，懂得生活中将扮演各种角色，其中工作者是一个重要的角色。

二、活动准备

1. 学习理解生涯彩虹图。

2 准备“空中抛球”的器具，找三个一寸见方、里面包着米粒或者豆子的布袋，也可以找小球、碎石等代替（马戏团小丑抛的可是鸡蛋或是锅勺）。

三、活动过程

1.“空中抛球”活动

可起到热身运动的作用，并巧妙地引出生活中多种角色的概念。

教师：其实，生活就像是在空中抛接球的游戏。这些球分别代表着是：工作者、学生、家长、休闲者等角色。将 3 ~ 5 个球同时在空中抛接，的确是一门艺术。

2. 展示、讲解小资料

小资料：舒伯的“一生生涯彩虹图”（见图 8-1）

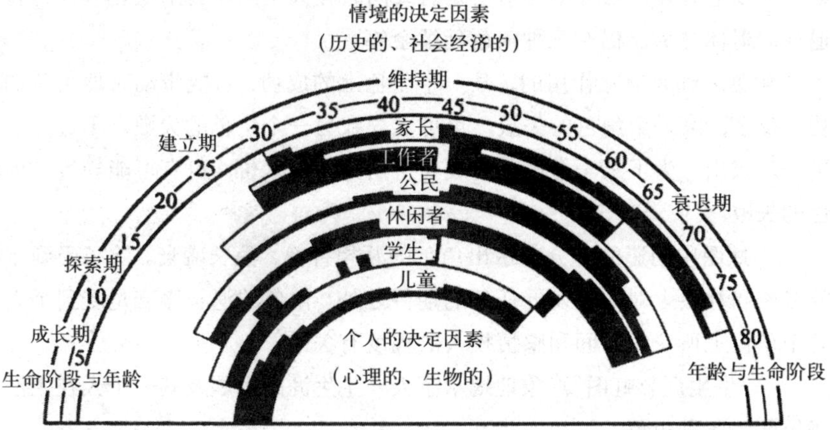

图 8-1　一生生涯彩虹图（舒伯，1980）

这是舒伯提出了一个有关职业和角色之间更为广阔的新观念，并将它命名为“一生生涯的彩虹图”，它描绘出了一个多重角色生涯发展的综合图形。一生生涯彩虹图涉及了生活广度、生活空间与角色之间的关系。

（1）横贯一生的彩虹——生活广度

在“一生生涯彩虹图”中，横向层面代表的是横跨一生的生活广度。彩虹的外图显示人生主要的发展阶段和大致估算的年龄：成长期（约相当于儿童期）、探索期（约相当于青春期）、建立期（约相当于成人前期）、维持期（约相当于中年期）以及衰退期（约相当于老年期）。在这五个主要的人生发展阶段内，各个阶段还有小的阶段，舒伯特别强调各个时期年龄划分有相当大的弹性，应依据个体不同的情况而定。

（2）纵贯上下的彩虹——生活空间

在“一生生涯彩虹图”中，纵向层面代表的是纵贯上下的生活空间，由一组职位和角色所组成。舒伯认为，人在一生当中必须扮演九种主要的角色，依次是：儿童、学生、休闲者、公民、工作者、夫妻、家长、父母和退休者。彩虹图中未将“退休者”列入；夫妻、家长、父母等角色则并入“家长”一类中。不同角色的交互影响，凝聚出了个人独特的生涯类型。此外，角色也活跃于四种主要的人生舞台：家庭、社区、学校和工作场所。虽然个体也可能在其他的舞台上扮演其他的角色，基本上大多数不超出上述的角色范围与舞台。

不管一个人愿不愿意，每个人踏入学校之后，终其一生，必须扮演多种角色，并且多数时候是同时在不同的舞台上扮演不同的角色。从结婚、谋得第一个职业开始，六种不同角色先后或同时在人生的舞台上层见叠出，直至退休。退休之后，仍有三种角色延续至终。

角色之间是交互作用的，某一个角色上的成功，可能带动其他角色的成功；反之，某一个角色的失败，也可能导致另一个角色的失败。不过，舒伯进一步指出，为了某一个角色的成功付出太大的代价，也有可能导致其他角色的失败。

彩虹图中阴影的部分表示出角色的互相替换、消长盛衰。除了受到年龄的成长和社会上对个人发展任务的期待之外，角色的消长盛衰是受到个人在各个角色上所花的时间和感情投入的程度有关的。

“一生生涯彩虹图”形象地揭示了人一生生涯的发展及其一个人在生活中将扮演的各种角色。

3. 指导学生阅读“‘理想人生’履历表”

引发学生对“生涯发展是一生的发展过程，各年龄阶段有其不同的发展任务”的了解和思索。

“理想人生”履行表（文/裴渐新等）

1~6岁：婴幼儿期主要的任务就是玩，但不是玩泥巴捉鸟，而是指出高价到美术班、舞蹈班、英语班去“玩”。虽然不一定就出个舞蹈家、钢琴家，但至少养成走路姿态优美、阅读五线谱的习惯，将来容易跻身上流社会。要不然这段时间也浪费了，至少你父母会赞同这种说法。

7~12岁：小学是什么样的一个地方呢？崇拜权威（如用新式橡皮贿赂小组长）、压制异己（如不和一个公认的胖妞讲话）、集体虚伪（如谁也不去纠正老师显而易见的错别字）、外加填鸭式的教育和比手提电脑还沉重的书包。好在它也同时提供小记者团、演讲比赛、搞小发明、出诗集、办画展、开钢琴演奏会等机会，只要善加利用，就不愁无出头的机会。你必须早早养成力争上游的习惯，在大会上发言不打怵，以打败对手为荣，即使在言辞打扮上也力求出众，不然将来何以投入竞争？所谓功夫在诗外，如果只是努力让试卷上的分数再向100分靠近些，很可能一不小心就乏味了一生。

13~17岁：在中学期间，如果有脱颖而出的机会，千万别放弃。比如，如果有表演天赋，赶紧做个偶像派，风头稍过就转成实力派，这样30岁退休时也来得及过正常人的生活；如果是电脑奇才，这个时候不仅要在各种中学生编程大赛中崭露头角，而且最好不要把精力再投放到它处，可以创建自己的网页，或者兼职做某家公司的Soho族；如果有经商才能，摆小摊、炒股，甚至做商品进出口生意都行，别让年龄限制了你的天分和由此产生的浓烈兴趣；如果喜欢搞小发明，尽管沉浸在你那科技小天地里，另外，别忘了把那些异想天开的创意都申请成专利。

如果家里有点钱，还可以到国外去读中学，这个时候出国语言关更容易过，而且有利于把自己融合成一个最具竞争力的国际人；如果在以上方面都没有任何建树，那只好老老实实挤高考独木桥了；如果你发现自己单科方面有才能，一定要争取在数理化奥林匹克大赛或者新概念作文比赛之类的选拔中露面，这样说不定你就可以坐着直升飞机过桥了。

在这个时期，你可以给异性同学送秋波，递小纸条，甚至一起去溜冰场，看电影，但千万别把这事当真，如果为此影响升学大计，你可就太傻了。相信我，只要按照你的人生计划行事，将来不愁大把美女，何必为个黄毛丫头吃苦呢？

18～21岁：如果你进了大学，记住，如果你进的是一所名校，你也不可能单单靠着学校的名气和你成绩单上的分数就能有一个比别人精彩的未来。你一定要想尽办法让自己多一些经历，比如竞选学生会主席啦，在电视台兼职啦，发起一场轰轰烈烈的策划活动啦，等等，这样才能让你显得与众不同，在求职时多一项资本。大约从大三开始，你就必须为求职操心了，在大公司实习的经历（即使你仅仅是在那儿接接电话、分分邮件）会显得很有说服力。

如果有机会创建自己的事业，你大可退学，或者休学一年，不然你可能再也遇不上第二次这样的机会，或者你的成功要推迟多年，让你一想起来就后悔。

与此同时，你可有意识地物色你的人生伴侣了，在这个已经经过社会大力筛选过一道的圈子里，你找到同类的机会更大。得看看他或她有没有与你匹敌的智力、外貌和走向，将来才能携手奋斗。一个好伴侣对你实现人生目标绝对有益无害。

要是你还不想陷入婚姻的圈套，也不能对这个掉以轻心，因为意外的麻烦可能打乱你的计划，那就得不偿失了。

22～30岁：毫无疑问，你是那种一踏出校门，就直奔早已选定的目标而去的那种人。你总是能在众多毕业生中脱颖而出，不费吹灰之力地进入一家待遇优厚前途无量的大公司，而又在积累了一定经验后，出人意料地主动炒了雇主，自己创业。

到30岁，你一定已经有了自己的位置，谁也不敢小觑了。

在情场上，你更加老练、冷静，风头不对转身就撤，玩得再凶也不会玩出火来。一句话：你已经刀枪不入了！

30～40岁：从30岁开始，你自幼年积累的一切终于逐一显现出来，你迅速地笔直地大踏步迈向目标：百万富翁或者千万富翁，良好的社会地位，充足的自由（比如出国、享受名牌）。

到40岁时，你已经可以退休了！

当然，在这一阶段，你本着平等互利的原则缔结了一门婚姻，以保证你社会形象的完整、良好以及防范不必要的麻烦。以你的精明冷静，一定不会忘记婚前财产公证，谨慎起见，最好再加一份私下的协议。

40岁以后：当然，你没有真正退休，但你一定完全脱离了奋斗状态，而是专业致志地从事你喜爱的依然能为你带来利益的事业。由于不再把工作当成负担，你显得轻松自信，看上去只有30多岁。

无论你爱好环游世界还是下乡做农夫或隐居小岛，这时都已得到实现。你并且把这种经历著书出版，引起轰动，你的头衔又多了一个：畅销书作家。

你的家庭美满稳定。

4. 互动论坛

让学生根据“好爸爸和坏爸爸”不同观点的思考、表白、讨论、分享和交流，让学生进一步了解自己的价值观念，深入体会职业和其他角色之间的相互关系。

好爸爸和坏爸爸

小方的爸爸是个公司经理，家里的大事小事都不用操心，认为教育孩子是妈妈的事情。整天忙于公务，无暇与孩子交流，每逢出差，爸爸总是买礼物给小方，在妈妈长时间外出的时候，小方爸爸才能意识到自己的责任。

小青的爸爸本来是一家工厂的工人，但是最近他下岗了。他很愿意和孩子成为朋友，关心孩子的成长。在他的眼中，孩子占据了相当重要的位置，他会照料孩子，更善于和大孩子玩耍。他尽可能多地和孩子在一起，倾听他们的心里话。

你赞同下面哪一种观点呢？为什么？

A. 小方爸爸和小青爸爸都是好爸爸。

B. 小方爸爸和小青爸爸都不是好爸爸。

C. 小方爸爸是好爸爸，小青爸爸不是好爸爸。

D. 小方爸爸不是好爸爸，小青爸爸是好爸爸。

你持上述 ＿＿＿＿＿＿（A、B、C、D）观点，主要论据：

（1）＿＿＿＿＿＿＿＿＿＿＿＿＿＿＿＿＿＿＿＿＿＿＿＿＿＿＿＿

（2）＿＿＿＿＿＿＿＿＿＿＿＿＿＿＿＿＿＿＿＿＿＿＿＿＿＿＿＿

（3）＿＿＿＿＿＿＿＿＿＿＿＿＿＿＿＿＿＿＿＿＿＿＿＿＿＿＿＿

（4）＿＿＿＿＿＿＿＿＿＿＿＿＿＿＿＿＿＿＿＿＿＿＿＿＿＿＿＿

（5）＿＿＿＿＿＿＿＿＿＿＿＿＿＿＿＿＿＿＿＿＿＿＿＿＿＿＿＿

……

5. 教师进行活动小结

着重于生涯发展是分阶段的，学生应重视各个阶段的发展任务，以达到自身生涯的顺利发展。学生可以着重小结对生活中将扮演多种角色的感受。

四、建议与说明

1.舒伯的“一生生涯彩虹图”，如果能在上课前制作好小黑板或电脑投影更好，这样便于讲解和分析。

2.“好爸爸和坏爸爸”的讨论观点无对错、正确与否的区别，让学生提出论据更重要，因为这可以加深学生的思考。

3.“好爸爸和坏爸爸”活动在就四个观点讨论的基础上，可以将两个观点：如“小方爸爸是好爸爸”和“小青爸爸是好爸爸”，进行辩论。

4.学生在本主题活动以后，可以就“角色”问题写一篇文章，体裁不限，可以是记叙文、散文、随笔，也可以是论述文、说明文。

[评析]

人的一生中最辉煌、最闪光的阶段是什么？是人的职业生涯。因为它是一个人将自己的知识与智慧贡献给社会，为社会服务的阶段，社会财富也因为人们在这一个阶段的付出而得到创造。成功的人首先必须取得职业发展的成功，一份适合自己的职业、能发挥自己才能的职业，是一个人获得一定社会地位和经济地位的基础。在人的一生中，其职业发展随着年龄和所承担的社会、组织、家庭角色的变化而不断发生变化。本活动旨在让学生了解职业与生活中各种角色的关系，是生涯辅导的重要目标与内容。

本活动设计比较简练，并紧扣主题，逐渐深入。用“空中抛球”作为活动引入，不是一般的热身运动，而是寓意深刻，表达了不同的球就像是不同的角色，生活就像是在空中抛球一样，以便为活动主线进行铺垫。然后通过展示和讨论“一生生涯彩虹图”，让学生认识到人的一生中要扮演多种角色，其中“工作者”是一个重要角色。接着是阅读“‘理想人生’履历表”，帮助学生思考人生不同阶段的不同任务。最后设计了“好爸爸坏爸爸”，进行价值澄清，引发学生对人在职业生涯中的角色与任务的思考。

本活动可以改进之处是：活动材料的选取，在思想性、教育性方面也可以进一步改进。例如，“‘理想人生’履历表”的内容，世俗性的成分比较多，而积极进取性的成分比较少。“好爸爸坏爸爸”的内容设计有些简单化，容易引起误解，父亲是经理、老板的未必都不关心孩子，下岗工人的家长未必都很关心孩子。

课例二：大拍卖

一、活动目的

通过拍卖会的角色扮演活动，让学生辨析自己的职业价值。

二、活动准备

1. 足够的道具钱和拍卖槌。

2. 将拍卖的东西事先写在硬板纸上（最好是不同颜色的），以增加拍卖的趣味性及方便拍卖进行。

三、活动过程

1. 教师导读“选择”　帮助学生认识到生活中选择的重要意义。

选　　择

人生是由无数次的选择所构成的。不同的选择，构成不同的人生。有的人无所谓地对待选择，因此他的生命也变得轻飘飘不值一文；有的人审慎而明智地对待选择，因此他路途通达，事业顺遂。有的选择，一生未必能碰上一次；有的选择，多年才能碰上一次；有的选择，天天都存在，时时都在考验着人。日常的选择是繁杂琐碎毫不起眼的，但它们却在主宰着你的心绪、情感，不知不觉地决定和影响着你命运的发展。

选择绝非一件易事，它如同一场考试，在检验着每个人的见识、能力、志向和决断。人的遭遇、命运乃是每个人一次次选择积累的结果，而不是神和上帝强加给哪一个人的东西。目迷五色，耳惑五音，久久徘徊于人生的十字路口，不断地改变自我，去追随时尚，迎合大众，都是不善选择的结果。寻欢作乐、游戏人生是一种选择；孜孜不倦、争分夺秒、埋头苦干也是一种选择；边干边玩、亦玩亦干同样还是一种选择。不同的选择把人们导向不同的路途和方向，使各自的人生呈现出不同的色泽和价值，最终收获不同的果实。

选择与其说人们面临的是生活的课题，倒不如说人们遇到的是选择的难题。选择，是生存智慧的浓缩，智慧人生与消极人生的底色差别在于会不会选择。拿破仑说：可敬与可笑，仅一步之遥。这“差之毫厘，失之千里”的一念之差，归根结底是选择的报应。

感受是选择的头道工序，即使是一瞬间的幸福，也要去体验一下其中的雅致和精巧。尝试过后的选择，会更精确。选择，没有痛苦与幸福可言。只有事后的结果才显出早期选择的正确与否。一切都可以选择，一切都产生选择。生活，无法选择；怎样生活，可以选择。生命，无法选择；怎样度过，可以选择。

2. **角色扮演**　进行“价值大拍卖活动”。

（1）宣布游戏规则

每个学生有5000元（道具钱），他们可以随意叫卖以下的东西。每样东西都有底价（见下表），每次出价以500元为单位，价高者得到东西，有出价5000元的，立即成交。

底　价　表

1. 爱情	500元	6. 威望	500元	11. 长命百岁	500元
2. 友情	500元	7. 自由	500元	12. 诚实	500元
3. 健康	1000元	8. 爱心	500元	13. 享受一次美餐	500元
4. 美貌	500元	9. 财富	1000元	14. 分辨是非的能力	1000元
5. 礼貌	1000元	10. 欢乐	500元	15. 大学毕业证书	1000元

（2）教师引发动机

教师问：“有谁不喜欢金钱？”（预期学生会一致说没有，而且反应是热烈的）。

教师继续问：“若你有5000元，你希望得到什么？”（让一两个学生回答）

给每个学生每人5000元（道具钱），介绍拍卖游戏的方法和拍卖的东西。

（3）拍卖会

由教师主持拍卖。按游戏方法进行，到所有拍卖东西卖出为止，然后请认真考虑买回来的东西。

（4）讨论分享：

① 你是否后悔得到你所买的东西？为什么？

② 在拍卖过程中，你的心情如何？

③ 有没有同学什么都没有买？为什么不买？

④ 教师总结拍卖活动，引发学生对其生活价值的思考。

⑤ 让学生再次回味拍卖会的过程和感受，及时地写下自己的感受，并将这些感受在班上交流与分享。

四、建议与说明

(1) 拍卖会可以由教师主持，也可以由学生主持。

(2) 对“底价表”的内容和金钱，可以依据学生的实际认识加以删减和修改。

(3) 应鼓励学生尽量投入，以获取最真实的反应和体验。

(4) 拍卖的东西必须少于学生的人数，以增加拍卖的紧张气氛。

(5) 在拍卖的过程中，留意学生的参与程度。

(6) 拍卖活动后的讨论很重要，引发学生对自身价值的了解、思考和辨析。

[评析]

职业价值观是指一个人对于职业的看法，是价值观的一部分。本活动通过“职业价值大拍卖”，帮助学生澄清自己的价值观念，培养学生的职业意识，是生涯辅导的重要环节。

活动设计将角色扮演与价值澄清两种方法融合，颇有新意。角色扮演的目的，在于运用戏剧表演的方法，使学生发现问题，了解冲突所在，进而洞察人际关系。“魔术店”是角色扮演的一种方法，它是一种类似于商店内买卖的方法，如让辅导老师扮演店主，店里贩卖各种东西，如理想、健康、幸福、财富、成功等，由学生扮演买主，说出自己最想要的东西及其原因，然后，辅导教师问他愿意用什么来交换。用这种方法可以了解学生的需要和价值，帮助学生树立正确的价值观。本主题活动中的“价值大拍卖”就是用类似魔术店的拍卖方法，帮助学生了解有关爱情、友谊、健康、美貌、爱心、金钱、欢乐等多方面的价值观念，在拍卖会上，学生个人的价值观念会直接影响学生在拍卖时的选择，学生从取舍中可以了解自己的价值观和人生态度，这样有助于学生对自己价值观念的思考和澄清。

价值澄清的目的不是灌输给学生一套事先安排的、严谨的价值观，而是通过一定的过程，让学生反省自己的生活，对自己的行为负起责任，从而澄清自己的价值观，使学生减少价值认识的混乱。这种方法非常适合在集体的情境中使用。学生可以在共同的价值辨析讨论中，经过一系列心理互动的过程来达到主动学习、自我评估、自我改进的目的。

本活动有待改进之处是：价值拍卖与职业价值选择还有一定的区别，还可以在价值拍卖中增加与职业有关的内容（如选择职业你更看重什么）。

课例三：时间隧道——生涯规划与选择

一、活动目的

1. 帮助学生初步了解什么是生涯规划和选择。

2. 帮助学生了解生涯规划和选择的作用及意义。

二、活动准备

1. 准备好阅读资料“策划人生”和“职业规划‘十记’”。

2. 准备好“如果生命只剩……你最想完成的三件事”表格。

三、活动过程

1. 指导学生阅读“策划人生”，体会生涯选择的意义。

策划人生（文 / 小叶）

人们常说，人生如梦，颇有点儿飘渺虚无的意味。这种梦如果是美的，那你多半在现实中得不到；如果是丑的，倒可以把你吓个半死，让你恐怖阴森一段日子。

人们也说，人生如戏，听起来就潇洒许多。只是这似乎玩世不恭，用来作为人生的注解或比喻，至少不能算是全面的。如梦也好，如戏也罢，一时间一件事一段情也许如此。若一辈子如梦如戏飘忽不定、悲喜无常，你会喜欢这样的人生吗？

依我看，人生如棋，如围棋，对于一辈子的人生更是如此。棋初布局的时候，运用自己熟悉的定式就如运用自己掌握的知识，局部间的定式配合形成了全局的发展路向，有如将自己的知识有效地组合起来向自己的人生目标进发。棋入中盘，为了向对方进攻或化解对方的进攻，你要学会评价优劣，权衡利弊，学会各种战术，如声东击西、暗度陈仓、丢卒保车、巧取豪夺，甚至背水一战、混水摸鱼等。这些颇像一个人青壮年时在社会上为了功名利禄而东奔西忙机关算尽甚至不择手段的情形。棋有中盘胜者，有如人之早成霸业；棋可能因此结束了，人生也可能因此而结束，除非另开一个新局，这也是人生无限之所在。棋近终局，战云消散，风平浪静之下的“官子”其实着着胜负攸关，弈者仍得小心应对终能获胜。通观全局，棋初的全局策划及中盘时的战役策划是夺取胜利的关键，没有好的策划则棋局难以争胜。人生亦如此，没有合适的人生目标和完善的人生计划，你能指望有一个成功的人生吗？

2.填写自己的生涯规划是一件很重要的事，应该让学生认真思索和填写，填写的过程也是学生进行生涯思索和探求的过程，对于一个高中生来说，有必要让其思考自己未来要成为一个什么样的人。

如果你突然被查出得了难以治愈的绝症，在剩下的时间里你会做些什么？

(1) 在下面的表格中填写，在不同的生命时限内，你最想完成的三件事。

如果生命只剩下……	我最想完成的三件事
五年	1. 2. 3.
一年	1. 2. 3.
一个月	1. 2. 3.
一天	1. 2. 3.
一个小时	1. 2. 3.

(2) 填写完这张表格以后，你有什么感想？

____

3. 引导学生填写自己的生涯规划。填写的过程也是学生进行生涯探索的过程，应让学生认真思索和填写。填写以后，进行学生间的交流，让学生了解别的同学的理想和选择，看到自己与别的同学的相同点和不同点，以利于进一步进行思考和探求人生之路。

你的生涯规划

所谓规划，就是将未来的摆放在面前，然后现在就为它做些事情。请你想象一下，在未来的日子里，你将拥有怎样的生活呢？你会干什么？和什么人在一起？在每个年龄段，什么对你来说是最重要的呢？

在制定你的人生规划时，除了考虑年龄阶段外，还应着重考虑以下几方面：

- 生活方式。你想从生活中得到什么？换句话说，什么对你最重要？例如，家庭、名声、事业或者金钱？
- 有何特长。所谓特长，指你的特殊才能。这在规划职业生涯时应予以重点考虑。如果你没有特长，那么就应尽早去“充电”。
- 确定专业及兴趣所在。请思考这些问题：我想干什么？我能干什么？我应干什么？我会选择什么？我绝对会拒绝干的又是什么？
- 判断现状。此时你正处于哪个阶段？这阶段有些什么特别之处？紧要的事有哪些？尽量以“局外人”身份进行判断，然后对原计划做出相应调整。

总之，每个人都能在一定程度上把握自己的前途，因此，有必要对自己的生涯做出计划，请你思考并填写：

15～20岁，你 ______________________________

____

20～25岁，你 ______________________________

____

25～30岁，你 ______________________________

____

30～35岁，你 ______________________________

____

35～40岁，你 ______________________________

____

40～50岁，你 ______________________________

____

50～60岁，你 ______________________________

____

60岁以后 ______________________________

____

教师：现在，你可以为实现你的人生规划开始行动了！这是最艰难的，因为要求你停止梦想而切实地开始行动。一切理想只是一个目标得以确立和开始实现的一个条件，但不是全部。如果理想不转换成行动，理想终归是理想，要想实现你的人生理想，还必须集中精力全力以赴。

4. 指导学生阅读“职业规划‘十记’”，这些都是学生在生涯探索和选择时可参考的。

职业规划“十记”

（1）无论你现在或将来从事的职业是什么，对职业要负责这一点切切不可忘记。

简言之，就像一名牙科医生对他医治的患者要负责那样，你一定要对自己的职业认真敬业，勇挑重担，兢兢业业，恪守职业道德。

（2）切记和谐融洽的人际关系非常重要。实践证明，与同事间人事关系融洽将使工作效率倍增。

（3）要优化你的交际技能。优良的交际技能可为你谋职就业提高成功几率。例如，美国硅谷科技园区的许多高技术公司在招聘时不仅考察技术，同时还考察受聘者的交际技能，成功的受聘者是在听对方说话时要认真努力去理解对方话语含义，此后再解释自己的有关见解。

（4）要善于发现变化并适应变化。不管周围环境及你人生某一阶段出现何样的变化，你都应该善于发现其中的各种机遇并驾驭这些机遇。例如，在互联网上经营商务，这是一种时代变化，同时对你也可能是一种机遇，不管你从不从事网络商务，你都应该认同它，这是当今世界上最有功效的事物且具有变化的未来趋势，不管这种变化是好还是坏，你都要认真审视、认真预测，因为你目前或将来从事的职业可能与此密切相关，各种机遇可能就包含在其中。

（5）要灵活。未来时代的工作者可能必须要经常转换职业角色，这就是说，你要善于灵活地从一个角色迅速转换到另一个角色，方能适应时代环境的变化。

这些像做父母的人一样，他（她）必须善于在启蒙子女、抚育子女、教育子女等各阶段充当各种不同的角色，而这种角色的一一变更，确实需要做父母的具有极高的灵活性相助才行。因为你所要充当的一个个不同的角色，既需要一一相续地接连转换，又缺少有“指路地图”为你“指点迷津”。做父母的人操作此过程往往靠的是一种直觉相助，而在你未来人生职业角色的屡屡转换中，欲取得成功，必须要学会学好“灵活”才行，非如此不可。

（6）要善于学用新技术。或许你想当一名作家，但在当今时代，作家欲获成功也必须不断学用并掌握新技术技能才行，比如作家必须同时成为一名计算机文字处理员、打字员、网上发行员，这样才能获得成功。

（7）要舍得花钱花时间学习各种指南性知识简介。目前，各大学、社会研究机构、其他组织开办了各式各样的实用性半日、一日或二日即可学完的知识简介科目，这些科目你可试学，若试学后觉得自我感觉良好，学后大有实用价值，那么，不妨再深入学下去……

这类指南性知识简介科目的试学，可能是预探新领域内“水深度”的最简便易行之方法。

（8）摒弃各种错误观念。当你考虑某新职业或新产业时，观念一定要更新，以防被错误思维误导。

例如，现今考虑医疗保健行业时，应清醒认识到它已走向了市场化、价值化，这与五年前医疗保健业有很大不同。

（9）选择就业单位前应多做摸底研究。当你欲加盟一家公司前，多下点力气去研究这家公司的“风格”和“行为”堪称十分必要和重要，你不妨事先多去几次这家的门厅接待处同有关招待人员周旋，目的是侧面了解该公司的规范、行为、准则等事项；你也可阅读有关该公司的公开财务账表；你还可到邻近该公司的饭店，向饭店服务人员侧面了解一些有关该公司职员的情况（如这些职员属哪种性格、类型的人）。

（10）要不断开拓进取、不断开发新技能。一个复合型的社会将不仅需求专业化知识，同时还需求通用化及灵活式技能。

教师：粒子物理学可称为是一项专业化知识，而研究能力、交际能力和洞察事物能力则是通用化及灵活式技能。一名专业工作者若能借助于专业知识及通用技能综合武装自己，才更能适应未来年代的挑战和竞争。

换句话说，为你未来职业考虑，你绝不应只“低头拉车”，专心研究某一种专业知识，你还应同时“抬头看路”，看看这种专业知识在未来社会是否还将为人们所需求。一般说来，以长远眼光看问题，多掌握几种技能要比只精通一门狭窄专业知识更有前景。

四、建议与说明

1.结合学生对“如果生命只剩……你最想完成的三件事”的思考和填写，让学生总结生涯选择的意义，自身在进行生涯选择时优先考虑的因素。

2.填写自己的生涯规划是一件很重要的事，应该让学生认真思索和填写，填写的过程也是学生进行生涯思索和探求的过程，对于一个高中生来说，有必要让其思考自己未来要成为一个什么样的人。

3. 生涯的规划和选择是一件较复杂的事，本主题活动只是让学生初步了解什么是生涯规划和选择，了解生涯规划和选择的作用及意义。

[评析]

本活动围绕生涯规划与选择，设计的内容比较丰富，层次清晰。“策划人生”让学生体会人生中充满选择的机会；“如果生命只剩下……你最想完成的三件事”是对人生价值的选择与思考；“生涯规划”是描绘自己的人生理想；职业规划“十记”则是为学生思考生涯规划时提供有益的参考。

本活动可以改进之处是：适当增加小组讨论分享的内容，便于学生充分发表意见。第二个活动“如果生命只剩下……你最想完成的三件事”与生涯规划的关系比较间接，可以省略，这样可以使活动更加紧凑。

万千教育 **师生心理健康教育**

书号	书名	著、译者	定价(元)
心理健康教育课程设计			
0059	中学生心理课——生涯发展	廖丽娟 等 编著	28.00
0060	中学生心理课——情绪管理	杨红梅 等 编著	32.00
0185	中学生心理课——综合篇	中学生心理课 综合篇教研组 编著	52.00
8446	中小学生自伤问题——识别、评估和治疗	D. N. 米勒 等 著 唐苏勤 等 译	25.00
5834	心理健康教育课程设计	吴增强 蒋薇美 著	32.00
心理健康教育课程设计合计			169.00
师生心理成长指导			
6603	学生心理健康教育	姚本先 等 编著	28.00
6604	小学生心理健康教育（全体教师用书）	傅宏 等 编著	24.00
6605	小学生心理健康教育（心理教师用书）	张明 编著	26.00
6607	中学生心理健康教育（心理教师用书）	蒋奖 编著	26.00
师生心理成长指导合计			104.00
学校心理教育与咨询			
1920	对校园欺凌说“不”！ ——如何重新掌控自己的人生	M. 潘克里奇 等 著 宋一辰 译	32.00
9603	学校里的叙事治疗	J. M. 温斯莱德 等 著 曾立芳 译	30.00

9295	中学班级心理团体活动142	袁章奎　主编	48.00
7037	“问题”青少年咨询和指导策略	M. 昂加尔　著 陈芝蓉　译	24.00
7013	给教师一件“新武器”——教育诊疗	王晓春　著	26.00
学校心理教育与咨询合计			160.00
	教育教学心理系列		
2106	写给教育者的积极心理学（第二版）	任俊　著	48.00
1791	理解0—12岁儿童的学习 ——应用儿童发展科学的教学策略	温迪·L. 奥斯特罗夫　著 赵琴　译	36.00
1057	应用学习科学 ——心理学大师给教师的建议	理查德·E. 梅耶　著 盛群力 等　译	38.00
0056	抓住学生注意力的176个课堂小活动	J. 伊万斯基　著 张乃東　译	28.00
0799	激发学生的成就动机 ——引导学生迈向成功的策略	D. 西尔弗　著 吴艳艳　译	35.00
9922	小学生学习习惯培养方案	黄波　著	35.00
9358	中学生心理学	林崇德　著	60.00
教育教学心理系列合计			280.00
	儿童心理治疗系列		
5302	儿童青少年精神分析导论	J. 萨维奇·沙夫　主编 陈怡廷　译	98.00
5303	开启孩子心灵的窗户 ——儿童和青少年心理咨询	维奥莉特·奥克兰德　著 李园元　刘冠宇　译	108.00
3195	超越行为——运用脑科学理解与解决儿童行为问题	莫娜·德拉霍克　著 雷秀雅　刘岚　译	78.00
3609	提升孩子的执行功能 ——成为大脑的管理大师	R. 布兰斯特德　著 赵雪莲　译	72.00

……